"十四五"职业教育国家规划教材

大学生健康教育教程

DAXUESHENG JIANKANG JIAOYU JIAOCHENG

第二版

主编◎薛茂云 郭旭东

江蘇鳳凰教育出版社 凤凰职教

图书在版编目（CIP）数据

大学生健康教育教程 / 薛茂云，郭旭东主编．— 2 版．— 南京：江苏凤凰教育出版社，2024.6（2025.7 重印）
ISBN 978-7-5743-0990-6

Ⅰ．①大… Ⅱ．①薛… ②郭… Ⅲ．①大学生—健康教育—高等学校—教材 Ⅳ．①G647.9

中国国家版本馆 CIP 数据核字（2024）第 043703 号

书　　名	**大学生健康教育教程（第二版）**
主　　编	薛茂云　郭旭东
项目策划	汪立亮
责任编辑	汪立亮
出版发行	江苏凤凰教育出版社
地　　址	南京市湖南路1号A楼，邮编：210009
出　　品	江苏凤凰职业教育图书有限公司
网　　址	http://www.fhmooc.com
照　　排	南京普胜印刷技术有限公司
印　　刷	天津市蓟县宏图印务有限公司
厂　　址	天津市蓟州区经济开发区福山大道3号，邮编：301900
电　　话	022-29140509
开　　本	787 毫米×1 092 毫米　1/16
印　　张	12.75
版次印次	2024 年 6 月第 2 版　2025 年 7 月第 5 次印刷
标准书号	ISBN 978-7-5743-0990-6
定　　价	48.80元
批发电话	025-83677909
盗版举报	025-83658893

如发现质量问题，请联系我们。
【内容质量】电话：025-83658873　邮箱：sunyi@ppm.cn
【印装质量】电话：025-83677905

（第二版）

前言

PREFACE

习近平总书记在党的二十大报告中指出：推进健康中国建设。把保障人民健康放在优先发展的战略位置，完善人民健康促进政策。人民健康是民族昌盛和国家强盛的重要标志。

大健康产业是推进健康中国建设的重点任务之一。“没有全民健康，就没有全面小康”，党的十八大以来，在中国式现代化的道路上，以习近平总书记为核心的党中央，坚持以人民为中心的发展思想，把维护人民健康摆上更加突出的位置，健康中国建设驶上了“快车道”。2015年，党的十八届五中全会作出“推进健康中国建设”的决策部署。2016年，党中央、国务院发布实施《“健康中国2030”规划纲要》，提出了新时代党的卫生健康工作方针。2017年，党的十九大提出“实施健康中国战略”，并纳入国家整体战略层面统筹谋划部署。2019年，国家出台《健康中国行动（2019—2030年）》。2022年，党的二十大提出，完善人民健康促进政策。这是“完善人民健康促进政策”，第一次写入党的代表大会报告。

中华人民共和国成立以来，我国健康事业创造了“中国奇迹”。2022年7月12日国家卫生健康委员会发布的《2021年我国卫生健康事业发展统计公报》显示，在中国共产党的领导下，我国人均预期寿命由1949年的35岁提高到2021年的78.2岁，与世界发达国家处于同一区间乃至略高的水平，让“人生七十古来稀”彻底成为了历史。

为全面贯彻落实国务院《“健康中国2030”规划纲要》，在大学生中大力推进《健康中国行动（2019—2030年）》，将教育部《普通高等学校健康教育指导纲要》的要求进一步抓紧抓实，更好地结合当前学科发展和我国高等教育改革与人才培养的需要，我们对《大学生健康教育教程》进行了修订。

教材修订，始终坚持立德树人的根本任务，坚持问题导向、目标导向、需求导向，按照教育部专家组对“十三五”国家规划教材《大学生健康教育教程》（第一版）的修改意见，结合教材调研论证中收集到的建议，依照现代教学的发展特点，以及当前高校大学生学习、生活面临的新形势、新情况、新问题，在保持原书特色的基础上，对教材知识体系、结构安排等进行了整体优化和更新，对部分内容进行了适当增减。力求构建适应新时代大学生健康教育需求的教材，更好地服务于院校人才培养和学科建设，促进大学生健康成长。

新版教材具有以下特点:

1. 为党育人,为国育才

教材始终以社会主义核心价值观铸魂育人。从中国共产党领导全国人民取得的伟大成就入手,全面融入二十大提出的“人民健康”理念,体现课程思政建设新要求。帮助和指导大学生用习近平新时代中国特色社会主义思想的世界观和方法论,立大志、明大德、成大才、担大任,坚定信念和信心,努力造就自己成为素质高、专业技术全面、技能熟练、身心健康的大国工匠、高技能人才。

2. 突出“三基五性”,注重内容严谨准确

教材更加突出基本知识、基本理论、基本技能和思想性、科学性、先进性、启发性、适用性“三基五性”的要求,力求做到科学严谨、知识完备、内容精炼。教材修订综合考虑学科的分化、交叉,既充分体现不同学科自身的特点,又注重各学科之间的有机衔接,注重理论与实践相结合,与大学生日常生活、学习相结合。

3. 丰富拓展教材内容,加强数字化建设

教材紧扣当今现实生活,从“健康生活方式”到“心理健康、性与生殖健康、疾病预防、安全应急与避险”涵盖学生大学生活五大方面,不仅包括最新理论和实证研究成果,以及国家政策及实际应用,还新增了中华传统养生和新冠肺炎防控的有关知识。为适应新教学模式的需要,在纸质教材的基础上,以二维码方式融入相关音视频等拓展教学素材,增强“纸数”融合,更好地服务教师教学和学生自学。

4. 优化知识结构,强化健康思维培养

在第一版“十三五”规划教材的基础上,进一步整合优化知识结构体系,减少不同学科间相同知识内容的交叉重复,增强教材知识结构的系统性、完整性。注重学生健康思维的培养,突出健康思维在教材编写中的主导作用,强化实际操作内容的编写,帮助学生在日常生活中筑牢教材知识,同时增加动手能力,使学生在潜移默化中逐步形成健康思维模式。

5. 强化精品意识,易教易学,实用性强

教材修订过程中,将精品意识和质量意识始终贯穿于教材建设全过程,力争教材质量紧扣国家精品课程要求。每一模块都附有思考题,并在教材中增加和丰富带有启发性的学生生活案例,增强了理论与实践的结合,有助于学生更好地把握基本问题和提高思维与解决问题的技能。

教材修订得到博士生导师中国疾病预防控制中心翟凤英教授、南京医科大学钟才云教授、扬州大学赵国琦教授、贵州医科大学欧海龙教授,硕士生导师南京医科大学张静姝教授和华中科技大学黄丽华副教授的大力支持与帮助,特别是南京农业大学曹光辛教授不顾耄耋高龄帮助和指导修订工作,以及北京公众健康研究所所长李复兴教授、赵飞虹研究员等,他们求真务实、科学严谨、精益求精的工作作风,展现了我国科技、教育工作者的风采,在此表示衷心感谢!

教材修订,虽焚膏继晷,殚精竭虑,稿凡屡易,但限于知识和认知的局限,疏漏和讹误难免,敬请广大师生和读者谅解与批评指正。

薛茂云　郭旭东

2024 年 3 月

序（第一版）

PREFACE

对健康的美好追求在中国有着悠久的历史，如今我国社会已经进入中国特色社会主义新时代，社会的主要矛盾已经转化为人民日益增长的美好生活需要和不平衡不充分的发展之间的矛盾。带领人民创造幸福生活，是我们党始终不渝的奋斗目标。我们要在具体工作和实践中，认真贯彻落实习近平新时代中国特色社会主义思想，在继续推动发展的基础上大力提升发展质量和效益，更好满足人民日益增长的美好生活需要，将习近平总书记“牢牢把握我国发展的阶段性特征，牢牢把握人民群众对美好生活的向往”这“两个牢牢把握”，始终作为谋划和推进健康事业发展的重要前提和重要指针。

为推进健康中国建设，提高人民健康水平，中共中央、国务院于2016年10月25日印发并实施了《“健康中国2030”规划纲要》。推进健康中国建设，是全面建成小康社会、基本实现社会主义现代化的重要基础，是全面提升中华民族健康素质、实现人民健康与经济社会协调发展的国家战略。教育部为贯彻落实《“健康中国2030”规划纲要》对学校健康教育提出的工作要求，加强高校健康教育，提升高校学生健康素养和体质健康水平，2017年6月14日发布了《普通高等学校健康教育指导纲要》，并自发布之日起施行。

《大学生健康教育教程》是按照国家《国家中长期教育改革和发展规划纲要（2010—2020年）》《“健康中国2030”规划纲要》和教育部《普通高等学校健康教育指导纲要》的部署和要求，针对当前大学生健康教育覆盖面不广、针对性不强、措施落实不到位等突出问题，为加强高校健康教育工作，提升学生健康素养，促进学生身心健康发展，适应大学生健康生活需要编写完成的。

《大学生健康教育教程》以科学证据为基础，从维护大学生健康的角度，围绕学生的健康需求，针对学生的主要健康问题及其影响因素，以问题导向与健康需求相衔接，以健康行为养成为出发点，以传播健康知识和技能与提升学生健康素养相促进，以维护个体健康与增强社会责任相统一。在国家有关健康教育的总体规划和原则指导下，结合大学生生活实际，进行合理安排，为大学生的健康校园生活提供理论指导和行动参考，内容都是从理论研究到生活实践的科学共

识和经验总结。《大学生健康教育教程》将通过帮助大学生提高健康管理能力、提升健康素养，起到促进大学生德智体全面发展的重要作用。这也正是我们党“带领人民创造幸福生活”始终不渝奋斗目标的具体体现；是“把不断满足人民日益增长的美好生活需要”贯穿于实现“两个一百年”奋斗目标和实现中华民族伟大复兴的“中国梦”之中，为中国人民谋幸福、为中华民族谋复兴的中国共产党人初心和使命的又一重要体现；是彰显习近平新时代中国特色社会主义思想“让老百姓过上好日子是我们一切工作的出发点和落脚点”价值追求的实践行动。

该书理论联系实际，内容新颖翔实，语言通俗易懂，对大学生健康生活具有指导意义，一定会成为大学生喜闻乐见的一本好书。

罗志

2019年6月

罗志，二级教授，博士，中国职业技术教育学会常务理事，中国职业技术教育学会健康与养老专委会荣誉主任

目录
CONTENTS

01 模块一 健康生活方式

02 模块二 心理健康

模块三 性与生殖健康

模块四 疾病预防

模块五 安全应急与避险

模块一
健康生活方式

习近平总书记在党的二十大报告中指出：推进健康中国建设。把保障人民健康放在优先发展的战略位置，完善人民健康促进政策。人民健康是民族昌盛和国家强盛的重要标志。深入开展健康中国行动和爱国卫生运动，倡导文明健康生活方式。

学习单元一 健康与管理

健康不仅是没有疾病，还要具备完整的生理和心理状态，以及良好的社会适应能力和道德情操。健康是人生的第一财富。

一 现代健康的概念

1. 身体健康

世界卫生组织认为，人的身体健康主要表现在以下几方面：① 有足够充沛的精力，能从容不迫地应对日常生活和工作压力而不感到紧张。② 处事乐观，态度积极，乐于承担责任。③ 善于休息，睡眠良好。④ 应变能力强，能适应外界环境的各种变化。⑤ 能抵抗一般性感冒和传染病。⑥ 体重正常，身体匀称，站立时头、肩、臀协调。⑦ 眼睛明亮，反应敏锐，眼睑不发炎。⑧ 头发有光泽，无头屑。⑨ 牙齿清洁，无龋洞，无痛感，无出血症状，齿龈颜色正常。⑩ 肌肉、皮肤富有弹性。

图 1-1-1

2. 心理健康

心理健康的基本含义是指心理的各个方面及活动过程处于一种良好或正常的状态，是现代人健康不可分割的重要方面。心理健康的理想状态是保持性格完美、智力正常、认知正确、情感适当、意志合理、态度积极、行为恰当、适应良好的状态。

心理健康的主要表现为：

① 具有良好的自我意识，悦纳自己。

② 具有良好的社会适应性。

③ 乐于学习、工作和生活。

④ 乐于交往，人际关系融洽。

⑤ 具有正常、乐观、稳定的情绪。

⑥ 具有正常的行为方式。

3. 健康的四大基石

① 合理膳食。健康的基础。不仅可以满足机体每天生理所需的营养素，还有利于自我健康管理和慢性病的预防与控制，促进机体达到营养平衡的目的，对于保持和促进人体健康极为重要。

② 适量运动。根据个人的身体状况、场地、器材和气候条件，选择适合的运动项目进行运动锻炼，是保持脑力和体力协调，预防、消除疲劳，防止亚健康、延年益寿的一个重要因素。

③ 戒烟限酒。吸烟有害健康众所周知，过量饮酒与多种疾病相关，会增加肝脏的损害，增加痛风、心血管疾病和某些癌症发生的危险。

④ 心理平衡。要求人们要用平和的心态对待人生与事物的得失，讲究内心平衡、和谐。

二 大学生面临的主要健康问题

我国秉持以人为本的理念。人民对美好生活的向往就是党和政府奋斗的目标。中国共产党领导全国人民历史性地消除绝对贫困，对世界减贫贡献率超过 70%，9 899 万贫困人口无一人掉队。我国还有效应对新冠肺炎疫情，从出生仅 30 多个小时的婴儿到 108 岁的老人，没有放弃一个病患。我国建成了世界规模最大的社会保障和义务教育体系，人均预期寿命达 78.2 岁(2021 年)，数亿人迈入中等收入群体，百姓健康获得感不断增强，主要健康指标居于中高收入国家前列，人民群众健康权得到充分保障。这是党和政府领导全国人民取得的举世瞩目的伟大成就，在我国现今人民的幸福感、获得感、满足感显著提升。

1. 影响健康和寿命的因素

影响健康和寿命的主要因素有以下四个方面：

(1) 生物学(遗传和心理)因素(约占 15%)

人体由分子、细胞、组织、器官、系统构成。婴儿从出生开始就能够进行思想沟通，通过不断的发育、成长完成一系列生命现象，如新陈代谢、免疫反应、修复愈合、再生代偿、生长繁殖等。在这个过程中，遗传是不可更改的因素，但心理因素可以调整，保持一个积极心理状态是增进健康的必要条件。

(2) 环境(自然环境与社会环境)因素(约占 17%)

研究表明，人类目前的所有健康问题大都与环境有关。其中，人口增加、环境污染、贫困加剧，是当今世界人类面临的最严重的生存威胁和健康威胁。此外，如居住区的地理位置、生态环境、住房条件、基础卫生设施、就业、邻里和睦程度等都不同程度地影响着人们的健康。社会环境涉及政治制度、经济水平、文化教育、人口状况、科技发展等诸多方面，良好的社会环境是健康的重要保证。

(3) 卫生服务因素(约占 8%)

国家的卫生服务范围、内容与质量，以及医疗卫生条件直接关系到人的生、老、病、死及由此产生的一系列健康问题。

(4) 个人行为与生活方式因素(约占 60%)

个人行为与生活方式，指人们受到所处的文化、民族、经济、社会、风俗、家庭和同辈等对其生活习惯和行为所产生的影响，包含了危害健康的行为与不良生活方式(包括饮食行为)，它是在一定环境条件下所形成的生活意识和生活行为习惯的统称。

2. 大学生目前主要的不良健康行为

我国大学生目前主要的不良健康行为大致有以下方面：

(1) 日常行为

吸烟、酗酒、滥用药物(吸毒)、不洁性行为等。

(2) 不良生活习惯

饮食过度、高脂、高糖、高盐、油炸、低纤维素饮食，偏食、挑食和过多吃零食，嗜好含致癌物的食品(烟熏火烤、长时间高温加热的食品、腌制品)、爱喝碳酸饮料等不健康饮料以及不良进食习惯等。

(3) 不良疾病行为

求医瞒病行为、求医恐惧行为、治疗期间自暴自弃行为、有病不及时治疗行为等。

三 健康管理

1. 概念

疾病，特别是慢性非传染性疾病的发生、发展过程及其危险因素具有可干预性。每个个体都会经历从健康到疾病的发展过程。一般来说，是从健康状态到低危险状态，再向高危险状态发展，然后开始早期病变，出现临床症状，最后形成疾病。这个过程有长有短，有的需要几年到十几年，甚至几十年的时间，这与人们的遗传因素、社会和自然环境因素、医疗条件以及个人的生活方式等都高度相关，其间变化的过程常常不易察觉。

图 1-1-2

健康管理，是通过系统检测和评估可能发生疾病的危险因素，帮助人们在疾病形成之前进行有针对性的预防性干预，进而成功地阻断、延缓甚至逆转疾病的发生和发展进程，实现维护健康为目的的全面管理过程。

2. 特点

健康管理，不仅是一套方法，更是一套完善、周密的程序。通过健康管理，掌握一套自我管理和日常保健的方法，改变不合理的饮食习惯和不良的生活方式，减少用药量、医疗费，改善血脂、血糖、血压、体重，从而降低和排除慢性疾病风险的风险。

健康管理具有如下主要特点：

一是以控制健康危险因素为核心，包括可变危险因素和不可变危险因素。

可变危险因素，是可以通过自我行为改变的因素，这些因素可控，如不合理饮食、缺乏运动、吸烟酗酒等不良生活方式，高血压、高血糖、高血脂等异常指标因素。不可变危险因素，是指不受个人控制的因素，如年龄、性别、家族史等。

二是三级预防并举。

一级预防（即无病预防，又称病因预防）是在疾病（或伤害）尚未发生时针对病因或危险因素采取措施，降低有害暴露的水平，增强机体对抗有害暴露的能力，从而预防疾病（或伤害）的发生或至少推迟疾病的发生。二级预防（即疾病早发现、早诊断、早治疗），又称为临床前期（或症候前期）预防，是在疾病的临床前期做好早期发现、早期诊断、早期治疗的“三早”预防措施。通过早期发现、早期诊断进行适当的治疗，来防止疾病临床前期或临床初期的变化，使疾病在早期就被发现和治疗，避免或减少并发症、后遗症和残疾的发生，或缩短致残的时间。三级预防（治病防残），也称临床预防，可以防止伤残和促进功能恢复，提高生存质量，延长寿命，降低病死率。

三是健康管理的过程为环形运转循环。

健康管理的实施环节为健康监测、健康评估和健康干预。健康监测，即平时注意收集自身的健康信息，这是持续实施健康管理的前提和基础；健康评估，是预测各种疾病发生的危险性，这是实施健康管理的根本保证；健康干预，即采取行动控制危险因素，这是实施健康管理的最终目标。通过这三个环节不断循环运行，达到减少或降低危险因素的个数和级别，保持低风险水平的目的。

3. 大学生健康管理

大学生的日常生活方式，包括饮食结构、学习、睡眠、运动、文化娱乐和社会交往等诸多方面。过重的压力造成精神紧张，此外，不良的生活习惯，如大学生不必要的应酬、过多的吸烟、过量饮酒、缺乏运动、过度劳累等，都会危害大学生健康。

大学生在学习和生活当中，长时间坐、运动不足、长期使用计算机等，可以导致颈、腰肌劳损、颈椎病、腰椎间盘突出、便秘、痔疮、皮肤损害等；过量饮用咖啡、碳酸饮料、浓茶、酒、吸烟，学习过度紧张、压力过大，睡眠不足、睡眠质量差等，也都会不同程度损害身体健康。长此以往会出现各种各样的病症。

健康管理是一种追本溯源的预防医学。对于大学生而言，提高自我的健康管理与决策意识和水平，对与生活方式相关的健康危险因素进行评估监测，并进行适当个性化干预，将会大大降低大学生在学习期间患病的风险，降低医疗费用，提高大学期间的生活质量。

学习单元二 饮食与健康

大学生是国家的栋梁，其营养改善与膳食结构的正确调整，关系到大学生身体素质的提高。然而许多大学生由于对饮食营养重要性认识不足或不良的饮食习惯而出现营养素缺乏或营养过剩的问题，成为中国一些大学生体质健康水平难以尽快提高的瓶颈。

图 1－2－1

随着人民生活水平的不断提高，人们越来越重视饮食与健康，最新颁布的《中国居民膳食指南(2022)》对包括大学生在内的健康人群提出了 8 条核心推荐，为人们实践合理膳食、科学饮食提供了科学依据和行动指南。

1. 营养素及其主要功能

营养(nutrition)，指机体从外界摄取食物，经过体内消化、吸收，以维持机体正常生理功能和活动需要的过程。

营养素(nutrient)，指为维持机体繁殖、生长发育和生存等一切生命活动和过程，需要从外界环境中摄取的物质。

人体需要的营养素主要有蛋白质、脂类、碳水化合物、矿物质、维生素、水六大类，通常称为六大营养素，其中蛋白质、脂类、碳水化合物在体内氧化能够产生能量，被称为产能营养素。

(1) 蛋白质

蛋白质(protein)，是由氨基酸组成的化学结构复杂的一类有机化合物。蛋白质是食物的物质基础，没有蛋白质就没有生命。食物中的蛋白质在胃内开始消化，小肠是蛋白质消化吸收的主要部位。

蛋白质的主要生理功能有：① 构成和修复机体组织。② 调节机体生理功能，参与生命活动。③ 供给能量。1 克蛋白质在体内氧化会产生约 4 kcal 的能量，人体每天所需能量的 10％～15％应来自食物中的蛋白质。④ 提供机体氮源。

(2) 脂类

脂类(lipids)，是脂肪(fats)和类脂(lipoids)的总称，脂类的营养生理功能主要有：① 供给和贮存能量，1 克脂肪在体内氧化将产生约 9 kcal 的能量，是三大产能营养素中产能最高

的，一般每日合理膳食的总能量中由脂肪提供的能量占20%～30%。② 构成机体组织和重要物质，如细胞膜中含有大量脂肪酸，是细胞维持正常结构和功能的重要成分。③ 提供必需脂肪酸。④ 促进脂溶性维生素的吸收。⑤ 促进食欲，增加饱腹感。⑥ 保护内脏、维持体温等其他生理功能。

（3）碳水化合物

碳水化合物（carbohydrates），是指由碳、氢、氧三种元素组成的一大类有机化合物，也称为糖类。碳水化合物的主要生理功能有：① 供给能量，1 克葡萄糖在体内氧化可产生约 4 kcal 的能量，碳水化合物是大脑神经组织和肌肉的主要能源。目前我国居民膳食中碳水化合物所提供的能量占全天总能量的 55%～65%为宜。② 构成机体重要的生命物质。如核酸、某些激素等。③ 节约蛋白质的作用。④ 抗生酮作用。⑤ 保肝解毒作用。⑥ 提供膳食纤维，增强肠道功能。

（4）矿物质

矿物质（mineral），在体内的生理功能主要有：① 构成组织和细胞的成分。② 调节细胞膜的通透性，维持正常渗透压及酸碱平衡。③ 参与神经活动和肌肉收缩。④ 构成酶的辅基、蛋白质、维生素和激素和核酸等的成分，或参与酶系的激活。

一般将含量占人体重量 0.01%以上的矿物元素称为常量元素（或宏量元素），包括钙、镁、钾、钠、磷、氯、硫 7 种。含量占人体重量 0.01%以下的元素称为微量元素，主要有铁、碘、铜、锌、钴、锰、钼、硒、铬、镍、硅、氟、锡、钒 14 种。

（5）维生素

维生素（vitamin），是维持机体正常生理功能及细胞内特异代谢反应所必需的一类低分子有机化合物。其在体内含量极微，但在机体的生长、发育、代谢等过程中起着重要的作用。维生素一般以其本体形式或以能被机体利用的前体形式存在于天然食品中，由于大多数的维生素在机体内不能合成，也不能大量贮存于机体组织中，虽然需要量很小，但必须由食物提供。根据溶解性，维生素分为脂溶性维生素和水溶性维生素两大类。脂溶性维生素包括维生素 A、D、E、K，水溶性维生素包括 B 族维生素和维生素 C。

（6）水

水（water），是维持生命活动最基本的物质，是人体含量最多、最重要的营养素之一，没有水任何生物都不能够生存，水是生命的源泉。水的生理功能主要有：① 组成人体体液。② 参与并促进人体内代谢反应。③ 调节人体体温。④ 运输载体。⑤ 维持机体酸碱平衡。⑥ 润滑作用。⑦ 一些微量元素（如氟、锌、铜）的来源。

（7）膳食纤维

膳食纤维（Dietary Fiber），是不能被机体消化的可食用的一类膳食成分，提供少量的碳水化合物，普遍存在于谷类、蔬果、豆类食品中，其成分主要源于植物细胞壁，包括纤维素、半纤维素、果胶、树胶、木质素等，分为可溶性膳食纤维和不溶性膳食纤维。近年的研究发现其对人体健康有许多特殊的主要，因此也有人将其从碳水化合物中单列出来作为第 7 种营养素。

膳食纤维的主要生理功能有：① 促进结肠功能，预防便秘，预防结肠癌。② 预防糖尿病，提高葡萄糖耐量。③ 降低血清胆固醇，预防冠心病。④ 预防胆结石。⑤ 降低心血管疾病发病率。⑥ 提高机体免疫力。⑦ 防止能量过剩，预防肥胖，控制体重。

2. 中国居民膳食指南及其应用

(1) 准则一：食物多样，合理搭配

平衡膳食模式是最大程度上保障人类营养需要和健康的基础，食物多样是平衡膳食模式的基本原则。多样的食物应包括谷薯类、蔬菜水果类、畜禽鱼蛋奶类、大豆坚果类等。建议平均每天摄入12种以上食物，每周25种以上。谷类为主是平衡膳食模式的重要特征，建议平均每天摄入谷类食物200～300 g，其中全谷物和杂豆类50～150 g；薯类50～100 g。每天的膳食应合理组合和搭配，平衡膳食模式中碳水化合物供能占膳食总能量的50%～65%，蛋白质占10%～15%，脂肪占20%～30%。

表1-2-1　食物种类和主要营养素

食物种类	食物举例	主要营养素
谷薯类	谷类：稻米、小麦、小米、大麦、燕麦、荞麦、莜麦、玉米、高粱等 杂豆类：红豆、绿豆、花豆、芸豆、蚕豆、豌豆等 薯类：马铃薯、甘薯	碳水化合物、蛋白质、膳食纤维、B族维生素（全谷物营养价值）
蔬菜水果类	蔬菜：胡萝卜、菠菜、甜椒 水果：橙子、苹果、香蕉	膳食纤维、矿物质、维生素C、β-胡萝卜素以及有益健康的植物化学物质（深色蔬菜营养价值更高）
动物性食物	水产、禽肉、畜肉、蛋、奶	蛋白质、脂肪、膳食纤维、矿物质、维生素
大豆类和坚果	大豆类：黄豆、青豆、黑豆 坚果类：花生、瓜子、核桃、杏仁	蛋白质、矿物质、B族维生素和维生素E
纯能量食物	油、淀粉、食用糖	主要提供能量，其中动植物油还可以提供维生素E和必需脂肪酸

※ 摘自《中国居民膳食指南(2016)》(科普版)，P10.

食物多样并不难。小份多种，粗细搭配，有荤有素，五颜六色，避免单一，同类食物可以互换。

表1-2-2　建议摄入的主要食物种类数　（单位：种）

食物类别	平均每天摄入的种类数	每周至少摄入的种类数
谷类、薯类、杂豆类	3	5
蔬菜、水果类	4	10
禽、畜、鱼、蛋类	3	5
奶、大豆、坚果类	2	5
合　计	12	25

※ 不含烹调油和调味品。

※ 摘自《中国居民膳食指南(2022)》，P5.

表 1-2-3　青年学生谷类食物建议摄入量　(g/d)

食物类别	18 岁以上青年学生
谷类	200～300
其中全谷物和杂豆	50～150
薯类	50～100

※ 摘自《中国居民膳食指南(2022)》,P4.

许多青年学生担心肥胖,但肥胖不是吃主食的错,要纠正“不吃主食就能减肥”的错误观念。肥胖的真正原因是能量过剩,即能量摄入大于能量消耗。保持体重的关键是要做到吃动平衡,谷类为主的平衡膳食,能够保证充足的营养素摄入,有助于体重的维持。

(2) 准则二:吃动平衡,健康体重

体重是评价人体营养和健康状况的重要指标,运动和膳食平衡是保持健康体重的关键。各个年龄段人群都应该坚持每天运动、维持能量平衡、保持健康体重。体重过低和过高均易增加疾病的发生风险。推荐每周应至少进行 5 天中等强度身体活动,累计 150 分钟以上;坚持日常身体活动,主动身体活动最好每天 6 000 步;注意减少久坐时间,每小时起来动一动,动则有益。

表 1-2-4　成年人身体活动量表

	推荐活动	时间
每天	主动进行身体活动 6 000 步	30～60 分钟
每周	至少进行 5 天中等强度身体活动	150～300 分钟
鼓励	适当进行高强度有氧运动和抗阻运动	每周 2～3 天,隔天进行
提醒	减少久坐时间,每小时起来动一动	

※ 摘自《中国居民膳食指南(2022)》,P28.

“吃动平衡”是在健康饮食、规律运动的基础上,保证食物摄入量和身体活动量的相对平衡。“管住嘴、迈开腿”两者同样重要,互为补充,缺一不可。

健康体重可用体质指数(BMI)来衡量。

体质指数(BMI)是体重(千克)除以身高(米)的平方。

$$\mathrm{BMI}=\frac{\text{体重}(\mathrm{kg})}{[\text{身高}(\mathrm{m})]^2}$$

表 1-2-5　成人体重分类

类别	体重过低	体重正常	超重	肥胖
体重指数	BMI<18.5	18.5≤BMI<24.0	24.0≤BMI<28.0	BMI≥28.0

※ 摘自《中国居民膳食指南(2022)》,P29.

对于肥胖的学生,减肥不但是减重,更重要的是减少脂肪。运动可以帮助减少身体脂肪。不吃饭,常常是以丢失水分和肌肉为代价,往往不能够维持长久。

在日常生活中，要做到“食不过量”。食不过量，指每天摄入的各种食物所提供的能量不超过人体所需要的能量。换句话说就是吃饱而不吃撑。

“食不过量”的小窍门：① 定时定量进餐；② 吃饭时细嚼慢咽，避免进食过快；③ 分餐制；④ 每顿少吃一两口；⑤ 减少高能量加工食品的摄入；⑥ 减少在外就餐。

坚持锻炼，每天保持至少半小时的中等强度身体活动，每周累计 150 分钟，养成锻炼的好习惯。运动不仅有减肥的作用，更重要的是运动能够增强体质，改善健康状况，促进学习。

运动形式有多种多样，每个人可以依据自己的兴趣爱好，选择适合自己的运动方式，避免运动损伤。由于当前学生学习任务重，压力大，容易长时间坐着，成为“久坐族”，长期久坐（1 次 4 小时以上），对身体健康造成的危害极大，而且还会增加死亡的风险。因此要提醒经常久坐的学生，每 1 小时起来活动一下，每次活动至少几分钟的时间。

（3）准则三：多吃蔬果、奶类、全谷、大豆

蔬菜、水果、奶类和大豆及其制品是平衡膳食的重要组成部分，坚果是膳食的有益补充。蔬菜和水果是维生素、矿物质、膳食纤维和植物化学物的重要来源，奶类和大豆类富含钙、优质蛋白质和 B 族维生素，对降低慢性病的发病风险具有重要作用。推荐餐餐有蔬菜，每天摄入不少于 300 g 蔬菜，深色蔬菜应占 1/2。推荐天天吃水果，每天摄入 200～350 g 新鲜水果，果汁不能代替鲜果。吃各种各样的奶制品，摄入量相当于每天 300 ml 以上液态奶。经常吃全谷物、豆制品，适量吃坚果。

表 1-2-6　青年学生蔬菜水果、全谷物、奶类、大豆、坚果类食物建议摄入量　(g/d)

类别	蔬菜	水果	奶类	全谷物和杂豆类	大豆	坚果
青年学生	300～500	200～350	300	50～150	105～175	50～70

※ 能量需要量水平计算 1 600～2 400 kcal/d.

※ 摘自《中国居民膳食指南(2022)》，P48-49.

每天一杯牛奶，牛奶中富含钙，是膳食中最容易被吸收的钙的来源，最好每天摄入达到 300 克鲜奶。如果食用各种奶制品，每天要食用相当于 300 克液态奶的量。交通不发达地区，用奶粉冲调饮用也是不错的选择；饮用奶茶的地区，注意不要放太多的盐。

青年学生，要达到每天相当于 300 ml 液态奶，并不难。例如：可以选择早餐时饮用一杯牛奶（200～250 ml），午饭配一杯酸奶（100～125 ml），即可满足要求。

有乳糖不耐受症的学生，可采用下列方式来减轻症状：① 选择酸奶、奶酪的等发酵奶制品；② 选择低乳糖奶；③ 少量多次饮用；④ 不空腹饮奶，与其他谷类食物同时食用。

常吃一些豆制品，适量食用坚果，不要过量。

表 1-2-7　奶制品互换表

食物名称	总量(g/d)	畜禽肉(g/周)	蛋类(g/周)	水产品(g/周)
青年学生	120～200	280～525	280～350	280～525

※ 乳制品按照与鲜奶的蛋白质比折算

※ 摘自《中国居民膳食指南(2016)》，P62.

全谷物指未经精细化加工或虽经碾磨（粉碎或压片等）处理仍保留了完整谷粒所具备的胚乳、胚芽、谷皮和糊粉层组分的谷物。我国传统饮食习惯中作为主食的大米、小麦、玉米、大麦、燕麦、黑麦、黑米、高粱、青稞、黄米、小米、粟米、荞麦、薏米等，如果加工得当是全谷物的良好来源。

全谷物含有膳食纤维、B族维生素和维生素E、矿物质、不饱和脂肪酸、植物甾醇素以及植酸和酚类等植物化学物质。

（4）准则四：适量吃鱼、禽、蛋、瘦肉

鱼、禽、蛋和瘦肉可提供人体所需要的优质蛋白质、维生素A、B族维生素等，有些也含有较高的脂肪和胆固醇。目前我国畜肉消费量高，过多摄入对健康不利，应当适量食用。动物性食物优选鱼和禽类，鱼和禽类脂肪含量相对较低，鱼类含有较多的不饱和脂肪酸。蛋类各种营养成分齐全，瘦肉脂肪含量较低。过多食用烟熏和腌制肉类可增加部分肿瘤的发生风险，应当少吃。推荐成年人平均每天摄入动物性食物总量120～200 g，相当于每周摄入鱼类2次或300～500 g、畜禽肉300～500 g、蛋类300～350 g。

图1-2-2

图1-2-3

表1-2-8　青年学生动物性食物建议摄入量

食物名称	鲜牛奶	酸奶	奶粉	奶酪
重量（克）	100	100	12.5	10

※ 能量需要量水平计算1 600～2 400 kcal/d.

※ 摘自《中国居民膳食指南（2022）》，P70.

（5）准则五：少盐少油，控糖限酒

我国多数居民食盐、烹调油和脂肪摄入过多，是目前肥胖、心脑血管疾病等慢性病发病率居高不下的重要因素，因此应当培养清淡饮食习惯，推荐成年人每天摄入食盐不超过5 g、烹调油25～30 g，避免过多动物性油脂和饱和脂肪酸的摄入。过多摄入糖可增加龋齿和超重的发生风险，建议不喝或少喝含糖饮料，推荐每天摄入糖不超过50 g，最好控制在25 g以下。儿童青少年、孕妇、乳母不应饮酒，成年人如饮酒，一天饮酒的酒精量不超过15 g。

糖是一种纯能量的食物，不含其他营养成分，过多的摄入会增加龋齿，引发超重肥胖的发生，对青年学生而言，建议少喝或不喝含糖的饮料，少吃或不吃高糖食品。

过量饮酒，与多种疾病有关，会增加肝脏损伤、痛风、心血管疾病和某些癌症发生的危险，影响青年学生的身心健康，不建议青年学生饮酒。

表 1-2-9　不同烹调方式所提供的能量

原料	食品	提供能量
100 g 面粉	制成馒头(160 g)	1 507 kJ(360 kcal)
	炸成油条(162 g)	2 620 kJ(626 kcal)
100 g 鸡翅	100 g 鸡翅	1 005 kJ(240 kcal)
	100 g 炸鸡翅	1 411 kJ(337 kcal)
100 g 土豆	蒸土豆(50 g)	293 kJ(70 kcal)
	炸成土豆条(50 g)	628 kJ(150 kcal)

(6) 准则六:规律进餐,足量饮水

规律进餐是实现合理膳食的前提,应合理安排一日三餐,定时定量、饮食有度,不暴饮暴食。早餐提供的能量应占全天总能量的 25%～30%,午餐占 30%～40%,晚餐占 30%～35%。水是构成人体成分的重要物质并发挥着多种生理作用。水摄入和排出的平衡可以维护机体适宜水合状态和健康。建议低身体活动水平的成年人每天饮 7～8 杯水,相当于男性每天喝水 1 700 ml,女性每天喝水 1 500 ml。每天主动、足量饮水,推荐喝白开水或茶水,不喝或少喝含糖饮料。

水是一切生命必需的物质,是人体必需的六大营养素之一,在生命活动中发挥着重要功能。建议饮用白开水作为水分补充的主要来源,每天 7～8 杯(1 500～1 700 毫升)。

人体水分的分布为细胞内水和细胞外水,机体脱水会对生理和心理功能造成不良影响。人体脱水的最主要原因是细胞内的水分缺乏,机体细胞外的水分在正常情况下是维持基本恒定的。

当机体出现口渴和少尿的时候,实际上已经较长时间处于缺水的状态了,这对于身体健康是有害的。如何判断机体是否缺水?最简单的方法就是观察尿液的颜色。随着人们身体失水的增加,除了口渴外,还会出现尿量减少、尿液颜色深黄等现象。正常的尿液颜色是略带黄色透明或无色,缺水后,尿液颜色逐渐加深。

在正常生理条件下,机体通过尿液、粪便、呼吸和皮肤等途径排泄水分。当机体失水达到体重的 2%～4%时,会感到口渴,出现尿液减少;当机体失水达到体重 10%的时候,人们就会出现烦躁、全身无力、体温升高、血压下降、皮肤失去弹性等现象;当机体失水超过体重的 20%时,会引起死亡。

(7) 准则七:会烹会选,会看标签

食物是人类获取营养、赖以生存和发展的物质基础,在生命的每一个阶段都应该规划好膳食。了解各类食物营养特点,挑选新鲜的、营养素密度高的食物,学会通过食品营养标签的比较,选择购买较健康的包装食品。烹饪是合理膳食的重要组成部分,学习烹饪和掌握新工具,传承当地美味佳肴,做好一日三餐,实践平衡膳食,享受营养与美味。如在外就餐或选择外卖食品,按需购买,注意适宜份量和荤素搭配,并主动提出健康诉求。

青年学生在选购食品时,要学会看食品标签。在预包装食品(即包装食品)外包装上,

都会有食品标签信息，包括食品配料、净含量、适用人群和食用方法、营养成分表及相关的营养信息等。购买食品时要注意这些内容，帮助比较和选择适合自己的食物。

看配料表。配料(表)是了解食品的主要原料、鉴别食品组成的最重要途径，通俗地说，配料(表)告诉消费者食品是由哪些原料制成的。按照“用料量递减”原则，配料(表)按配料用量高低依序列出食品原料、辅料、食品添加剂等。

看营养成分表。预包装食品上有很多信息表现食品的营养特征，如营养成分表，另外还有营养声称、营养成分功能声称。营养成分表是预包装食品标签上采用三列表形式标示的营养成分含量表，说明每 100 g(或每 100 ml)食品提供的能量以及蛋白质、脂肪、饱和脂肪、碳水化合物、糖、钠等营养成分的含量值，及其占营养素参考值的百分比。

利用营养声称选购食品。营养声称是对营养成分含量水平高或低、有或无的说明。如果食品中某营养素达到了一定限制性条件，预包装食品作出某营养素来源或含有、高或富含、低含量、无或不含的含量声称，如高钙、低脂、无糖等；或者与同类食品相比的优势特点，比如增加了膳食纤维，或减少了盐用量等。这些可以很好地帮助选择食品。

营养声称 → ×××高钙饼干营养成分表

项目	每 100 g	NRV%
能量	2 030 kJ	24%
蛋白质	6.8 g	11%
脂肪	20.2 g	34%
—饱和脂肪	14.0 g	70%
碳水化合物	67.5 g	23%
—糖	20.3 g	—
钠	192 mg	10%
钙	250 mg	31%
钙是骨髓和牙齿的主要成分，并维持骨密度。		

营养成分功能声称 → 钙是骨髓和牙齿的主要成分，并维持骨密度。

钙含量达到 30% NRV，符合“高”钙含量营养声称条件

※ NRV：营养素参考值

图 1-2-4　食品营养成分表示意图

※摘自《中国居民膳食指南(2022)》，P143.

外卖及在外就餐点餐技巧：① 外卖及在外就餐要纳入膳食计划；② 挑选主食，不忘全谷物；③ 挑选菜肴，少油炸、注意荤素搭配；④ 不要大分量，适量不浪费；⑤ 提出少油、少盐健康诉求。

(8) 准则八：公筷分餐，杜绝浪费

日常饮食卫生应首先注意选择当地的、新鲜卫生的食物，不食用野生动物。食物制备生熟分开，储存得当。多人同桌，应使用公筷公勺、采用分餐或份餐等卫生措施。勤俭节约是中华民族的文化传统，人人都应尊重和珍惜食物，在家在外按需备餐，不铺张不浪费。从每个家庭做起，传承健康生活方式，树饮食文明新风。社会餐饮应多措并举，倡导文明用餐

方式，促进公众健康和食物系统可持续发展。

3. 食品卫生小知识

(1) 正确洗手

洗手是日常生活中经常的事，也是最容易被忽略的事情。人的一只手上大约沾有 40 多万个细菌，用过水龙头后，接触部位皮肤上细菌达 3.5 万个/cm^2。很多常见传染病，如感染性腹泻、肠道寄生虫病、急性呼吸道传染病、沙眼、皮肤感染等疾病都能够经手传播。

掌握正确的洗手方法，养成良好的洗手习惯很重要，是预防经手传播疾病的有效手段。

七步洗手法操作流程

七步洗手法(内外夹弓大力腕)详见模块四、疾病预防、学习单元二、新冠肺炎防控、1、个人防控、(3) 正确的洗手方法

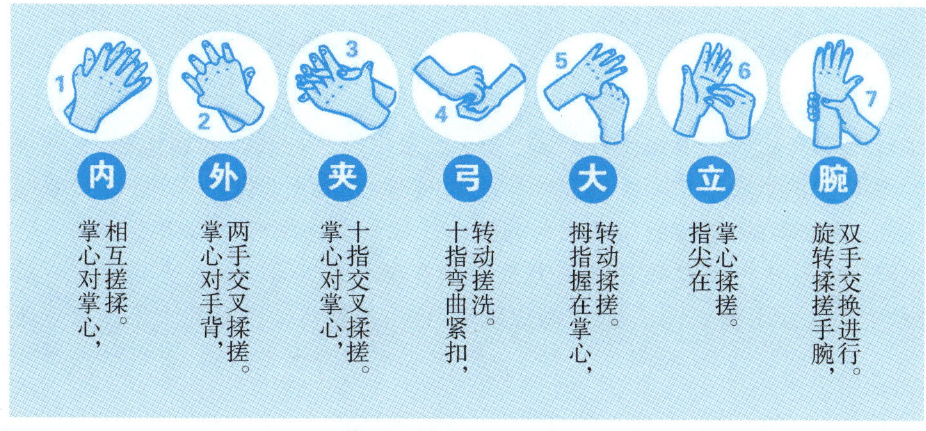

图 1-2-5 七步洗手法

建议必须洗手的时间：

① 饭前便后：人的双手每天接触各种各样的东西，会沾染致病菌、寄生虫卵等，吃东西和便后要认真洗手，才能够减少“病从口入”的可能。

② 从医院出来：医院是细菌和病毒较重的“集散地”，在医院不可避免地接触到细菌或病毒，因此从医院出来要洗手。

③ 回到宿舍或回到家后：回宿舍或回家，进门第一件事就是洗手，不然很容易将外界的细菌带进宿舍或带回家，因为在楼梯的扶手、门的扶手、钥匙、电梯按钮等地方都有数以万计的细菌。

④ 打喷嚏或咳嗽后：打喷嚏和咳嗽时，不可避免地会有无数细小的飞沫从鼻腔或口里喷出，人们会下意识地用手去捂。打喷嚏或咳嗽表明呼吸道可能有感染存在，手在捂住口鼻时，就接触到了传染源，因此要洗手。

⑤ 接触钱币后：流通的钱币经过无数人的手，在接触钱币后要洗手。

⑥ 便前、便后：人们工作、生活，每天双手要接触到各种各样的东西，还沾染到许多致病源，因此在接触身体私处前，应当洗手。便后，更容易接触到许多细菌、病原微生物等，更需要洗手。

此外，当身处郊外等户外环境，没有香皂、洗手液等，没有消毒纸巾，可以就地取材，利用流动的水源，用细沙、黏土、燃烧完全的木灰烬涂抹清洗，也能够达到清洁双手的目的。

(2) 在外就餐注意事项

① 餐具卫生。就餐前要观察餐具是否经过消毒处理，经过消毒清洗的餐具，具有光、洁、干、涩等特点。

② 辨识食物状况。用餐时要注意观察分辨食物是否变质、是否有异味和异物。颜色异常鲜艳的食物，有可能违法添加了非食用物质或超量、超范围使用了食品添加剂。不吃违禁食品、少吃或不吃生海鲜产品。

③ 其他注意事项。提倡使用公筷或实行分餐制。夏秋季节避免过多食用凉拌菜、改刀熟食(改刀，中国烹饪专业术语，切菜的意思，将蔬菜或肉类用刀切成一定形状的过程，或用刀将大块的原料改小或改变形状)等容易受病原污染的高风险食物。有食物过敏史的学生，应避免食用过敏食物。胃肠道功能欠佳的学生，要避免食用冷饮、海鲜、辛辣食物、高蛋白食品等刺激胃肠道或不易消化的食品。同时应注意不要暴饮暴食。

(3) 清除水果蔬菜农药残留的方法

① 清水浸泡洗涤法。主要用于叶类蔬菜，一般先用清水冲洗掉表面污物，剔除可见有污物的部分，然后用清水漫过水果蔬菜部分 5 厘米左右，浸泡不少于 30 分钟。必要时可加入水果蔬菜洗涤剂之类的清洗剂，增加农药的溶出。如此清洗浸泡 2～3 次。

② 碱水浸泡清洗法。大多数有机磷类杀虫剂在碱性环境下，可迅速分解。一般先在 500 毫升清水中加入食用碱 5～10 克，配制成碱水，再将经初步冲洗后的水果蔬菜置于碱水中，根据菜量的多少配足碱水，浸泡 5～15 分钟后用清水冲洗水果蔬菜，重复洗涤 3 次左右效果更好。

③ 加热烹饪法。常用于芹菜、圆白菜、青椒、豆角等蔬菜。由于氨基甲酸酯类杀虫剂会随温度升高而加快分解，一般将清洗后的水果蔬菜放置于沸水中 2～5 分钟后立即捞出，然后用清水洗 1～2 遍后，即可置于锅中烹饪成菜肴。

④ 清水去皮法。对于带皮的水果蔬菜，可去皮食用，这样既可口又安全。

⑤ 储存保管法。某些农药在存放过程中会随着时间推移缓慢地分解为对人体无害的物质。因此，有条件时，应将某些适合于储存的果品购回后存放一段时间(10～15 天)，食用前再用清水洗涤并去皮，效果会更好。

(4) 食物中毒后处理

① 及时送医就诊。发现有人食物中毒，要及时送到医院就诊，不要自行乱服药，医治越早越好，切莫延误时间。患者要保留好就诊记录、化验单、医疗费用凭证等。

② 及时报告。前往医院就诊的同时，应了解发病前有共同饮食史的学生是否也出现类似症状，如果有立即向当地监督机关报告，使监督机构能够尽早采取控制措施，防止事态扩大，同时也有利于查明原因并及时处理。

③ 立即停止食用可疑食品。立即停止食用可疑食品，就地收集封存，以备检验。

④ 保护好现场。出现食物中毒，要保护好现场，及时收集患者呕吐物、粪便等，以备检验。食品储存场所及炊具、餐具、容器等暂不要清洗，在调查人员采样结束后，再对中毒现场进行全面、彻底的清洗、消毒，以防止中毒事故再次发生。

⑤ 不要私下解决。在饮食单位就餐后发生疑似食物中毒，不可与餐饮单位私下协商解决，应在第一时间报告有关部门，以免延误调查时机，给确定事件性质和原因带来困难，从而影响依法向肇事单位索赔的证据力度。

学习单元三 睡眠与健康

一 健康睡眠

1. 睡眠是生命必需的过程

睡眠是生命所必需的过程，是一种重要的生理需求，机体维系健康的重要保证，是反映机体身心健康的重要指标。人的一生有三分之一的时间是在睡眠中度过的。大学生是一个特殊的群体，大学生正处于增长知识和健全人格形成的重要时期，面临着来自学习、就业、家庭、社会变迁等各方面的压力，承受着各种各样的困扰。睡眠状况的好坏直接影响到大学生的身心健康和学习。

睡眠是人类生命活动必需的生理和心理过程，是受睡眠觉醒中枢主动调节的一种周期性的可逆的静息现象。这种静息现象可描述为：① 没有主观意志控制的运动：即没有行走、谈话、写作等。② 以卧姿为主：一般情况入睡时常常都是躺着，例外的情况很少。如果一个人双手倒立，我们可以肯定地说他没睡着。③ 对刺激的反应减弱：入睡后机体对低强度的声音和触摸等本能的反应性减弱，而清醒时能立即感觉到同样强度的刺激。④ 可逆的：机体能够很容易从睡眠中觉醒，这一点是睡眠与昏迷或死亡的本质区别。根据睡眠的本质特征可将睡眠划分为非快速眼动相睡眠和快速眼动相睡眠两部分。

2. 睡眠的功能

睡眠大致有以下几个方面的基本功能：

① 睡眠可以恢复和调整体力，消除生理疲劳。通过睡眠能够有效地适应生存环境。

② 睡眠可以保护大脑皮质，促进激素分泌和脑发育，防止神经过度疲劳，很多激素也是在睡眠中分泌明显变快。

③ 睡眠增强机体的新陈代谢，延年益寿。保护皮肤，促进美容。

④ 提高机体免疫能力，增强记忆。睡眠促进免疫细胞分裂、分化。

⑤ 保证有效的信息加工，提高认知能力。

⑥ 有利于保持良好的情绪。睡觉醒来，神清气爽，精神饱满，心情变好。

3. 睡眠障碍因素

睡眠障碍是心理学研究的重要内容之一。大学生的心理障碍多是来自遗传、社会、学

校、家庭的各种压力所致。

① 遗传因素。由于生物遗传与生长发育程度等因素,造成学生间出现个体形态上的差异,比如外貌、身高等差异。有些学生由于心理素质较差、强烈的自尊等,不能正确认识自身缺陷而导致心理失衡,产生自卑、嫉妒等负面情绪。

② 社会环境因素。随着我国社会的转型,大学生面临着各种竞争的压力,他们感到有时前途迷茫,从而产生极大的失落感。大学生由于思想不成熟,缺乏经验,智力支持不足,导致其对这些负面信息的加工处理能力不强,使理论与现实产生激烈的矛盾冲突,这些矛盾和冲突得不到及时解决,就会产生心理障碍或心理问题。

③ 学校教育因素。大学生学习方式、方法与中学相比较也发生了很大变化,而且大学生面临着各种复杂的人际关系,大学生们来自不同的地区,文化背景、价值观念也不尽相同,其个性、习惯的差异更显突出,这些都容易导致人际关系方面的摩擦与冲突。

④ 自身家庭影响因素。由于当代大学生绝大多数都是独生子女,不少人缺乏生活自理能力,过不惯集体生活,从而普遍感到孤独寂寞,压抑和焦虑。另外,家庭教养方式、父母的文化程度、家庭经济状况、父母社会地位等。他们所承受的心理负担明显不均衡,每个同学面临的心理负担强度和内容都有较大的差异,极易导致心理上的不平衡。另外,在个性与心理健康的研究中显示,个性不稳定的人容易出现心理问题,个性稳定的人不容易出现心理问题。

4. 改善睡眠的食品

改善睡眠的方法多种多样,但是要让大学生们很快改变长久以来形成的习惯和生物钟也不是一件容易的事,因此可以通过其他方式来提高睡眠质量。

例如,适当饮食能促进睡眠和提高睡眠的质量。与咖啡中所含的咖啡因可以提神一样,有些食物则可以激发睡意,促进睡眠。血清素,是一种单胺类神经递质,由一种叫作色氨酸的氨基酸在大脑中转换而成,是负责调节机体睡眠、性欲和体温等特定身体过程的一种重要的神经递质。因此,从营养学的角度来说,可以多食用富含色氨酸的食物,以促进睡眠和提高睡眠质量。

富含色氨酸的食物有:热牛奶、小米、香菇、葵花籽、海蟹、黑芝麻、黄豆、南瓜籽、肉松、油豆腐、鸡蛋等。热牛奶,一直被认为是具有放松和诱导睡眠的睡前饮品,现代科学也已经验证牛奶中富含色氨酸。一些经常晚睡或者熬夜、失眠的大学生可以在睡前尝试吃一些上述食物,以帮助提高睡眠质量,保证第二天有充沛的精力学习。

5. 促进睡眠的方法

为了弥补普遍的睡眠不足,不妨尝试一下“小睡”。这种小睡是指每天正式睡眠醒来后再小睡 20 分钟,俗称“回笼觉”,其效果比晚上早睡要好得多。

有关医学专家总结了一套“助眠 14 法”,只要从现在做起,即可帮你重返梦乡。

① 早上在晨光中散步,会缩短睡眠周期,使你晚上上床之后容易入睡。因为阳光的照射会使大脑里的松果体早一些分泌退黑素,强烈的人造光也有同样的效果。这会延长你的睡眠周期,推迟入睡时间。

② 锻炼能缩短睡眠周期。一个夜间型的人，其思维通常在午夜以后变得活跃。然而，当他白天锻炼，如骑了一整天的自行车后，他的睡眠周期就会缩短，夜间早点上床睡觉，一定睡得更香，第二天起得也很早。

③ 在夜晚适当升高体温，会有利于睡眠。进行至少 15 分钟的桑拿浴或热水浴，都可以达到这种效果。

④ 白天睡觉不宜超过一小时，也不宜在下午 4 点钟以后睡觉，否则到了晚上就没有困倦感。

⑤ 避免在晚饭后食用含咖啡因的各种食品和饮料，如巧克力、咖啡、茶等，因为咖啡因会兴奋大脑而引起失眠。

⑥ 晚上少喝水，饮水过多会使整个夜晚上厕所次数增多，从而影响睡眠。

⑦ 在上床一小时之前，停止强脑力活动，可看一些简易读本或喜剧电视片，使大脑轻松一下。也可以考虑处理一些琐碎的家庭杂务等，然后洗漱上床。

⑧ 在医生的指导下，补充镁、钙、复合维生素 B 等，可使睡眠更好些。

⑨ 等到感觉困了才上床。床只用来睡觉，不要在床上看电视、吃东西、看书或玩手机。如果上床 15 分钟后仍不能入睡，干脆下床来读一些轻松的书，不要躺在那里翻来覆去。待在床上，翻来覆去不睡觉，结果只会将床和失眠联系起来。

⑩ 安装一个隔音的窗户，挂上厚厚的窗帘，保证卧室是完全隔音的。

⑪ 如果早上的阳光能进入卧室，睡觉时可考虑戴上眼罩。

⑫ 除非有要紧的事，晚上最好关掉电话，早上再打开，以免在午夜或清晨被意外电话声干扰。

⑬ 放松身心。如肌肉放松法、功能反馈疗法、瑜伽等。例如，上床以后，仰卧在床上，先晃动、放松一条腿，进行几次慢速的腹式深呼吸；放松另一条腿，再进行几次使你更放松的呼吸。接着放松手臂、肩和颈部，再放松面部肌肉，尤其是眼和嘴的肌肉。每放松一次肌肉群就深呼吸一次，在不知不觉中，你就进入了梦乡。

⑭ 每天早晨在同一时间起床，以便形成固定的睡眠规律。

二 睡眠不足与睡眠障碍的危害

1. 睡眠不足与睡眠障碍

睡眠不足，指没有达到正常的睡觉时间。

睡眠障碍，指睡眠量不正常，以及在睡眠中出现异常行为的表现，即睡眠和觉醒正常节律性交替紊乱的表现。睡眠障碍可由多种因素引起，常与躯体疾病有关，包括睡眠失调和异态睡眠。

长期睡眠不足和睡眠障碍，会导致大脑功能紊乱，对身体造成多种危害，严重影响身心健康。

睡眠障碍有多种类型，主要有失眠、梦游、梦魇、过度睡眠等。

① 失眠症。在睡眠时间不能安静入睡统称为失眠，主要表现为入睡困难、睡眠不深或频繁觉醒、早醒、多梦等。失眠者在睡眠障碍中所占比例最大，是最常见的睡眠障碍。

② 睡眠倒错(睡眠觉醒节律障碍)。个体的“睡眠—觉醒”的节律与所在环境的要求和大多数人所遵循的节律不符，在应当睡眠的时段失眠，在应该清醒的时段嗜睡，患者明显感到苦恼和社会功能受损，表现为白天昏昏欲睡，而夜间兴奋不眠。

③ 梦游症。患者熟睡后，1 小时内不由自主地起床在室内走动，或到户外活动，做一些无意义的单调运动或习惯性杂事。梦游时患者神志不完全清醒，在有人提问时，可含糊应答，遇到强烈刺激时可以惊醒，但醒后对起床进行的活动不能记忆。

④ 梦魇。睡眠中出现噩梦，梦中见到可怕的景象或荒诞的故事情节，梦境体验十分生动，通常涉及对生存、安全或自尊造成威胁的主题，以至于患者在梦中惊恐万分，会出现呼叫、呻吟、突然惊醒并伴心悸、呼吸急促、出汗等症状。

⑤ 过度睡眠。指在足够睡眠时间以外仍经常疲乏欲睡，有的学生喜欢赖床、睡懒觉，每天睡眠的时间甚至超过 10 个小时，但起床后仍然觉得犯困、乏力。

2. 睡眠不足的危害

① 影响大脑思维。通常情况下，在熬夜后第二天上课常会感到头昏脑涨、注意力无法集中，甚至出现头痛的现象。不仅如此，长期熬夜、失眠对记忆力也会有无形的损伤。实验证明，人的大脑要思维清晰、反应灵敏，必须要有充足的睡眠，如果长期睡眠不足，会使人心情忧虑焦急。大脑得不到充分的休息，会影响大脑的创造性思维和处理事务的能力，大大降低工作和学习效率。

② 影响正常发育。现代研究认为，青少年的生长发育除了遗传、营养、锻炼等因素外，还与生长素的分泌有关。生长素的分泌同睡眠密切相关，在人熟睡后生长激素有一个大的分泌高峰，随后又有几个小的分泌高峰，而在非睡眠状态，生长素分泌会减少。大学生要发育好、长得高，必须保证充足的睡眠。压力、偏食、睡眠不足等不良生活习惯，会令黑色素增加。晚上 10 点左右及早上 6 点左右是新陈代谢的最好时机，如果睡眠时间不稳定，皮肤的代谢率也降低，会导致黑色素降解下降。

③ “催人老”。睡眠不足会导致黑眼圈、眼袋、皮肤干燥。夜晚是人体的生理休息时间，该休息而没有休息，就会因为过度疲劳造成眼睛周围的血液循环不良，引起黑眼圈、眼袋或是白眼球布满血丝。晚上 11 时到凌晨 3 时是美容时间，也就是人体的经脉运行到胆、肝的时段。这两个器官如果没有获得充分的休息，会表现在皮肤上，容易出现粗糙、脸色偏黄、黑斑、青春痘等问题。

④ 导致各种疾病。经常睡眠不足，会使人心情忧虑焦急，免疫力降低，从而导致各种疾病发生，如神经衰弱、感冒、胃肠疾病等。此外，相关研究还表明，睡眠不足或不规律除了让人们眼睛胀涩、嗜喝咖啡、在下午的课堂上打盹之外，还会增加多种重大疾病(如癌症、心脏病、脑血管疾病、糖尿病和肥胖症等)的患病风险。

三 睡眠的自我调节

1. 保证睡眠

① 规范睡眠时间。根据需要起床的时间往前推 8 个半小时，就是需要上床睡觉的时间。尽量每天都在同一个时间段睡觉，这样身体代谢才会更加有规律，排毒活动才能有条不紊地进行。周末也不要赖床到中午，甚至整天睡觉，生物钟一旦在双休日被打乱，很容易造成恶性循环，出现失眠、食欲不振、浮肿等症状。

② 保证 8 小时睡眠。大多数人需要 6～8 小时的睡眠来获得充足的运动能量，保证健康的饮食和保持苗条的身材。晚上 11 点到凌晨 2 点这段黄金时间，身体的新陈代谢最旺盛，能够有效消除疲劳，排出体内毒素。如果你不好好把握这段时间，身体代谢将会变差，体内毒素排不出去，长期堆积对健康危害极大。

③ 不摄入兴奋性物质。含咖啡因等提神兴奋的饮料睡前禁止饮用，茶、苏打水也不要喝，这些饮料会让机体越来越精神。少量红酒能够促进睡眠，不过不要过量，酗酒会让人昏睡，到了第二天还有头痛的烦恼。

④ 养成良好睡前习惯。睡前不要进行太激烈的运动，如果让大脑处于兴奋状态，就难以按时入睡。睡前尽量从事阅读、听轻音乐、沐浴等让身体放松的活动，这样更易入睡。晚上爱上网、玩手机的学生要注意时间，不要一玩到高兴时忘记了睡觉。

图 1－3－1

⑤ 按时睡觉。每天要按时睡觉。人类最佳睡眠时间应是晚上 10 点至清晨 6 点，老年人稍提前为晚 9 点至清晨 5 点，儿童为晚 8 点至清晨 6 点。处于发育期间的青年学生至少要保证 7～8 个小时的睡眠时间。但由于学业负担和丰富的课余生活，大学生为了学习赶夜车或为娱乐牺牲睡眠时间的情况较普遍。青年学生需要有良好的时间管理策略，对时间的分配进行规划，并有较强的处理事务和自制能力，保证在最佳睡眠时间准时入眠。

⑥ 做好睡眠准备。睡前切勿进食和饮用刺激性饮料，也不要情绪过度激动、过度娱乐与言谈等，保持心情的平稳与安适。

图 1－3－2

⑦ 注意睡姿。身睡如弓效果好，向右侧卧负担轻。研究显示，由于人体的心脏多在身体左侧，“睡如弓”向右侧卧可以减轻心脏承受的压力。同时双手尽量不要放在心脏附近，避免因为噩梦而惊醒。此外不要蒙头大睡或张大嘴巴，睡时用被子捂住面部会使人呼吸困难，导致身体缺氧；张嘴吸入的冷空气和灰尘，会伤及肺部，胃部也会受凉。

⑧ 适宜的睡眠环境。睡眠时光线要适度，周围的色彩尽量柔和，通风但不能让风直吹，尽量防止噪音干扰。大学生生活在集体宿舍，因此营造好的睡眠环境就需要大家发挥人际沟通与协调能力，使得不同生活习惯的同学能大致协调同步。

⑨ 选择好的睡眠用品。选择一个适合自己的好床垫、枕头是舒适睡眠的重要条件，好的床垫、枕头不仅可以有效支撑身体的压力，还可以缓冲在睡眠中因为翻身造成的震动。专家指出：舒适的睡眠床垫，睡前要摸摸床垫上是否有异物，有的话要立即拿掉；其次床垫不能过硬，床垫过硬会磨损脊椎，对脊椎发育影响甚大。枕头要柔软适度、舒适。

2. 养成良好的睡眠习惯

① 每天都要准时睡觉，准时起床。

② 床是用来睡觉的，看电视和看书报要到客厅里去。

③ 白天要做体育活动，但在睡觉前不要锻炼。

④ 睡觉前不要饿肚子，但也不要吃得太饱。

⑤ 睡觉前不要喝太多水或饮料。

⑥ 睡觉前尽可能地不要喝茶水。

学习单元四 运动与健康

一 生命在于运动

随着社会经济与科学技术的不断发展，社会文明程度不断提高，人们的生活观念也在不断转变。现今，人们生活节奏快，竞争激烈，整天忙于工作、学习，加上科技的进步，生活逐渐电子化，日常进行运动的时间越来越少，这使得很多人（包括很多大学生）由于缺少运动而导致身体处于亚健康状态，甚至产生各种疾病。因此，运动对于人类健康的重要性尤显突出。如今，运动正逐渐成为包括大学生在内的人们日常生活的一个重要组成部分。

运动不仅仅对保持健康体重有益，还能够增进心肺功能，改善耐力和体能；高代谢率，增加胰岛素的敏感性，改善内分泌系统的调节；高骨密度，预防骨质疏松症；保持或增加瘦体重，减少体内脂肪蓄积，防止肥胖；改善血脂、血压和血糖水平；调节心理平衡，减轻压力，缓解焦虑，改善睡眠。肌肉力量的训练，有益于强壮骨骼、关节和肌肉，降低肥胖、心血管疾病、2 型糖尿病和某些癌症等慢性病的发生风险。

对于在校大学生，积极参加体育运动的益处还体现在：

① 能够改善情绪。心情郁闷时去运动一下能有效宣泄坏心情，尤其遭受挫折后产生的冲动能被升华或转移。

② 培养青年学生的意志。参加体育运动有助于增强人们勇敢顽强、坚持不懈的意志，

团结友爱的集体主义精神与机智灵活、沉着果断的品质，还能使人们保持积极向上的心态。

③ 增进青年学生关系和谐。由于体育运动的集体性和公开性，在体育运动中的人际交往，能促进良好人际关系的发展，融洽关系，培养团结协作精神。

④ 促进青年学生正确认识自我。在运动中对自己身体的满意可以增强自信，提高自尊，使自己的社会价值得到认可。

⑤ 促进行为协调、反应适度。体育运动大多在规则的规范要求下进行，每位运动员都会受到规则约束，因此体育运动对培养人们良好的行为规范有着重要和积极的作用。

⑥ 培养合作与竞争意识。合作与竞争是现代社会对人才的要求。体育运动是在规则的要求下，使双方在对等的条件下进行体能和心理等方面的较量。

二 运动锻炼原则与方法

1. 运动锻炼的基本原则

① 自觉愉悦、积极锻炼。首先应该树立“科学锻炼有益健康”的信念，自觉克服各种怕动、懒惰和对体育锻炼的麻痹或恐惧心理，以自觉、愉悦和积极的心态，开展各种形式的体育锻炼活动。作为现代大学生应有主动参加体育锻炼的意识，要充分认识到适量运动对身心健康的必要性和重要性。要知道，无论以什么理由放弃体育锻炼，短期内可能并不会有什么明显的恶果，但是长期的代价必然是体质下降、疾病缠身、未老先衰。有的学生即便参加体育活动，也怀着不情不愿的心理状态，这不仅达不到应有的锻炼效果，反而容易造成消极的心理和生理影响。

② 适量适度、循序渐进。锻炼时，要根据环境和个人的身体条件，如季节、气候、场地和运动器材，以及自身的健康和运动水平等，科学安排锻炼项目，选择适当的锻炼方法和身体负荷等。各种锻炼项目都要逐步适应，不要一曝十寒，急于求成。突然间猛烈的锻炼，往往会导致运动疲劳和损伤，以致很长的时间缓不过气来。锻炼时的运动量应由小到大，不要一开始就竭尽全力，动作应由易到难，由简到繁，密度也不要过于集中，使身体逐渐适应后，再逐步增加运动量。

③ 因人而异、区别对待。日常锻炼，可根据性别、体格、基础条件等选择适当项目。如男女分组，按照自己体质选组，对运动量、锻炼密度、计划进程等不强求一致。在体育课程中，非必修项目可在允许选择的情况下，尽量选择与个人兴趣和能力相适应的项目。确定一个经过努力能实现的目标，制定切实可行的计划，是锻炼能取得成效的基本保证。

④ 持之以恒、坚持不懈。体育锻炼需要经常、反复、持久地进行，才能逐步取得进展、提高。就是已经取得的效果也仍需巩固，中断训练也会使锻炼的成效消退。根据“用进废退”的原理，应逐渐地不断强化运动锻炼。锻炼不可能在短时间内产生显著的效果，只有坚持，才能逐步巩固、积累和提高。

⑤ 注意安全、全面发展。在体育锻炼过程中存在许多有害健康的因素，必须注意预防，以保证安全。首先，环境因素，如气候变化和气象情况，夏季预防中暑、冬季预防冻伤。大风、大雾天气不宜跑步。不宜在交通繁忙、空气污染和高低不平的场地锻炼。其次，要注意

自己的健康状况,患急性病时必须暂停锻炼。患慢性病时,要接受医生的指导。第三,锻炼开始时要进行充分的准备活动。锻炼过程中要遵循技术规范,避免冲撞和外伤,结束时要放松和拉伸运动的主要肌群,以利恢复。

大学生在进行体育项目锻炼时,还要注意到每一个体育锻炼项目均有一定的局限性,如果项目、方法单一,就难以获得良好的整体效应。如举重、铁饼等运动员由于竞技体育的需要,突出个别方面的训练后,其体型已经并非正常健康的形态了。因此大学生体育锻炼中要力求均匀全面进行。

⑥ 避免过度疲劳。过度疲劳是体育锻炼中引起的一种慢性病理状态,亦称为过度训练综合征。日常所见的过度疲劳,除由于大运动量训练以及激烈比赛后发生外,有不少是体育锻炼者急于求成或不考虑自身条件盲目进行所致。过度疲劳导致了机体功能紊乱和代谢异常,还容易发生运动损伤。大学生在锻炼中要学会观察、判断过度疲劳的状况,及时处理,避免过度疲劳对身体健康造成损害。

体育锻炼疲劳会反映在心理和躯体两个方面,心理上的反应如情绪不宁、失眠、注意力不集中、记忆力下降、判断失误多等;躯体上表现为肌肉胀痛、僵硬,肌力下降,关节活动不灵,心率加快,呼吸加快等。躯体与心理的疲劳往往是交叉在一起,互为影响,共同影响人的健康。评定疲劳的方法很多,表 1-4-1 列举了自我评估疲劳程度的一些方法,供大家在锻炼实践中参考。

表 1-4-1 疲劳程度的自我估计

项目	轻度疲劳	中度疲劳	重度疲劳
主观感觉	无任何明显不适	明显疲乏、心悸,休息后一天内能够恢复	除明显的疲乏、心悸外,还有持续较久的胸闷、头脑胀痛情况,休息 24 小时还不能够完全恢复
面色	稍红	明显红	十分红,甚至呈紫红色或苍白色
出汗量	不多,与运动负荷相当	甚多,特别是肩部	非常多,常是全身出汗,甚至要出冷汗的现象
呼吸	稍增加,休息片刻后可恢复	显著加快,休息后恢复时间较长	呼吸浅而频(急促),并可伴有节律不齐
注意力	如常态	不易集中	反应迟钝,有时需要大声刺激才会注意到
动作	步态轻稳如常	步态拖沓,行走摆动	动作不协调,步态明显缓慢,动作节奏紊乱

当发现锻炼后有多种疲劳现象时,应减少锻炼的负荷,甚至暂时中止锻炼,以消除疲劳,防止进一步发展,保护锻炼者健康。

2. 消除疲劳的小窍门

① 休息。休息是消除疲劳的最重要方法。一种为静止性休息,在这期间什么锻炼活动均

不参加;而另一种为积极的休息,选择一些适合的运动量小的项目锻炼。研究显示,在用右臂拉重物疲劳后,用左臂进行不太紧张的活动,比右臂单纯静止休息、疲劳的恢复效果要好。

② 充足睡眠。睡眠时,代谢率减缓,呼吸及脉搏频率减慢,肌肉松弛,生长激素分泌增加,可促进疲劳消除。大学生应保持每天睡眠约 8 小时,如睡眠时间不足,则不利于疲劳的消除。但是,睡眠并不是越多越好,长时间的睡眠使机体处于抑制状态,反而会出现精神倦怠、灵敏度等下降。

③ 整理活动。合适的整理活动,可使体育锻炼后从非常紧张的状态渐渐过渡到安静状态,避免由于剧烈的变化而引起机体调节功能紊乱。活动强度越大,整理活动时间也应相应延长。恰当的整理活动可促进疲劳的恢复。

④ 物理方法。消除疲劳的物理方法,如日光浴、森林浴、吸氧、空气负离子吸入、局部蜡疗、水浴、药浴、推拿、按摩、电疗等,都有助于疲劳的恢复。

⑤ 心理调整。通过言语、音乐、心理暗示,甚至可以请心理医师指导,来达到消除疲劳的目的。

⑥ 适当补充营养及药物。增加营养是体育锻炼后物质消耗补充的基础。我国市售运动营养品品种丰富,但作为大学生锻炼来说,主要应从食物中得到补充,只要合理安排膳食,不需要从市售营养品中补充,更不要受市售营养品广告宣传的误导,依赖其消除疲劳。药品的使用,包括中药,都必须在专业医师指导下选用。

3. 运动锻炼的误区

① 举重会使脂肪积淀。其实不然,举重不仅可以减少机体的脂肪量,而且在人体新陈代谢中还会继续消耗体内的脂肪。用重量合适的哑铃作为锻炼器械,坚持有规律的锻炼,效果会更显著。

② 身体出汗越多,减肥越成功。科学研究证明,流汗消耗的是水、盐分和矿物质,而不是脂肪。锻炼时出不出汗,与是否消耗脂肪无关。

③ 热身准备没有必要。尚未运动开的肌肉很容易扭伤,因为肌肉还没有做好充分的准备,突然间就承受了大动作。任何热身动作都可以提高肌肉的适应性,使关节变得灵活。

④ 锻炼期间大吃大喝问题不大。有人认为,健身期间可以不用实施节食计划,其实不然。无论从事何种体育锻炼,身体确实会消耗更多的热量,但是也不能对吃喝大开绿灯。关键是要保持吃动平衡,可以适当多吃水果、蔬菜、谷物及瘦肉,只有在饮食与健身之间保持科学的平衡,才可能达到最佳锻炼效果。

⑤ 健腹器可使腹部完美。市场上的健腹器材名目繁多,但单纯的健腹运动包括徒手运动和器械运动,并不能把“大肚子”练小。如果没有一个低脂肪、低碳水化合物的食谱,不做有氧健身运动,单靠健腹运动来缩小肚子,是在白白浪费时间。

⑥ 超负重锻炼效果更好。有的学生锻炼时,在手腕和脚踝上带着一定分量的负重物进行锻炼,以为能够消耗更多的脂肪。其实,过量的负重有可能造成肌肉和关节的损伤以及肢体的畸形,包括脊椎变形等。所以进行负重锻炼一定要适度,不可过量。

⑦ 锻炼一天休息一天。在一些力量型的健身运动中,肌肉每锻炼一次必须至少休息 24 小时。有人就以此为依据,锻炼一天就休息一天。其实,这是无益的。可以制定一个轮

流锻炼的计划安排，但是完全没有必要锻炼一天休息一天。例如，可以计划今天练习腿部肌肉，明天锻炼手臂力量。有氧运动和健腹运动可以天天进行，这样就不会感觉太枯燥，时间也会过得更快。

三 运动负荷的自我监测

在体育锻炼中，运动负荷太小，达不到锻炼身体的目的；运动负荷过大，则容易引起运动性疲劳，影响健康。如何判断运动负荷的大小是否合适？可以通过掌握一些简单易行的方法来判断自己的运动负荷。

1. 脉搏

测定脉搏是检测运动负荷常用的一个简便方法。

心脏是人体中非常重要的动力器官，心脏每分钟跳动的次数叫心率，它是心脏功能的一种表现。随着心脏的跳动，在特定部位皮肤表面可以摸到的动脉搏动称为脉搏。在正常情况下，脉搏每分钟跳动的次数（脉率）和心率是一致的。一般情况下，女性比男性快，儿童比成人快。成人安静时的正常心率为每分钟 70～80 次。运动和情绪激动时可使脉搏加快，睡眠、休息时则减缓。

锻炼时，随着运动负荷的加大，脉搏跳动也随之加快。因此，可以通过测定自己的脉率变化来判断锻炼负荷是否合适。运动后的脉搏在［（170～150）－年龄］范围内，表明运动量适宜。

2. 运动量和运动强度的判断

运动量，指人体在运动中所承受的生理、心理负荷以及消耗的热量，由完成运动的强度、持续时间和运动频率决定。用代谢当量（MET，梅脱）表示。1 MET 指坐位休息时的能量消耗，相当于每小时每千克体重消耗 1 kcal 能量。其他活动的能量消耗用 MET 的倍数表示。

运动强度，指运动对人体生理刺激的程度。可以用代谢当量（MET）、最大吸氧量（VO_{2max}）、心率、自觉疲劳程度或用力程度（RPE）来表示。

表 1－4－2 运动强度的判断

强度分级	相当于最大心率的百分比（%）	相当于最大吸氧量（VO_{2max}）的百分比（%）	自觉疲劳程度（RPE）	代谢当量（MET）
低	＜57	＜37	很轻松	＜2
较低	57～63	37～45	轻松	2～2.9
中	64～76	46～63	有点费力	3～5.9
高	77～95	64～90	费力	6～8.7
极高	≥96	≥91	很费力	≥8.8

※ 摘自《中国居民膳食指南(2022)》，P45.

学习单元五 养生与健康

习近平总书记在党的二十大报告中指出:促进中医药传承创新发展,健全公共卫生体系。党的十八大以来,中医药服务能力不断提升,大健康产业长足发展,中医药特色优势进一步彰显,在加快推进健康中国建设和维护群众健康中发挥着重要作用。中医学和西医学有各自的优势,优势互补是中国医学的特点,中国百姓能得到两种医学的照顾,是人民的幸福。传统中华养生必将在健康中国建设中贡献更大力量。

健康长寿是人类最宝贵的财富和人生最大的幸福,是人类自古以来热烈追求和为之奋斗的一项基本目标,是国家繁荣昌盛和社会文明进步的重要标志。漫长的历史中,各族各界人民,无不热烈追求健康长寿,努力探索养生之道。古往今来,"人之情,莫不恶死而乐生",养生之风,盛行于中华大地。数千年的发展历程中,养生与中医学结合,发展形成了内涵丰富、方法多样、特色鲜明的中华养生体系,成为我国千古盛行、特有的文化和社会现象,是中华民族为世界医学和人类健康长寿贡献的一大创造性成果。

中华养生,具有悠久的历史、独特的理论知识、丰富多彩的方法、卓有成效的实践经验、鲜明的东方色彩和浓郁的民族风格,是中华民族的瑰宝,是我国传统文化宝库中的一颗璀璨明珠。必将为满足人民日益增长的美好生活需要和人类健康长寿事业作出更大的贡献。

一 十二时辰养生

一天之内,随昼夜阴阳消长进退,人体的生理活动也会发生相应的改变,养生要重视一日昼夜晨昏的顺时调养。一日之中昼夜阴阳变化有其消长节律,人体的阳气亦随着这种节律而消长。人们可以利用阳气的日节律,合理安排工作、学习,以求达到最佳的养生效果。

天地有定时,养生有定法。古代没有钟表,但人们又需要时间来安排一日的活动,于是我们中华祖先们,根据太阳的升降、天色的明暗,将一天分为不同的时段,这种划分最早见于殷商甲骨的卜辞中,到汉武帝时,推行"太初历",自此以后的历法开始越来越精密,一昼夜被划分为十二个时段,再用十二地支来代表,便有了十二时辰之说。

十二时辰分别是:子、丑、寅、卯、辰、巳、午、未、申、酉、戌、亥,每个时辰大约相当于现在的两个小时。中华传统医学认为,人体有十二正经,分别对应着十二时辰,按其开合规律,须采用相应的养生方法。人体气血按十二时辰的阴阳消长有规律地流注于十二经脉之中,人体各脏器的功能也随着时间的推移而发生相应的变化,使人体的活动保持着阴阳的协调统一。

现代医学认为,人体的生物钟控制着人体的一切生物功能,使人体所有的生命活动都按一定的规律发生周期性变化,国际上对时间生物学的研究十分重视,提出了时间病理学、时间药理学、时间治疗学等概念。昼夜节律是正常生理功能的一个重要组成部分,人体健

康的每一生理功能，均表现出高度精密和稳定的昼夜节律。

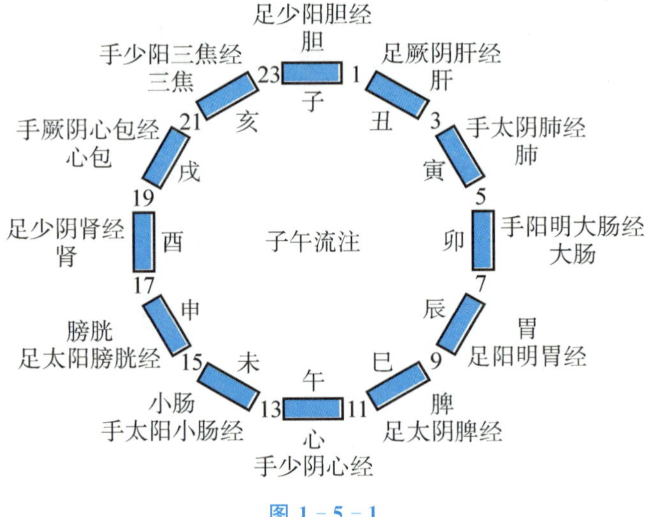

图 1-5-1

1. 子时(23 点～次日 1 点)——阳生，胆经当令

催眠操

子时，指夜里 23 点到凌晨 1 点这段时间。“当令”是值班的意思，“胆经当令”即是指此期间由胆经在人体内值班。

经常熬夜的人会有体会，到夜里 11 点钟的时候，觉得很有精神，有时还会觉得有点饿，这正是胆经当令，阳气开始发生了。我们一定要注意，不要觉得这个时候精神好就继续工作或娱乐。

在子时人体的阴气最盛，过了子时阴气开始转衰，阳气开始升发，此时最需要安静，安静就是要熟睡。不过，很多此时还未睡觉的人可能会觉得特别精神，其实这不是自己的精神特别好，而是阳气升发的表现。这时候，如果不睡觉，阳气就升发不起来，阳气无法升发，阴气必然也无法收藏，阴阳失调带来的只能是身体疾病丛生，难得安宁。所以，要想获得健康，在这之前就应该收起自己的心情，平静下来，准备入睡，这样才能与自然界秋收、冬藏的规律相适应。

熬夜是健康的大敌。有时现实所迫，很难做到不熬夜，如学生为了准备第二天的考试，有同学为了看一场心仪已久的电影，有学生为了欣赏一场激动人心的球赛，有学生为了能专心致志地做好实验……总之，熬夜的理由千万条。如果不能改变自己的习惯，那就想办法把熬夜的伤害降到最小。

吃一点热食。在熬夜前可以吃一点热的食品，如一杯热牛奶、一碗热的面条等，不要吃难以消化的食物，以免因给肠胃增加过重的负担而使得大脑缺氧，记得要多喝白开水。

一鼓作气。熬夜的时候会感觉很累，无论多累，中间最好不要上床休息，就像机器一样，突然打开突然关上，对身体非常不利。若困乏的时候，可喝点热饮来提神，浓度不要太高，以免伤胃。熬夜时，大脑需氧量会增大，可不时做做深呼吸。

补充 B 族维生素。熬夜很消耗元气，要当用食物适当补充下体力，但不要吃难以消化的食物，以免给肠胃增加过重的负担使得大脑缺氧，从而产生困意。为保持头脑清醒，有的学生会大量喝茶或者咖啡，咖啡虽然提神，也会消耗体内与神经、肌肉协调有关的B族维生素，缺乏B族维生素的人本来就比较容易累，更可能形成恶性循环，养成酗茶、酗咖啡的习惯。因此，熬夜时多补充些B族维生素，会比较有效，如一杯温热的燕麦粥。

2. 丑时（1点～3点）——春入户，肝经当令

丑时肝经旺，养好肝血，白天就不易犯困。

养肝护目

养肝护肝，睡眠很重要。凌晨1点～3点是肝经值班的时间，是肝脏修复的最佳时间，此时睡得越深，肝净化血液的效率越高。人体的思维和行动都要靠肝血的支持，废旧的血液需要淘汰，新鲜血液需要产生，这种代谢通常在肝脏气血最旺的丑时完成，我们一定要配合肝经的工作，好好地休息，让自己进入深度睡眠的状态，令肝气畅通，使人体气机升发起来。丑时熟睡，虚火旺盛的人还能够起到降虚火的作用。

肝经上有个很重要的穴位——太冲穴，是治疗各种肝病的特效穴位，能够降血压、平肝清热、清利头目，其位置在脚背上大脚趾和第二趾结合的地方向后，足背最高点前的凹陷处。平时容易发火着急，脾气比较暴躁的人要重视这个穴位，每天坚持用手指按摩太冲穴2分钟，要产生明显的酸胀感，用不了一个月就能感觉到体质有明显改善。失眠的人，也可以在每晚临睡前刺激这个太冲穴，只需几分钟，人就会感到心平气和了，自然也就能安然入睡了。

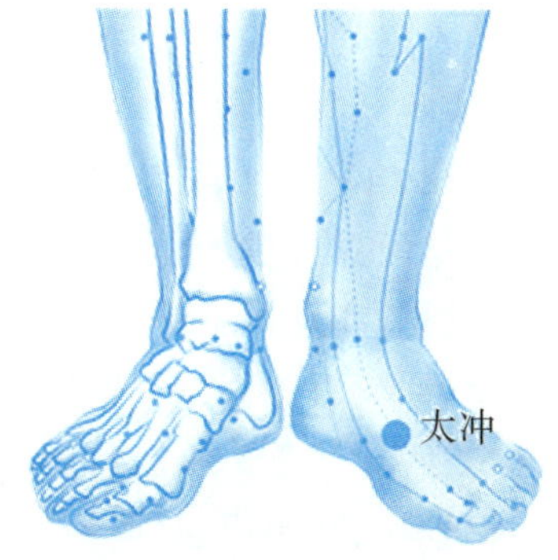

图1-5-2　太冲穴

3. 寅时（3点～5点）——日夜交替，肺经当令

寅时肺经当令，开始对全身气血进行大分配。

寅时

寅时，凌晨3点～5点，此时全身气血都流注肺经，肺对全身的气血重新进行分配。因此，为了使肺能够更好地工作，需要各器官进入熟睡“休眠”状态。

中医认为，肺经是非常重要的经脉，人体各脏腑的盛衰情况，都会在肺经上有所反映，身体的经脉也是从肺经开始，因此真正的开始是在寅时，寅时正是阳气的开端，是人从静变为动的一个转化的过程。

寅时如没有一个深度的睡眠，就会干扰肺对身体气血的输布。人在深度睡眠的时候，身体的各个器官是比较平衡的，这样一来，气血就会比较均衡地分布全身，维持人体一天正常的气血运营。如果在这个时候，人体的某个器官异常活跃，比如大脑比较活跃，那么肺就只好多分配些气血给大脑，第二天人就会感到四肢乏力，非常疲惫，这就是由于气血虚弱造成的。长此以往，就有可能造成重大疾患。凌晨3点到5点是人睡得最沉的时候，如果迫不得已要熬夜，也不要超过这个时间。

有的学生会在凌晨3点到5点寅时莫名其妙地惊醒，有时醒来后还会发现自己汗流浃背，这很可能是肺部出了问题。晚上燥热出汗，白天畏寒怕冷，常常是肺气不足，无力助心火以驱散风寒，所以寅时肺气盛行才能发汗解表，因此，这时段就出现惊醒、流汗等现象，假若天天如此，说明情况比较严重，建议到医院检查一下，如果情况不是非常严重，可以选用

其他一些办法进行自我调理。

4. 卯时(5 点~7 点)——太阳升，大肠经当令

卯时

卯时是清晨 5 点到 7 点，卯时大肠经当令，大肠的功能就是将人体内的垃圾清理出体外，每天按时排便，健康才会有保证。

卯时，气血运行到大肠经，大肠经的功能在此时最兴奋。大肠的主要功能是转化精粕，接受小肠的食物残渣，吸收多余的水分，形成粪便。早上 5~7 点，大肠的蠕动在一天中这个时候是最快的，于是人产生了便意，理所当然应该排出。即便没有便意，也不妨在马桶上坐坐，久而久之，便会形成一种条件反射，每天一到这个时候就会有排便的欲望。

如果早上起来，不按时“蹲坑”，没有养成按时排便的习惯，长此以往，就会便秘，肠内的残渣毒素不能及时排出，导致肥胖及各种不健康的状态。

人们吃进去的食物残渣废物及毒素，如果不及时排出的话，有些会顽固地附着在肠壁上，使肠壁变得异常狭窄，导致排泄困难，便秘加重。据统计，人一天不大便，身体里积累的毒素相当于三包烟产生的毒素。几乎所有的食物在人体停留时间过长，都会释放毒素。

排便异常是不易引起重视的病症，但实际上是多种疾病的诱发源，可以引起疲乏、无力、健忘，注意力不集中、神经过敏、失眠多梦、头痛、心慌、忧虑等症状，导致肠胃不舒、腹胀、食欲减退、烦躁不安、睡眠不宁、精神不振，可造成头发枯黄、分叉、皮肤粗糙、腰膝酸软、健忘、脱牙及牙齿松脆易断。长期排便异常可导致痔疮、肛裂、脱肛、肠梗阻、智力下降及老年痴呆症、结肠癌、直肠癌等疾病，是中风、心肌梗死、猝死的重要常见诱因。

5. 辰时(7 点~9 点)——仓廪之官，胃经当令

辰时

辰时是清晨 7 点~9 点，是胃经当令的时候。这段时间，人体经过一夜的时间，消耗了大量的体力能量，非常需要在这段时间补充足够的食物以备一天之用。辰时胃经当令，该给身体补充点养分了。正所谓“一天之计在于晨”。

早晨是人体阳气升发的时刻，如果没有食物的及时补充，胃气的正常升降，人体的阳气升发不了，就会出现精神萎靡，像没睡好觉一样，工作效率低下，反应迟钝，人体的各项机能都不能兴奋起来，由此，辰时补充食物非常必要。

胃还有一个重要的功能就是生血。即“血变于胃”，胃将人体吸纳的精华变成血。此外，胃还和情绪关系密切，时刻反映机体的情绪变化。处于兴奋、愉悦、高兴的情绪状态时，胃的各种功能发挥正常甚至超常：消化波分部增加、胃肠运动加强、食欲大增。当处于生气、忧伤、精神压力很大的消极状态，就会使胃液酸度和胃蛋白酶含量增高，胃黏膜充血、糜烂并形成溃疡。当处于悲伤或恐惧时刻，胃的情形就会更糟：胃黏膜变白、胃液分泌减少、胃酸和胃蛋白酶含量下降，导致消化不良。

6. 巳时(9 点~11 点)——疏松脾土，脾经当令

巳时

巳时指上午 9 点到 11 点，是脾经当令的时段。脾主运化，在人体中的地位非常重要。脾能够知道方方面面的问题都出在哪里，然后通过自己的作用，将问题处理、改善。按时吃早餐，保证食物的供给，按时作息，性情开朗，脾的功能就能正常发挥，全身的能量供给就能够得到保障，机体就处于一个

健康状态。

巳时，上午 9 点到 11 点，正是学习工作最好时间。

青年学生不要睡懒觉，更不要超过 9 点还不起床。中医学认为，睡懒觉使大脑皮层抑制时间过长，天长日久，可引起一定程度人为的大脑功能障碍，导致理解力和记忆力减退，还会使免疫功能下降，扰乱机体的生物节律，使人懒散，产生惰性，同时对肌肉、关节和泌尿系统也不利。另外，血液循环不畅，全身的营养输送不及时，还会影响新陈代谢。由于夜间关闭门窗睡觉，早晨室内空气混浊，恋床很容易造成感冒、咳嗽等呼吸系统疾病的发生。

强身健体“小动作”

巳时不仅空气好，也是工作学习效率最高的时刻，紧张的学习工作之余，一定要放松一下，注意劳逸结合，才能保持最佳的工作学习状态。如果长期疲劳，其循环系统、消化系统和运动系统等都会受到影响。长此以往，疾病就会不招自来。尤其是青年学生，久坐不动，容易引起头昏、失眠、记忆力减退，甚至高血压、冠心病、便秘等病患。

7. 午时（11 点～13 点）——阴长阳消，心经当令

午时

午时，是上午 11 点到下午 1 点之间时间段。这段时间是正午太阳走到天空正中的时候，又叫日中、日正等，是心经当令时间，也是人体气血阴阳交替转换的一个临界点。以人体气的变化来说，阳气是从半夜子时开始生，午时阳气最亢盛，午时过后则阴气渐盛，子时阴气最为旺盛，所以人体阴阳气血的交换是在子、午两个时辰。在这阴阳交替的关键时刻，机体最好处于休息的状态，不要干扰阴阳的变化。午时养好心经，就如同养护好自己的生命。

午睡一刻值千金。午时 11 点到 13 点，心经值班。一上午的运化全是阳气，午时则开始阴生，天地气机的转换点，人体要好好休息，适当午休，以不变应万变。饭后小憩，以养精神。

午睡要讲究科学的方法，否则可能会适得其反。

① 午饭后不要立即睡觉。刚吃完饭就午睡，可能引起食物反流，使胃液刺激食道，轻则会让人感到不舒服，严重的则可能产生反流性食管炎。因此，午饭后最好休息 20 分钟左右再睡。

② 午餐不要吃太油腻的东西，也不要吃得过饱。食物过于油腻会增加血液的黏稠度，加重冠状动脉病变，过饱则会加重胃消化负担。

③ 午睡时间不宜过长。午睡实际的睡眠时间达到十几分钟就够了，习惯睡较长时间的，也不要超过一个小时。因为睡多了以后，人会进入深度睡眠状态，大脑中枢神经会加深抑制，体内代谢过程逐渐减慢，醒来后就会感到更加困倦。

④ 午睡最好到床上休息。理想的午睡是平卧，平卧能保证更多的血液流到消化器官和大脑，供应充足氧气和养料，有利大脑功能恢复和帮助消化吸收。实在没有条件又需要午睡的，至少也应该在沙发上采取卧姿休息。

⑤ 慢起。午睡之后，要慢慢起来，适当活动，可以用冷水洗个脸，唤醒身体，使其恢复到正常的生理状态。

⑥ 补充维生素。午睡之后要喝果汁，补充维生素。小憩之后喝果汁，以滋血脉。最安全、好喝的水果汁，是梨和苹果等量压榨而成的果汁，以鲜榨果汁为好，不要图省事买果汁饮料。

8. 未时(13点～15点)——泌别清浊,小肠经当令

未时

未时小肠经当令,养好小肠心也安。下午1点—下午3点,小肠经当令。小肠是食物消化吸收的主要场所,如果生活中不注意,造成小肠消化功能与吸收功能分别或同时减损的话,就会出现肠腔内一种或多种营养物质不能顺利透过肠黏膜转运进入组织而从粪便中过量排泄,引起营养缺乏的一系列综合征。

中医理论认为,小肠的主要生理功能是受盛、化物、泌别清浊。小肠与心相为表里,受盛即接受或以器盛物的意思。化物,具有变化、消化、化生的意思。小肠接受由胃初步消化的食物,并对其作进一步消化,将水谷化为精微。《黄帝内经》说:小肠者,受盛之官,化物出焉。小肠功能异常,可导致消化吸收障碍,表现为腹胀、腹泻、便溏等。

9. 申时(15点～17点)——多喝水,膀胱经当令

申时

申时指下午3点到5点,此时膀胱经当令。膀胱是运行人体宝贵水液的水官,对于人体内的水液代谢有非常重要的意义。申时强壮膀胱经,让身体固若金汤。

《黄帝内经》中说:膀胱经有问题,机体会发热,即使穿着厚衣服也会觉得冷,流鼻涕、头痛、项背坚硬疼痛,腰好像要折断一样疼痛,膝盖不能弯曲,小腿肚疼,股关节不灵活,癫痫、狂证、痔疮都会发作,膀胱经经过的部位都会疼痛,足小趾也不能随意运动。缓解这些症状就要经常在申时刺激膀胱经。

膀胱经是人体最大的排毒通道,是中医调理病症排毒的最佳渠道,无时不在为机体排出邪毒。一般排毒的药物,最好在15点左右服用,因为此时膀胱经最旺,毒素、邪气便会因膀胱经的排毒功能而随尿液排出体外。要想去驱除体内之毒,膀胱经必须畅通无阻。

(1) 申时——每天学习的最佳时间

膀胱经经过脑部,而申时膀胱经又很活跃,这使得气血很容易上输到脑部,所以这个时候是学习、工作,效率都很高。古语云“朝而授业,夕而习复”,就是说在这个时候温习早晨学过的功课,效果最好。

如果这个时候出现记忆力减退、后脑疼等现象,就可能是膀胱经出了问题,因为下面的阳气上不来,上面的气血又不够用,脑力自然达不到。如果在这个时候,小腿疼、犯困,这也是膀胱经的毛病,属阳虚,情况比较严重。

(2) 下午茶

在申时适当饮用下午茶,对身体健康非常有益。

① 喝下午茶可以及时补充人体能量。大半天高效率的工作、学习,身体或精神开始有些疲惫,一份营养均衡的下午茶,不仅能赶走下午的瞌睡虫,还有助于恢复体力。

此外,下午茶还可以增强记忆力和应变力。研究显示,有喝下午茶习惯的人在记忆力和应变力上,比其他人的平均分值约高出15%～20%。

② 放松身心,享受闲适时光。下午茶是由于下午的轻微饥饿或工作学习的压力而形成的一种在下午4～5点之间的用餐习惯。所以,当工作学习压力紧张的时候,不妨喝点下午茶,让自己放松下来。一边吃着茶点,一边如梦浮生,放松自己。

③ 常喝下午茶可避免骨质疏松。下午茶以红茶为主。红茶品性温和、香味醇厚,茶叶

中含有丰富的黄酮类物质，可减少妇女患骨质疏松症的危险；经常用红茶漱口或直接饮用，有预防流感的作用；红茶富含微量元素钾，冲泡后，70%的钾可溶于茶水内，可增强心脏血液循环，并能减少钙在体内的消耗。每天喝 5 杯红茶者，脑中风的发病危险比不喝者低 69%。此外，红茶中的茶黄素在预防皮肤癌方面比绿茶效果更好。红茶中所含有的鞣酸还具有很强的抗衰老功能。

④ 好的下午茶还是女性优美曲线的保证。一份营养调查结果显示，长期享用下午茶的女性更苗条，因为她们保持了少吃多餐的饮食习惯。喝下午茶和单纯的吃零食不同。零食的热量会储存到体内，而下午茶同其他正餐一样，相当部分热量用来供机体消耗，而且还可以帮助机体保持精力直到黄昏，进而使得晚餐比较清淡，养成良好的饮食习惯。

10. 酉时(17 点～19 点)——养肾壮阳，肾经当令

酉时肾经旺，调养休息，贮藏脏腑精华。

酉时

酉时，指每天的下午 5 点～7 点，这段时间正是肾经当令的时段。人体经过申时泻火排毒，肾在酉时进入贮藏精华的阶段。

肾脏最重要的功能是藏精，即人体最重要的物质基础。肾经是人体协调阴阳能量的经脉，也是维持体内水液平衡的主要经络。

酉时养肾，最主要的就是“藏”，即休息、收敛。此时应在工作学习之后稍事休整，不宜太强的运动量。

《黄帝内经》指出，肾乃是先天之本，主生长、发育、生殖，为全身阴阳之根本。中医所讲的肾，并非西医所指的肾脏器官，涵盖着人体的多个系统。适当刺激肾经，可防治泌尿生殖系统、呼吸系统、消化系统、循环系统、神经精神方面的病症和该经脉所经过部位的病症。

11. 戌时(19 点～21 点)——养心护身，心包经当令

戌时，是晚上 7 点到晚上 9 点，为(手厥阴)心包经当令时。

戌时

保养心脏，戌时是最佳的时候。戌时心包经的气血最盛，这个时候按揉心包经，效果会很好。但按揉心包经，不要在晚饭后立刻就做，那反倒会影响气血的运行，最好在饭后半小时后施行最好，而且要保持心情愉快，不要生气，保持心情舒畅。此时敲打、按摩心包经，可缓解压力，促进血液循环，对于预防心脑血管方面的疾病，会有事半功倍的效果。

12. 亥时(21 点～23 点)——安身定神，三焦经当令

亥时，晚上 9 点到 11 点，三焦经当令，入睡是最好的补养方式。

亥时

亥时，是一天十二时辰中最后一个时辰，在古代，人们在这个时候已经停止活动，准备睡觉了，此时夜已经很深了，应该是上床休息的时候了。现代研究表明，从亥时之初即晚上 9 点开始，是人体细胞休养生息、推陈出新的时间。在亥时三焦可通百脉，在亥时睡眠，百脉就会得到休养生息，对人的身体十分有益。

减少鱼尾纹

亥时，十二时辰中最后一个时辰，也是生命周期新的一个起点。在生命周期过渡的时候，一定要睡好觉，养护人身体的阳气和阴气。睡觉是天下第一大补，亥时入睡最能养阴。

(1) 睡眠注意事项

睡觉是养生的一大功能,那么是不是只要多睡觉就行了吗? 当然不是,睡眠不仅要有数量,更要有质量。了解睡眠时应该注意的事项,才能保证更有效的睡眠。

① 早睡。晚上应该早些睡,不要超过23点。《黄帝内经》认为23点,为阳生时,属肾,此时失眠,肾水必亏,心肾相连,水亏则火旺,最易伤神。

② 少思。睡觉时,枕上切忌思索计算未来事,睡时宜一切不思,鼻息调匀,自己静听其气,由粗而细,由细而微细而息。视此身如无物,自然睡着。

③ 酝酿情绪以备睡眠。如有思想,不能安睡,切勿在枕上转侧思虑,此最耗神,可坐起一时再睡。

④ 夏日起床宜早,冬日起床宜迟。居北方宜防寒气,南方要防瘴气。

(2) 伸懒腰

经常坐着学习的学生,长时间低头弯腰地趴在桌旁,身体得不到活动。由于颈部向前弯曲,流入脑部的血液流动不畅。时间长了,大脑及内脏器官的活动便受到限制,使新鲜血液供不应求,产生的废物又不能及时排出,于是便产生了疲劳的现象。

青年学生的身体还在生长发育,大脑和心肺还没有成熟,更容易发生疲劳,此时,伸伸懒腰,对身体有好处。

伸懒腰的时候,一般都要打个哈欠,头部向后仰,两臂往上举。这样做有不少好处。首先,流入头部的血液增多,会使大脑得到比较充足的营养;其次,身腰后仰时,胸腔得到扩张,心、肺、胃等器官的功能得到改善,血液更加流通,不仅营养供应充足,而且废物也能及时排除;同时,伸懒腰时的扩胸动作,还能多吸进一些氧气,使体内的新陈代谢增强,能提高大脑和其他器官的工作效率,减轻疲劳的感觉。另外,伸懒腰还能使腰部肌肉得到活动,这样伸缩地锻炼,可以促成腰肌发达,并且能防止脊椎向前弯曲形成驼背,对维护体形的健美有一定的作用。因此,每伏案学习一段时间,需要伸伸懒腰。

表 1-5-1　十二时辰养生表

时辰	时间	说明	注意
子时	23:00~1:00	胆经当令	子时要睡觉
丑时	1:00~3:00	肝经当令	养肝血
寅时	3:00~5:00	肺经当令	进入深度睡眠
卯时	5:00~7:00	大肠经当令	要排便
辰时	7:00~9:00	胃经当令	要吃早餐
巳时	9:00~11:00	脾经当令	运化养分
午时	11:00~13:00	心经当令	午时要小憩
未时	13:00~15:00	小肠经当令	吸收营养精华
申时	15:00~17:00	膀胱经当令	最佳学习时间
酉时	17:00~19:00	肾经当令	补肾元气足
戌时	19:00~21:00	心包经当令	保持心情愉快
亥时	21:00~23:00	三焦经当令	阴阳调和

二 二十四节气

“二十四节气”始于春秋，确立于秦汉，是我国独有的一种古历法，是组成华夏文明的无价瑰宝之一，是华夏先民的智慧结晶。中国古人将太阳周年运动轨迹划分为 24 等份，每一等份为一个节气，统称二十四节气。包括“立春、雨水、惊蛰、春分、清明、谷雨、立夏、小满、芒种、夏至、小暑、大暑、立秋、处暑、白露、秋分、寒露、霜降、立冬、小雪、大雪、冬至、小寒、大寒”。在国际气象界，这一时间认知体系被誉为中国的第五大发明。“二十四节气”上至风雨雷电、日月星辰，下至芸芸众生、鱼虫鸟兽，包罗万象、源远流长，是一部华夏民族生存方式以及生存智慧的百科全书。

图 1－5－3

1. 节气

由上古时候现今所知我国最早的有物候说明的历法古书《夏小正》，到西汉初期淮南王刘安所组织编纂的《淮南子》，历时两千多年，二十四节气经历了漫长的演化过程，在《淮南子》中第一次出现了和现今使用的二十四节气名称完全相同的记录。

二十四节气最先确立的是反应季节的“八节”，即“两分两至”和“四立”：春分、夏至、秋分、冬至，立春、立夏、立秋、立冬。后来人们根据气候、天气物候以及农业生产活动的规律和特征，在前面八个节气的基础上，又先后补充和确立了十六个节气形成二十四节气。

这十六个节气是：

反映气温变化的五个：小暑、大暑、处暑、小寒、大寒。

反映天气现象的七个：雨水、谷雨、白露、寒露、霜降、小雪、大雪。

反映物候现象的四个：惊蛰、清明、小满、芒种。

一年十二个月，共二十四个节气，每个月有两个节气，每 15 天一个节气。二十四个节气的名称和内容如下：

立春：立是开始的意思，立春就是春季的开始。

雨水：降雨开始，雨量渐增。

惊蛰：蛰是藏的意思。惊蛰是指春雷乍响，惊醒了蛰伏在土中冬眠的动物。

春分：分是平分的意思。春分表示昼夜平分。

清明：冰雪消融，草木青青。

谷雨：雨生百谷。雨量充足而及时，谷类作物能茁壮成长。

立夏：夏季的开始。

小满：麦类等夏熟作物籽粒开始饱满。

芒种：麦类等有芒作物成熟。

夏至:炎热的夏天来临。太阳到了北边太阳能到的最极致的地方(北回归线)。

小暑:暑是炎热的意思。小暑就是气候开始炎热。

大暑:一年中最热的时候。

立秋:秋季的开始。

处暑:处是终止、躲藏的意思。处暑表示炎热的暑天结束。

白露:天气转凉,露凝而白。

秋分:昼夜平分。

寒露:露水已寒,将要结冰。

霜降:天气渐冷,开始有霜。

立冬:冬季的开始。

小雪:开始下雪。

大雪:降雪量增多,地面可能积雪。

冬至:寒冷的冬天来临。太阳到了南边太阳能到的最极致的地方(南回归线)。

小寒:气候开始寒冷。

大寒:一年中最冷的时候。

表 1-5-2 二十四节气四季时间(公历)表

季节	节气名称	节气日期	太阳黄道位置
春季	立春(正月节)	2 月 4 或 5 日	315°
	雨水(正月中)	2 月 19 或 20 日	330°
	惊蛰(二月节)	3 月 5 或 6 日	345°
	春分(二月中)	3 月 20 或 21 日	0°
	清明(三月节)	4 月 4 或 5 日	15°
	谷雨(三月中)	4 月 20 或 21 日	30°
夏季	立夏(四月节)	5 月 5 或 6 日	45°
	小满(四月中)	5 月 21 或 22 日	60°
	芒种(五月节)	6 月 5 或 6 日	75°
	夏至(五月中)	6 月 21 或 22 日	90°
	小暑(六月节)	7 月 7 或 8 日	105°
	大暑(六月中)	7 月 23 或 24 日	120°
秋季	立秋(七月节)	8 月 7 或 8 日	135°
	处暑(七月中)	8 月 23 或 24 日	150°
	白露(八月节)	9 月 7 或 8 日	165°
	秋分(八月中)	8 月 23 或 24 日	180°
	寒露(九月节)	10 月 8 或 9 日	195°
	霜降(九月中)	10 月 23 或 24 日	210°

续表

季节	节气名称	节气日期	太阳黄道位置
冬季	立冬（十月节）	11 月 7 或 8 日	225°
	小雪（十月中）	11 月 22 或 23 日	240°
	大雪（十一月节）	12 月 7 或 8 日	255°
	冬至（十一月中）	12 月 20 或 22 日	270°
	小寒（十二月节）	1 月 5 或 6 日	285°
	大寒（十二月中）	1 月 20 或 21 日	300°

2. 节令

我国是一个幅员辽阔，从南到北，跨越了三类五种气候类型。温带大陆性气候、热带季风气候、亚热带季风气候、温带季风气候以及高原山地气候。发源于黄河中游地区的二十四节气，虽然经过了千年检验在各地都有一定的指导意义，但是无法满足不同地域的应用。

于是，人们又总结出了一套配合二十四节气使用的节令，作为一种辅助时节，使二十四节气更加能结合各地不同的气候、风俗，更加全面准确地为人们的生产和生活服务。

这些辅助节气，有些非常生动有趣，并且至今仍被人们使用着。

（1）“冬九九”

数九寒天，从冬至算起，共包含了六个节气，冬至、小寒、大寒、立春雨水、惊蛰，每九天为一个“九”，一直数到“九九”八十一天，即“出九”。

冬九九，是从最冷的一天开始计算，逐日计数到春暖花开。

中国民间广为流传的冬至《九九消寒歌》，俗称《九九歌》，生动形象地记录了从冬至到来年春分之间的气候、物候变化情况，同时也表述了农事活动的一些规律。

一九二九，不出手，
三九四九，冰上走，
五九六九，沿河看柳，
七九河开，八九燕来，
九九加一九，耕牛遍地走。

（2）“三伏”

三伏天，一年中最热的时节。所谓三伏，就是初伏、中伏和末伏的统称。“伏”是潜伏的意思，指“伏邪”，可以简单地理解为：天气太热了，宜伏不宜动。

三伏，一般情况下是一个月，在阳历 7 月中旬到 8 月中旬。三伏的具体日期，由节气的日期和干支纪日的日期相配合来决定的。每年夏至以后第三个庚日（指干支纪日中，带有“庚”字的日子）为初伏，第四个庚日为中伏，立秋后的第一个庚日为末伏，合起来称为三伏。每伏 10 天，但有时中伏会有 20 天，那么这年的三伏就有 40 天。

三伏，一般包含三个节气：小暑、大暑、立秋，有时会涉及处暑。

俗话说，“热在三伏、冷在三九”，就是指，一年中最热的时候，在数伏的第三伏的 10 天里，而最冷的时候，则是在数九天的第三个 9 天或第四个 9 天里面。

（3）“入梅”和“出梅”

梅雨，是初夏季节长江中下游特有的天气气候现象。

“梅熟而雨日梅雨”，梅雨还被称为“黄梅雨”。

初夏，江淮流域一带经常出现一段持续较长的阴沉多雨天气。此时，器物易霉，故亦称“霉雨”，简称“霉”；又值江南梅子黄熟之时，故亦称“梅雨”或“黄梅雨”。

中国历书上面有梅雨开始、终结日期的记载：开始之日称为“入梅”，结束之日称为“出梅”。

一般情况，芒种后第一个丙日“入梅”，小暑后第一个未日“出梅”。入梅都在6月6～15日之间，而出梅是在7月8～19日之间。

中国东部有一个雨期较长、雨量比较集中的明显雨季，由大体上呈东西向的主要雨带南北位移所造成，是东亚大气环流在春夏之交季节转变期间的特有现象。6月中旬以后，雨带维持在江淮流域，就是梅雨。雨带停留的时间，被称为“梅雨季节”。连绵多雨的梅雨季过后，天气开始由太平洋副热带高压主导，正式进入炎热的夏季。

天空连日阴沉，降水连绵不断，是梅雨季节的主要特点。我国南方流行这样的谚语：“雨打黄梅头、四十五日无日头。”

梅雨天过长，对人们的生产和生活都不利，庄稼缺少光合作用生长受阻，人们生活在湿热阴沉的环境里，无论身体还是精神都会感到不适。

(4)“倒春寒”和“秋老虎”

① 倒春寒。在年四季中，气温、气流、气压等气象要素变化最无常的季节就是春季。经常是白天阳光和煦，让人有一种“暖风熏得游人醉”的感觉，晚上却寒气袭人、让人倍觉春寒料峭。这种使人难以适应的“善变”天气，就是通常所说的“倒春寒”。

通常，人们将进入3月作为春天的开始。

春季气候的最大的特点就是乍暖还寒：一是春季的气温日夜温差较大；二是春季冷空气活动频繁，天气变化较多。在气象学中，“倒春寒”最早来源于农业，主要指真正的春天，即气候学所说的侯(5天为一侯)平均气温超过10℃以后，由于受较强冷空气频繁袭击，气温下降较快，持续时间长达1～2个星期以上的那种前暖后冷，并造成大范围地区农作物受冻害的天气现象或天气过程。

② 秋老虎。秋老虎是中国民间指立秋(8月8日左右)以后短期回热气候现象。一般发生在公历八九月之交，持续约7～15天。导致这种气候现象出现的原因是，南退的副热带高压又再度控制江淮及附近地区，形成连日晴朗、日射强烈，重新出现暑热天气，人们感到炎热难受，故称“秋老虎”。

由于我国地域辽阔，“秋老虎”的表现略有所不同，如华南的秋老虎要比长江流域的来得迟，一般推迟2～4个节令。另外，每年秋老虎控制的时间有长有短，半个月至二个月不等；有时秋老虎来了去，去了来。“秋老虎”天气，虽然气温较高，但总的来说，空气干燥，阳光充足，早晚不是很热，不至于热得喘不过气来。

3. 美味

咬春、尝夏、啃秋、冬补。从时令到食物，蕴含着古老中国几千年的美味密码。立春的卷饼、清明的青团、夏至的面、冬至的饺子，无一不是温情氤氲的人间四季。

(1) 咬春

咬春，立春时节我国的传统食俗。咬春“咬”的是什么？

首先是萝卜。据《明宫史》记载，每年到了立春这天，不管是富贵人家还是贫穷农户，也不管是男女老少，都在嚼萝卜。据说立春日吃萝卜，可以去春困。已婚的妇女吃了，还可以增强生育机能，所以立春萝卜又被称为“子孙萝卜”。

此外，还有春饼和春卷。

晋代潘岳所撰的《关中记》记载：“（唐人）于立春日做春饼，以春蒿、黄韭、蓼芽包之”，清人陈维崧在其《陈检讨集》一书中亦说：“立春日啖春饼，谓之‘咬春’。”

最初的春饼是用面粉烙制或蒸制而成的一种薄饼，食用时，常常将豆芽、菠菜、韭黄、粉线等炒成的合菜一起吃，或以春饼包着菜来食用。传说吃了春饼和其中所包的各种蔬菜，将使农苗兴旺、六畜茁壮。有的地区认为，吃了包卷芹菜、韭菜的春饼，会使人们更加勤（芹）劳，生命更加长久（韭）。

除了春饼之外，春卷也是立春日人们经常食用的一种节庆美食。以薄面皮包馅、用油炸制而成，色香味俱佳。

春卷皮一般用麦面，或用鸡蛋皮、豆腐皮。馅料分南北不同，北方多用韭菜、豆芽、肉丝等，江南则多用白菜、肉丝、虾丝、海米、芹菜、豆沙、水果等。浮油煎至外焦里嫩，一道色泽金黄、外皮酥脆肉馅鲜嫩香气诱人的春卷早已成为风味独特备受欢迎的名点。

（2）青团

色如碧玉的“青团”——清明美食。

清明时节在江南有吃“青团”的习俗，这种习俗可以追溯到两千多年前的周朝。清代《清嘉录》上说：“市上卖青团熟藕，为祀祖之品，皆可冷食。”

青团的“青”色，来自一种叫作“浆麦草”的野生植物。在春天里，去野外挖来这些绿色野草，洗净捣烂，挤压成汁水收集起来，就可以做青团了。青团的原料是糯米粉，把浆麦草的青色汁水倒入，然后充分搅拌，和粉工作就完成了。传统青团是以乌黑油亮的芝麻或细腻香甜的豆沙为馅，味道是甜美。现代的馅料更加丰富。和好的粉团，分成鸡蛋大小，摊开后放入馅料，然后重新包好。将团坯在手心里来回团，直到团成一个圆圆的团子。最后把团子放进蒸笼里开火蒸，十几分钟后，临出笼前再用毛刷将熟菜油均匀地刷于团子表面，到此，甜而不腻、肥而不腴，养眼又美味的清明美食“青团”就大功告成了。

（3）夏面

夏至美食——“入伏面”。“吃了夏至面，一天短一线”。夏至吃面的习俗，由来已久。

夏至虽不是夏天最热的时候，但表示炎热的夏天已经到来。人们从夏至开始改变饮食，以热量低、便于制作、清凉的食品为主要饮食，面条通常是一般家庭的首选。由此，夏至面也叫作“入伏面”。

从营养学的角度来看，夏至前后正是麦子丰收、新面粉上市的时候，新鲜面粉里的营养成分较高。在这个时候多吃面，一方面庆祝丰收，另一方面可以从由新面粉做成的口感很好的面条中汲取丰富的营养成分。无论是热面还是冷面，作为汉族风俗，夏至吃面流行于全国大部分地区，不少地方还流行这样的谚语“夏至多吃面，出门防雷电”。夏至吃面，消灾祈福，美味营养、神奇之面。

（4）啃秋

“啃秋”有的地方也叫“咬秋”，民间俗语道：“你吃桃，我啃瓜，也有人吃豆腐渣”。啃秋习俗的主角是瓜果桃李。

“啃秋”，首选的食物是西瓜。人们相信夏末秋初时吃西瓜可消除暑日积结的淤气，免除腹泻、疮疖等疾病。立秋吃西瓜，用西瓜啃去余夏暑气，啃下“秋老虎”，迎接凉爽的秋天，

是与西瓜的告别仪式。

除了西瓜外，还有人吃桃子。

啃秋桃就是在立秋时，大人小孩每人都要吃一个秋桃，吃完之后把核保留下来。等到除夕这天，将此桃核丢进火炉中烧成灰烬，据说这样就可以免除一年的瘟疫。

山东一些地方，立秋这天还流行吃用豆沫青菜做成的豆腐渣，并有“吃了立秋的渣，大人小孩不吐也不拉”的说法。

(5) 饺子

吃饺子是我国，特别是在北方冬至时节的一项重要食俗。

“冬至”曾经较长时间作为“岁首”一直很受重视。在古代，冬至还曾放假三天，从天子到农夫全体休息，热热闹闹过冬至节。

过“冬至”节，无论贵贱贫富都一定会吃的饺子。民间俗语道：“十月一，冬至到，家家户户吃水饺”“冬至饺子夏至面”“冬至不端饺子碗，冻掉耳朵没人管”。

冬至吃饺子的习俗和医圣张仲景有关。

张仲景，东汉南阳人，自幼苦学医书，博采众长，著有《伤寒杂病论》，被历代医者奉为经典。张仲景不但医术高明，而且医德高尚，留有名言“进则救世，退则救民；不能为良相，亦当为良医”。张仲景任长沙太守时，常为百姓除疾医病，深得当地百姓爱戴。后来年龄大了，告老还乡，回到故乡河南南阳。张仲景到南阳那一天，正值深冬，一片冰天雪地。张仲景看到乡亲们饥寒交迫，个个面黄肌瘦，不少人的耳朵都冻烂了。而且当时正流行伤寒，病死的人很多，见此情形张仲景非常难受，决心为乡亲们做点什么。他便在南阳东关搭起了医棚，支起大锅，把羊肉、辣椒等一些驱寒药材放在锅里煎煮，熬成后称之为“祛寒娇耳汤”，分给乡亲们饮用。喝完汤后，张仲景又把煮熟的羊肉、药材等捞出来切碎，用面皮包成耳朵状的“娇耳”，分给乡亲们吃。人们在张仲景的药棚下，每人一碗“祛寒娇耳汤”、两只娇耳，又吃又喝，只觉得浑身发热、血流通畅、两耳变暖。

百姓们吃了医圣的“娇耳”，喝了“祛寒汤”，抵御了伤寒，冻伤的耳朵也都治好了。后来，人们也学着张仲景的样子，包起了“娇耳”，并煮食。日久成俗，这种食物就流传了下来。

冬至吃饺子，逐渐成为后人感怀医圣张仲景的救治之恩、纪念医圣乐善好施美德的一种传统节气习俗，流传至今。

学习单元六 禁毒与健康

一 毒品（新型毒品）危害及禁毒

毒品是万恶之源，是人类社会公害，不仅严重侵害人的身体健康、导致意志消沉、破坏家庭幸福，而且严重消耗社会财富、毒化社会风气、污染社会环境，极易诱发一系列萎靡不振违法犯罪活动。

习近平总书记对于禁毒工作有一系列重要指示，从全局和战略的高度，从历史和现实的维度，科学阐释了治理毒品问题的一系列重大理论和现实问题，思想深邃、立意高远、内涵丰富，是习近平新时代中国特色社会主义思想在禁毒工作中的具体体现。

图 1－6－1

近年来，形态各异、五花八门的新型毒品层出不穷，如“蓝精灵”“开心水”“网红减肥药”“奶茶”“神仙水”“跳跳糖”等等，当这些包装精美、色彩鲜艳，号称有减肥、消除烦恼等功能的“食品”“小药丸”摆到青年学生面前时，当“朋友们”请你尝一下时，很多青年学生出于好奇等原因，尝试了一下，从此便跌入新型毒品深渊。

案例

小赵是一名在校大学生。一天，他跟张某去酒吧玩，张某热情地向他介绍起时下最流行的“上头电子烟”，还让小赵“免费体验”。小赵按捺不住内心的好奇，抽了几口。头晕、精神恍惚、致幻的感觉，让小赵难以抗拒。小赵开始接二连三地向张某购买吸食，沾染上了毒瘾。

“要想身材好，就用‘壶壶漂’（一种新型毒品）”，“有这样一种东西，吃了不仅可以减肥，还可以忘却烦恼，不会上瘾……”，小孙和小周两位在校大学生，都相信了这些谎言，在别人的“忽悠”下开始尝试毒品。小周说，她第一次吸食冰毒后非常难受，“连着呕吐了三四天”，即便这样，小周也没远离毒品，“高兴吸一口，心情郁闷也要来一口”，她说，自己有一天突然意识到，身体已经被毒品控制了。小周慢慢开始不喜欢去上课，不愿意学习，“一日三餐不吃都可以，但是不能没有毒品”。小周说“在她的意识里，只有‘白粉’（海洛因）才算毒品，如果别人拿‘白粉’给我，我肯定不会碰一下”。吸食毒品后的小孙，皮肤变得惨白，没有血色，记忆力退化、目光呆滞、思维迟缓、意识恍惚。“知道危害已经晚了”小孙说道。除了生理上的危害，心理上的危害同样明显。小孙还发现自己变得多疑，走在大街上，总感觉有人在监视自己。一次，在房间内吸毒后，她神志不清，误把窗户当成门，幸亏被人及时发现拉了回来。在女子强制隔离戒毒所内，小周、小孙为自己的无知后悔不已。小孙说：“只要吸一口就停不下来，心理上的依赖太可怕了，千万不能尝试”。

20 岁的小李也是在校时接触到的毒品的。小李说，当时身边吸毒的同学有两三个，有时候在同学的生日聚会上，大家也会“吸上两口”，随着吸食新型毒品的次数越来越多，小李发现自己的记忆力越来越差。有一天晚上，小李回到学校寝室后，躲在角落里偷吸毒品（新型毒品）。恰巧，室友小张没有睡着，很好奇小王的行为。小李没有过多解释，只是问：“要不要尝试一下？”，小张没有拒绝，尝试了第一口。此后，小张每隔一段时间就给小李打电话，问有没有带“东西”（新型毒品）回来。小李慢慢地发现自己的“同学圈”已经变成了“毒友圈”。后来，小李退学了，他不知道其他的同学状况如何，只知道在毕业前，很多“毒友”也离开了校园。在戒毒所里的小李觉得最对不起的人除了父母之外就是室友小张，“要不是我，小张也不会走上这条路”。

很多学生对新型毒品没有清楚的认识，错认为新型毒品不是毒品，甚至认为，吸食新型毒品是一种追求时尚的行为。实际上新型毒品对人体的危害和传统毒品是一样的，而且，新型毒品会对人的中枢神经造成伤害，这是一种难以修复的脑损伤。

如“上头电子烟”，导致“上头”的主要成分是合成大麻素，已于2021年5月被国家正式列为毒品进行监管。新型毒品往往披着各式各样的外衣，“冲剂、糖片、饮料、巧克力、邮票、饼干电子烟，等等”，眼花缭乱的伪装方式让人们，特别是青年学生无法轻易辨别。

据公安部介绍，我国目前(2022年)已列管449种麻醉品、精神物质，是世界上列管毒品最多、管制最严的国家。近五年来我国新增列管新型毒品有58种。

第一代毒品，即传统毒品，从植物中提取，不需要人工添加，用物理的方法既可以提取出来。例如由罂粟提取的鸦片(又叫阿片，俗称大烟)、海洛因，大麻植物中提取的大麻，古柯中提取的可卡因等等，传统毒品主要是麻醉作用。

第二代毒品，即合成毒品，是以化学合成为主的一类精神药品，可直接作用于人的中枢神经系统，有兴奋、致幻、中枢抑制等作用。合成毒品大多为片剂或粉末，多为口服或鼻吸式，具有较强的隐蔽性，如冰毒、摇头丸等。

第三代毒品，新精神活性物质(New Psychoactive Substance，以下简称NPS)，又称“策划药”或“实验室毒品”，是对管制毒品进行化学结构修饰得到的毒品类似物，具有与管制毒品相似或更强的兴奋、致幻、麻醉等作用。精神活性物质作用于中枢神经系统，摄入人体后影响思维、情感、意志行为甚至意识状态的化学物质，容易导致精神依赖或药物滥用。如“蓝精灵”、恰特草、“小树枝”“笑气”“开心果”等等。

披着漂亮“外衣”的新型毒品，千万别碰！

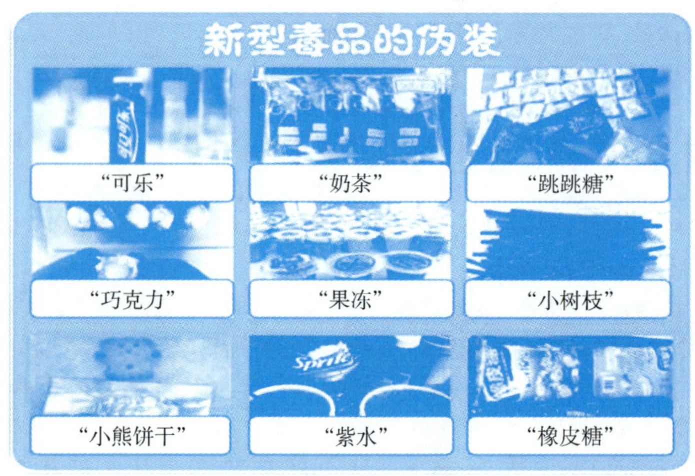

图1-6-2

目前常见的新型毒品：

1.“上头电子烟”

“上头电子烟”外表与普通电子烟相似，但烟油里却添加了合成大麻素。吸食“上头电子烟”后，会出现“上头”症状，轻则头晕呕吐、精神恍惚，重则休克窒息，甚至猝死，比传统毒品大麻更易成瘾，危害更大。

合成大麻素是一种人工合成的化学物质，成本很低，获取容易，能产生更为强烈的兴奋致幻效果。

2021 年 5 月，公安部、国家卫健委和国家药品监督管理局联合发布公告，就将合成大麻素类物质等在内的 18 种物质列为毒品进行管制。

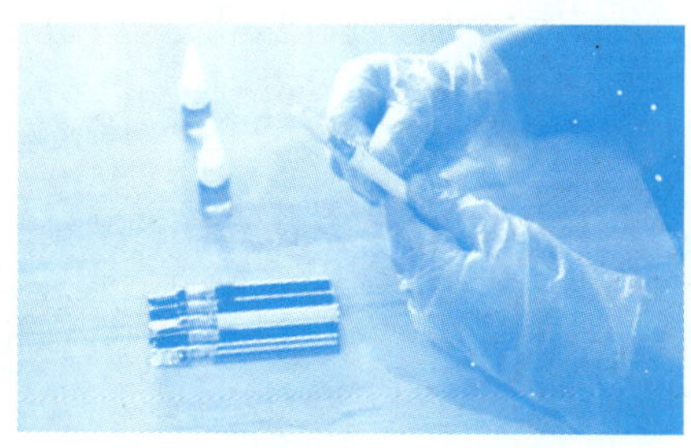

图 1－6－3

图 1－6－4 “神仙水”

2. “神仙水”

“神仙水”也叫“咔哇潮饮”，这些所谓的“网红饮品”，其制作原料中含有“γ-羟基丁酸(GHB)”，是一种无色、无味的液体，属于我国的管制类麻醉药品，滥用含有这种物质的饮料会造成暂时性记忆丧失、呕吐等症状，与酒精并用会加剧危险性，甚至会失去意识、昏迷及死亡。除了液体外，还有白色粉末、药片、胶囊等几种剂型，有“法拉利、美人水”等名字，液体型在西方国家通常被称为“神仙水”。

3. “邮票”

毒品“邮票”是一种新型毒品，主要成分为麦角酸二乙酰胺(LSD)。LSD 是一种从天然的麦角真菌中提取的麦角酸，经过化学合成制成的强效致幻剂，只需很小的剂量就能使人产生强烈的致幻感。

图 1－6－5 “邮票”

4. “可乐”

伪装成“可乐”的毒品，是一种由冰毒、摇头丸、氯胺酮(K 粉)等毒品混合而成的新型毒品。其外包装跟普通可乐很像，很多吸毒人员会与饮料混合着来喝，隐蔽性强。喝完会产生幻觉，全身高热发狂。中毒症状有：头痛、错乱、高烧、血压上升、盗汗、瞳孔放大、食欲丧失等。它比冰毒的危害更大，而且因吸食方法不同，对人体危害很大。

图 1－6－6 “可乐”

5. “奶茶”

毒品“奶茶”是一种以小型冲泡饮品包装为伪装的新型毒品的统称。这类毒品的外形与真正的奶茶极度相似，却混合了冰毒、氯胺酮（K 粉）、摇头丸等多种成分。遇水即溶，用法与奶茶差不多，倒进水，冲调之后，即可饮用。“饮毒”工具简单，不受条件限制。服用后会产生中毒性精神障碍，情感变得脆弱不稳定，

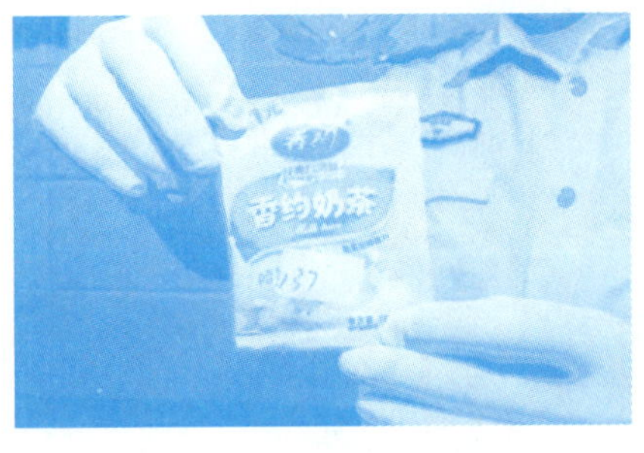

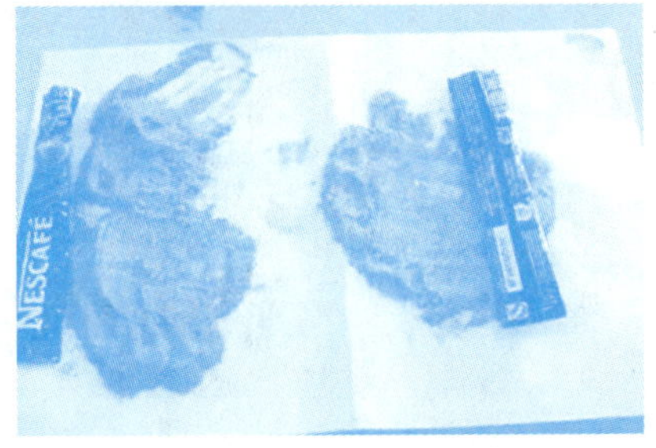

图 1－6－7 “奶茶”

奶茶

注意力无法集中，轻度意识模糊，产生日夜颠倒的幻觉，甚至陷入昏迷。其致幻效果和摇头丸差不多，毒性很大，效果持续时间长，对吸毒人员更具诱惑，容易传播。

这种新型毒品“奶茶”，制作粗糙，上面没有基本成分和食用方法的说明。用手指捻摸，会发现里面是均匀细致的粉末，打开一闻，有甜甜的味道。新型奶茶粉一般会出现在歌舞娱乐休闲场所里，所以在放松娱乐的时候，如果有人突然拿出奶茶包冲调并且请你喝下时，一定要多长一个心眼，问个明白，以免误入歧途，遗憾终生。

毒品“奶茶”

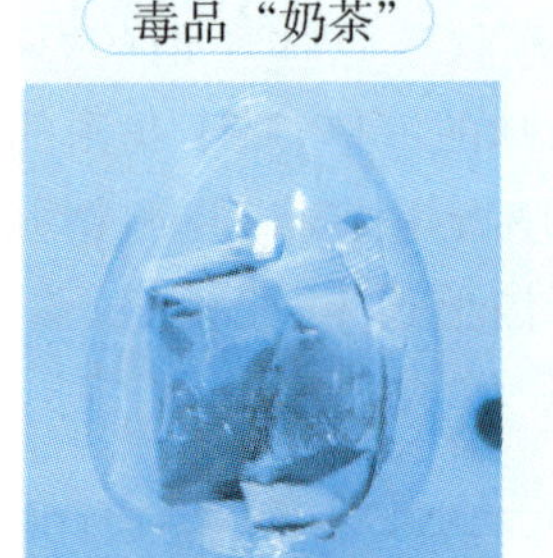

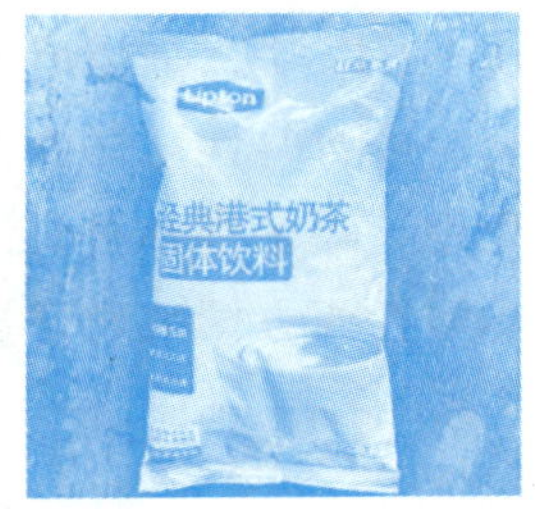

图 1－6－8 真假“奶茶”

6. “跳跳糖”

毒品“跳跳糖”，表面上看和普通的跳跳糖无异。普通的跳跳糖，含二氧化碳，遇水时外边的糖分溶解，里边的二氧化碳冒出就产生“跳”的感觉。毒品“跳跳糖”，主要含摇头丸成分，遇水即溶、冲水即饮，与各种饮品混合后口味都不发生变化，甚至香味都相似，但后劲很强，服用后会使大脑持续两到三天都处于兴奋状态，对人的大脑造成不可逆的损伤。

图 1－6－9 “跳跳糖”

跳跳糖

7. “小树枝”

“小树枝”是含有新精神活性物质的一种条状类似树枝的毒品，又称“雅典娜小树枝”“维也纳香薰”“派对小树枝”等，其中含有我国管制的合成大麻素成分。

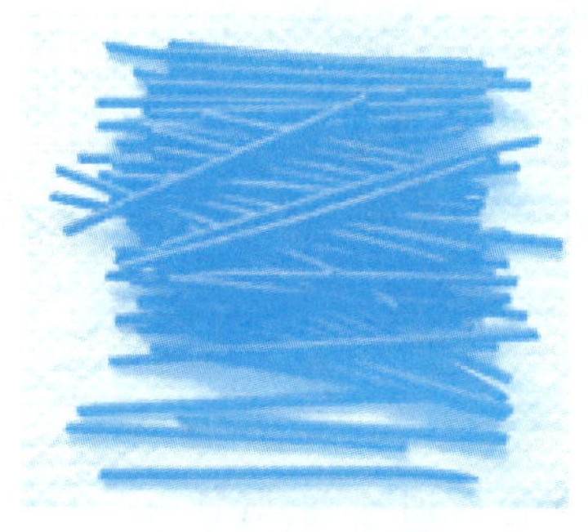

图 1-6-10　“小树枝”

小树枝

8. “饼干、巧克力、果冻”

毒品“饼干”，一些犯罪分子将毒品混在烘焙原料中，制成了曲奇饼干的模样，以躲避公安机关的盘查，方便运输、售卖，让人防不胜防。这些“饼干”里面夹杂有一些绿色物质，打开包装能够闻到异味。毒品“小熊饼干”“小熊软糖”等含有四氢大麻酚(THC)，THC 是毒品大麻的主要成分，能够影响人的心智，产生幻觉、妄想、精神失常，严重时可致人死亡。

毒品“巧克力”，与正常的巧克力包装看似规格相同，但实际重量却并不一样，铝箔纸包装粗糙。其中含有俗称“0 号胶囊”的新型毒品：二甲基色胺。二甲基色胺是有致幻作用的生物碱、色胺类致幻剂，是我国列管的第一类精神药品。

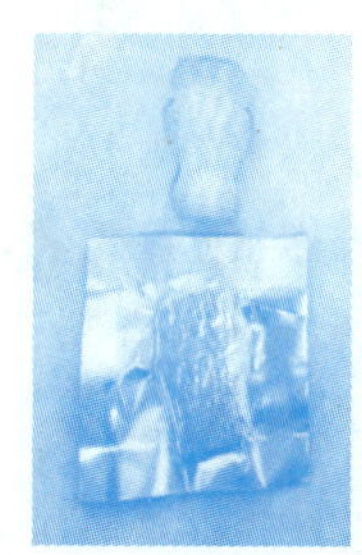

图 1-6-11　“小熊饼干”“巧克力”“果冻”

毒品“果冻”，同日常生活中的食用果冻大小、形状都基本相同，主要成分有芬纳西泮、四氢大麻酚(THC)、冰毒等。每一个果冻的致幻效果，能够持续二十四小时左右。芬纳西泮，一种镇静猛药，非常危险。它是同剂量安定药效的 11 倍，其药效强劲，但生效过程十分漫长。药性发作时，服用者会感到眼前一黑，然后就开始神志不清，这种状态可能会持续两三天。

9. “紫水”

“紫水”不同于其他的毒品，原料看似对身体没有任何坏处，甚至还能混合出好看的颜色和水果味的口感，让人容易放松警惕。但却有着较强的成瘾性和戒断症状，对人体的危害不亚于大麻、冰毒等。在美国，“紫水”早已臭名昭著，而在国内，这类毒品却悄然兴起，女同学外出聚会时，一定要留意。

图 1-6-12 "紫水"

紫水

10. "笑气"

"笑气",化学名称一氧化二氮,是一种"无色有甜味"的气体,一种医用麻醉剂。吸入后能刺激人的神经,令人感到愉悦,并能致人发笑,产生兴奋作用,因此得名"笑气"。长期吸食"笑气",会导致机体成瘾、双脚"瘫痪",以及引发精神疾病,甚至死亡。

笑气

图 1-6-13 "笑气"

11. "彩虹烟"

毒品"彩虹烟",外观颜色酷炫,闻起来有香气,吸食会产生特殊烟雾,色彩斑斓,甚至还自带香气,非常具有迷惑性,非常容易哄骗青年人购买。"彩虹烟"由小树枝、香料掺杂混合毒品(合成大麻素)制成,具有较强的兴奋、致幻作用,会令吸食者出现头晕、恶心、气短、胸痛等症状。其危害丝毫不亚于海洛因、冰毒等毒品。

毒品"彩虹烟"

香烟

彩虹烟

图 1-6-14 "彩虹烟"

12. “开心果”

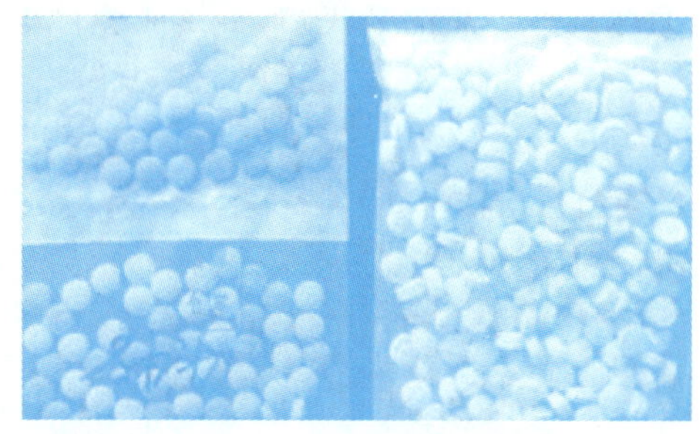

图 1-6-15　“开心果”

“开心果”是近年从泰国流入的一种新型毒品，主要成分是冰毒，其外形是粉红色颗粒，像毒品“摇头丸”。“开心果”其毒性和危害性比“摇头丸”更厉害，一旦沾上，“毒瘾”特大，具有强烈的“心瘾”性。

13. “红冰”

毒品“红冰”，采用新的工艺提纯冰毒，形如紫晶，状如大粒海盐。其威力是普通冰毒的两三倍。吸毒者一旦染毒，便深陷毒瘾，而且用量持续增长，毒瘾很难戒掉！因此，国际上一开始就把红冰列为重点缉毒对象。

图 1-6-16　“红冰”

14. “浴盐”

毒品“浴盐”，一种致幻剂（卡西酮）的高纯度结晶，卡西酮也称为“丧尸药”，苯丙胺的一种类似物，一般是粉末状或者和水混合的液体，吸食后，有提神的作用，会让人完全陷入幻觉状态，失去理智，并且将自己想象为超人，并且对其他人进行攻击。这种毒品能够导致急性的健康损害和毒品依赖，过量使用很容易造成不可逆转的永久脑部损伤甚至死亡，是现今最厉害的毒品。

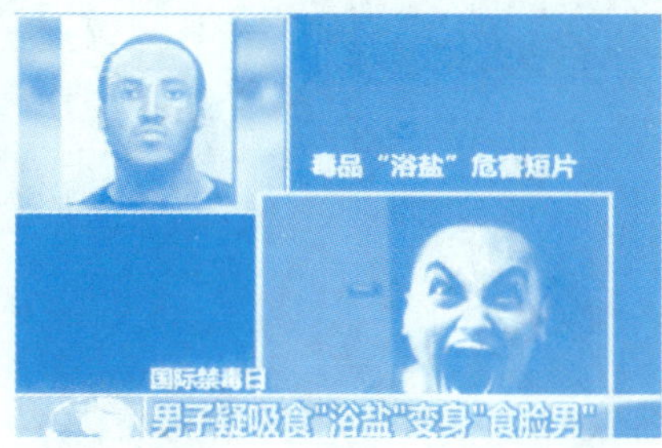

图 1-6-17　“浴盐”

15. “聪明药”

“聪明药”，也称为利他林，其中含有“哌醋甲酯”，是国家列管的一类精神药物，作用机

制与冰毒相同。这类药物大多通过网络渠道进行非法销售，一些吸毒人员会将此类药物作为冰毒等毒品的替代物，不仅成瘾性极大、副作用强，会抑制青少年、儿童的生长发育。

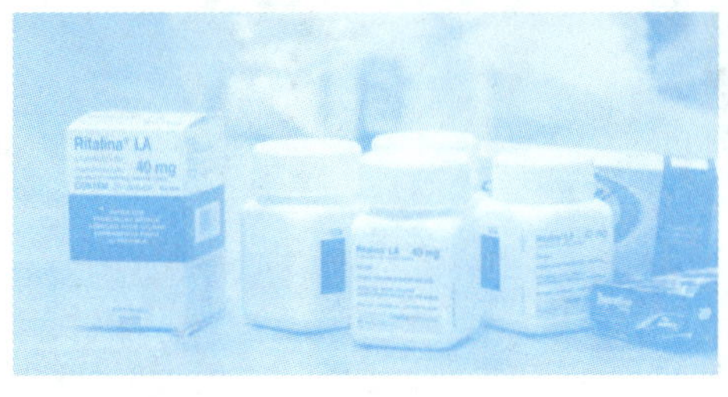

图 1-6-18 “聪明药”

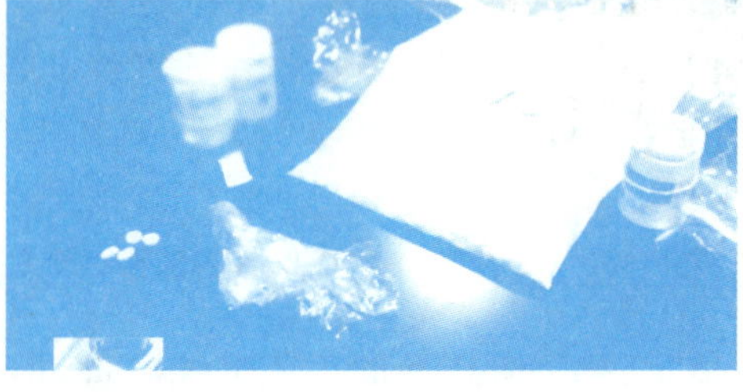

图 1-6-19 “减肥药”

16. “减肥药”

毒品“减肥药”，含有伪麻黄碱成分。伪麻黄碱是受有关部门管制的药品，也是制作冰毒的原材料之一。伪麻黄碱的药理作用是兴奋神经中枢、促进代谢，长期大量服用会使人头晕、恶心、兴奋、失眠、食欲减退，对人体造成极大伤害。

17. “一粒眠”

毒品“一粒眠”，一种中枢神经抑制剂，化学成分为“硝甲西泮”（又名：尼美西泮），在临床上主要用于治疗焦虑和失眠，属于镇静类精神药物，在我国属于二类精神管制药物。

一些吸毒者将其作为冰毒、摇头丸、K 粉等合成毒品的“解药”，配合吸食，减轻其他毒品带来“嗨翻天”的不适感（亢奋激动），以为无害，实则同样具有成瘾性和致幻性，而且还会加剧其他毒品的副作用。混合吸食很容易导致吸食者情绪失控，引发幻觉、自杀，以及暴力倾向。过量服用会出现心脏受压、昏迷等症状，长期混合吸食亦会导致精神失常、损害心脏、肾脏，甚至危及生命。

单独服用此类毒品，会让服用者产生嗜睡、疲倦、意识模糊、记忆中断等现象，因此一些不法分子将“一粒眠”混入酒水饮料中，用来迷奸女生。

“一粒眠”有许多外号，如：“红 5”“K5”“K 他命五号”“强奸药丸”“红豆”等。

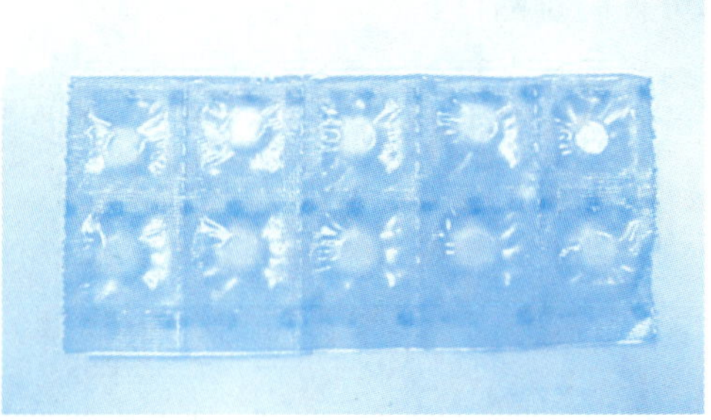

图 1-6-20 “一粒眠”

18. “止咳水”

“止咳水”，主要成分通常含有可待因、麻黄碱等成分，含可待因复方口服液体制剂，是一种新型致瘾药物，长期滥用成瘾所形成的症状与吸食毒品无异，会导致精神异常兴奋、昏昏欲睡、恶心、情绪不稳定、睡眠失调等症状，大量服用则会抑制呼吸，严重者甚至神志不清，产生幻觉和妄想，导致行为失控。自 2015 年 5 月起，含可待因复方口服液制剂被我国列入第二类精神药品管理，非处方不得销售。

图 1-6-21　“止咳水”

19. “蓝精灵”

“蓝精灵”，一种名为“氟硝西泮”的处方药，新型的精神活性物质，属于国家规定管制的第二类精神药品，是第三代毒品，具有催眠、遗忘、肌肉松弛等作用，其中催眠和遗忘的作用很明显。

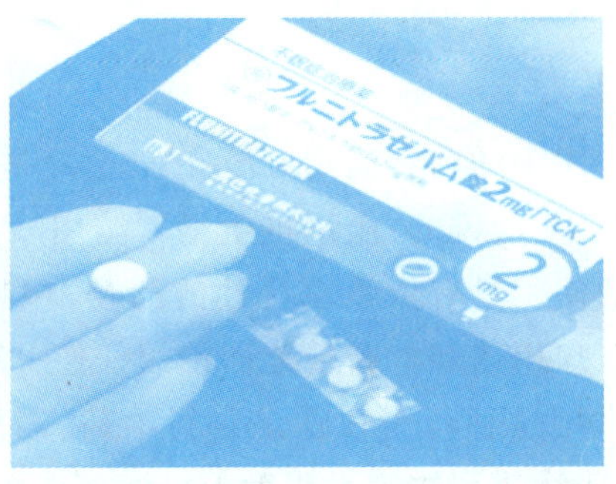

图 1-6-22　“蓝精灵”

“蓝精灵”溶于水，液体是淡蓝色(其同类的合成类似物质有的为无色无味，溶于水后也不容易被人发现)，泡在酒水或饮料里，会轻微泛起蓝色，含在舌头下，舌头就会变蓝，味道有点苦，与酒一起喝，会产生复杂的化学反应，使人神经兴奋，产生幻觉。

蓝精灵

少量吸食后，人会出现心动加速、血压升高、肝肾功能衰竭等急性中毒症状。大量吸食，会引起偏执、焦虑、恐慌、被害妄想症等反应，严重的会精神错乱，甚至抽搐、休克、脑中风死亡，像吸食冰毒等毒品一样，容易使人上瘾、产生强烈的依赖性。

“蓝精灵”放进饮料或者酒里，很难被发现，尿检不能够被检出。由于其显著的遗忘和催眠的作用，犯罪分子常常将它当作“蒙汗药”，来达到迷奸、性侵犯罪的目的。

20. “Rush”

“Rush”属精神活性类物质，常经鼻吸入，由多种挥发性亚硝酸盐组成，主要为异丙基亚硝酸盐(2-propyl nitrite)、异亚硝酸盐(2-methylpropyl nitrite)以及亚硝酸丁酯(isoamyl nitrite)和亚硝酸异戊酯(isopentyl nitrite)。

亚硝酸异戊酯吸入后能松弛人体全身平滑肌(包括肛门及阴道括约肌)，常被用于增强性体验。吸入“Rush”后会产生血压上升、脸部泛红发热，有一阵很强烈的幸福眩晕感，与一些麻醉致幻类毒品药效类似。

图 1-6-23　“Rush”

大量吸入“Rush”，亚硝酸异戊酯能将血红蛋白中的二价铁氧化为

三价铁，形成高铁血红蛋白，丧失携带氧能力，同时使小血管平滑肌松弛、血管扩张，引起血压下降，导致人体缺氧，严重者可引起窒息死亡。其中毒机理与亚硝酸盐中毒一致。

长期吸食“Rush”，可导致心理依赖和多巴胺效应，诱发神经毒性，特别是在学习和记忆功能方面，另外还与眼部黄斑病变等相关。“Rush”对血管的扩张作用是全身的，因此吸食后眼球内的血管会急速扩张，导致眼压增高，伤害视网膜，进而使吸食者患上青光眼。研究显示“Rush”的使用与“HIV”感染有相关性。

自 2017 年 3 月起，“Rush”已被我国正式列入管制目录，属于名副其实的新型毒品！

二 药物滥用的危害及防范

1. 药物滥用的概念

物质滥用中的药物滥用(Drug Abuse)是 20 世纪 60 年代中期国际上开始采用的专用词汇，它与日常所说的“滥用抗生素”“滥用激素”的“滥用”概念截然不同。“药物滥用”是指非医疗目的使用具有依赖性特性的药物，包括偶尔、尝试性地与反复、大量地使用，是指违背公认的医疗用途和社会规范而使用任何一种药物的行为。

药物滥用这种行为往往是自行给药，因而对用药者的健康和社会都会造成一定损害。当今世界，药物滥用在很大程度上已演变成多种类别或品种的药物、物质混合使用的状况。多药滥用是指出于非医疗需要和目的，同时或先后在较短的时间内滥用两种以上的毒品并成瘾的违法行为。多药滥用在国外吸毒人群中较普遍，我国吸毒者也不例外。

2. 药物滥用的原因

增强快感，追求更强烈的刺激；黑市毒品不纯，客观上形成多药滥用；减少副作用，如中枢神经兴奋剂与抑制剂兼用，可以减少副作用；由于经济的原因，吸毒者手中拮据，往往要寻觅一些价格低的掺假劣质毒品。

3. 药物滥用对人体的危害

吸毒对人体危害严重，多药滥用也会对人体造成严重的危害。吸毒和药物滥用都可表现为双重成瘾或多重成瘾，如有的海洛因成瘾者既对海洛因成瘾，又对镇静催眠药成瘾，同时还大量吸烟并对烟草成瘾，由此造成海洛因、镇静催眠药以及烟草对人体的双重、多重损害，也给戒毒带来很大的困难。

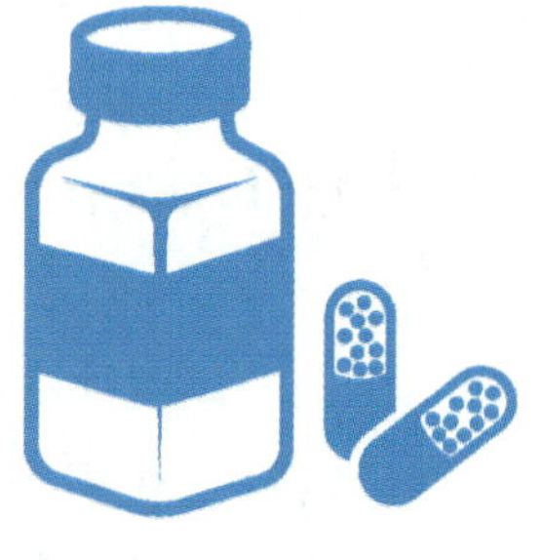

图 1－6－24

有许多吸毒人员还可因毒品中的掺杂物或污染物而导致躯体多种并发症。如海洛因中最常见掺入盐酸奎，经常注射这类混合毒品者，即使在无菌条件下，注射部位也可引起静脉炎、脓肿和局部组织损伤，并继发组织坏死。长期口服吸入掺杂盐酸奎宁的海洛因可导致双目失明、听力障碍、呼吸和心脏功能受抑制，重者可昏迷致死等。

4. 药物滥用的主要形式

使用单一药物，其中混兑有其他药品，如烫吸海洛因时兑入三唑仑；同时使用两种及两种以上药品，如海洛因与冰毒同时使用；在滥用某一种药物以后，交替使用其他不同的药物，如吸食海洛因，又换成可卡因。苯丙胺类兴奋剂滥用者中多药滥用现象也很常见，为避免用药后的不适，一些滥用者常常合并滥用镇静类药物（如巴比妥类），或同时酗酒或滥用海洛因。据我国某些地区的调查，海洛因成瘾者的多药滥用形式主要有以下几种情况。

① 海洛因与麻醉药品。麻醉药品按使用率由高到低依次为杜冷丁、二氢埃托啡、阿片酊、丁丙诺非、芬太尼等，其中杜冷丁使用率100%。

② 精神药品。精神药品按使用率由高至低依次为安定、阿普唑仑、三唑仑、速眠安（蓝精灵）、冬眠灵（氯丙嗪）、泰尔登等，其中安定使用率为100%，阿普唑仑与三唑仑90%以上。

③ 麻醉性镇痛药、非麻醉性镇痛药。依次为平痛新、曲马朵、痛力克、去痛片、芬必得等。

④ 药物。主要有卡西平和镇脑宁。

⑤ 海洛因与吸烟。每个海洛因成瘾者不论男女均吸烟，而且烟瘾都很大。

⑥ 海洛因与酒精。国内海洛因成瘾者大都认为，吸海洛因后就不能喝酒，他们还把酒量的恢复作为戒毒的成功标志。而国外这类情况却相反，有不少海洛因成瘾者同时滥用酒精。

另外，在国内毒品黑市上还发现海洛因中大量掺入诸如巴比妥、安定、头痛粉、安纳加等一类物质，这些掺假的白粉被海洛因成瘾者滥用后，被动地引起多药滥用。

5. 抵御和防范药物（毒品）滥用

① 了解合成毒品真相，减弱好奇心。吸食合成毒品最终会导致精神分裂症，毒品不能碰。

② 坚决拒绝同伴吸毒的邀请。97%以上的吸毒人员第一次吸毒都是受他人“邀请”。为了解决毒资，很多吸毒者会采取各种手段引诱他人吸毒，如“吸毒能治病”“吸食冰毒很时尚，有钱人才玩”“偶尔玩一玩不会上瘾，可以彻底释放压力”“玩这个就是提神，还可以增加性能力和减肥”等，收到这类邀请时要保持警觉，借故离开，并考虑中止与这些人的关系。

③ 在娱乐服务场所要提高警惕。在娱乐场所不接受陌生人提供的香烟和饮料，留意易拉罐等饮料是否有被注射的针眼和开封的迹象，离开座位时最好有人看管饮料和食品，避免因误食毒品而上瘾或遭到性侵犯。怀疑场所内有人吸毒时要稳定自己的情绪，不要因惊慌而加重对方的不正常反应，同时及时抽身报警，避免伤害类事件的发生。

④ 不为他人保管、投递、买卖不明物品。近年来，贩毒集团常常采取诱骗和胁迫的方式，利用怀孕和哺乳期妇女、未成年人、残障人员等人群从事贩毒活动。如果被委托保管、投递、买卖的物品是毒品，在没有证据的条件下，有可能在法律上被认定为贩毒者的同谋。

⑤ 建立健康的生活方式，不要用毒品来满足某种心理需求。学会有规律的生活、合理安排工作和娱乐时间、正确应对压力、保持良好情绪、建立和谐的家庭和社会关系、平衡营养等。

⑥ 遵照医嘱，合理用药。不能滥用镇痛、镇静、减肥、安定、止咳类药物。这些药物可能会产生与毒品一样的作用。

三 烟草的危害

烟草危害是当今世界最严重的公共卫生问题之一。吸烟和二手烟暴露（被动吸烟）严重危害人类健康。世界卫生组织（WHO）的统计数字显示，全世界每年因吸烟死亡的人数高达 600 万，平均每 6 秒钟有 1 人死于吸烟相关疾病；现在的吸烟者中将会有一半因吸烟提早死亡；因二手烟暴露所造成的非吸烟者年死亡人数约为 60 万。如果全球吸烟流行趋势得不到有效控制，到 2030 年每年因吸烟死亡人数将达 800 万，其中 80%发生在发展中国家。

我国是世界上最大的烟草生产国和消费国，每年因吸烟导致死亡的人数已超过100 万，如不加以干预，至 2050 年将突破 300 万，严重的烟草流行状况和不容乐观的流行趋势，已经成为重大健康与社会问题。

卷烟是最为常见的烟草制品。在过去的 50 年中，烟草业对卷烟设计进行了多种改变，包括加装过滤嘴、推出“低焦油卷烟”和“中草药卷烟”。大量科学证据证明，这些“新型卷烟”不但没有降低吸烟者的患病及死亡风险，反而会诱导吸烟并削弱吸烟者戒烟的意愿。青年学生更应有清醒的认识：不存在无害的烟草制品，只要吸烟就有害健康。

烟草燃烧时释放的烟雾中含有 3 800 多种已知的化学物质，绝大部分对人体有害，其中包括一氧化碳、尼古丁等生物碱、胺类、腈类、脂类、酚类、烷烃、醛类、氮氧化物、多环芳烃、杂环族化合物、羟基化合物、重金属元素、有机农药等，范围很广，它们有多种生物学作用，对人体可造成各种危害。

1. 尼古丁

尼古丁，又称烟碱，是高度成瘾性物质，其成瘾性仅次于海洛因。尼古丁可以作用于吸烟者的大脑，使吸烟者对烟草产生依赖性，是导致烟草成瘾的主要成分。尼古丁还可引起血管收缩、血压升高、心跳加快，引起冠状动脉痉挛、血管内膜受损，诱发心绞痛和心肌梗死。

2. 烟焦油

俗称“烟油子”，每支卷烟含 5～15 毫克不等，内含多种致癌和促癌物，可黏附在气管、肺泡和黏膜上，影响各器官功能，长期可以致癌，是引起肺癌和喉癌的主要原因。焦油还是吸烟者牙齿和手指发黄的原因。最新研究表明，所谓“低焦油含量”的卷烟并不安全，不会因为改吸这类卷烟而降低烟草导致疾病的风险。

3. 一氧化碳

一种无色无味的气体，每支卷烟可产生 20～30 毫升。它与血红蛋白的亲和力比氧高出 260 倍，会破坏血液输送氧气的功能，从而影响到全身器官。冬季在门窗紧闭的情况下，吸一支烟即可使本人和全家人血液中的碳合血红蛋白分别升高 7 倍和 6 倍。一氧化碳会促使胆固醇蓄积量增多，加速动脉粥样硬化，损害血管内皮功能，增加血液黏稠度，导致血栓形成，增加氧化应激和炎症反应，诱发或加剧心血管疾病。

4. 多种有毒化合物

香烟燃烧产生的多种有毒化合物，如苯并芘、甲醛、氰化钾、丙烯醛等有毒物质，可严重损坏支气管黏膜，使支气管和肺部发生感染。苯并芘、甲醛是高致癌物质。

5. 放射性物质

烟草种植中施用含铀的磷肥后，烟草中的铀可分解出钚、镭、氡等放射性同位素。吸烟时可被吸入肺部并沉积在体内，这些射线不仅对肺，而且对肝、肾都会造成损害，是重要的致癌物质。

6. 有害金属

烟草中含有镉、汞、铅、砷等多种有害金属。如镉是强致癌物，并可引起呼吸道哮喘、肺气肿；进入生殖系统，可杀死精子，引起男性不育；进入骨骼，可引起骨骼脱钙、变形、变脆，极易骨折。

7. 其他有害物质

丙酮、氨、有机磷、亚硝胺、萘等都是香烟燃烧后产生的有毒有害物质。

学习单元七 环境与健康

一 环境污染及其来源

环境是指以我们人类为主体的外部世界，是人类生存发展的物质基础。人与环境，像鱼和水一样密不可分。环境创造了人类，人类依存于环境，受其影响，不断与之相适应；人类又通过自身的生产活动不断改造环境，使人与自然更加和谐。

图 1－7－1

图 1－7－2

生活环境对人类的生存和健康意义重大，适宜的生活环境，可以促进人类的健康长寿。反之，如果对人类生产和生活活动中产生的各种有害物质处理不当，使环境受到破坏，不仅损害人类健康，甚而还会导致人类健康近期和远期的危害，威胁子孙后代。

环境污染，现在多指由于人为的因素，环境受到有害物质的污染，使生物的生长繁殖和人类的正常生活受到有害影响，扰乱与破坏了生态系统和人类的正常生产和生活条件的现象。

环境污染源主要有以下几方面：① 工厂排出的废烟、废气、废水、废渣和噪音。② 人们生活中排出的废烟、废气、噪音、脏水、垃圾。③ 交通工具（所有的燃油车辆、轮船、飞机等）

排出的废气和噪音。④ 大量使用化肥、杀虫剂、除草剂等化学物质的农田灌溉后流出的水。⑤ 矿山废水、废渣。⑥ 机器噪音，电磁辐射，二氧化碳污染。⑦ 空气中主要污染物有二氧化硫、氮氧化物、粒子状污染物、酸雨等。

流行病学研究显示，人类的疾病 70%～90% 与环境有关。人类要健康长寿，就必须建立和保持同外在环境的和谐关系。人类健康的基础是人类的生存环境，只有生物多样性丰富和稳定以及持续发展的生态系统，才能保证人类健康的稳定和持续发展。环境污染是人类健康的大敌，生命与环境最密切的关系是：生命利用环境中的元素建造了自身。

二 大学校园环境与大学生健康

学校是学生每天上课学习、活动和休息的地方。校园环境的清洁和美化能使人保持轻松的心情，有利于身体健康，也有利于学习和生活。如果校园环境卫生条件差，不但令人感到不快，而且容易引起疾病发生、流行和蔓延。

1. 养成良好卫生习惯

养成良好的卫生习惯，共创美好学校环境是我们每个学生的责任。

（1）坚持健康生活方式

① 合理膳食：不暴饮暴食，不挑食偏食，合理摄取营养，注意饮食卫生，做到合理膳食。例如，每天坚持喝一袋牛奶，吃一个鸡蛋，做到饮食粗细搭配、少油、少盐、少糖、少食多餐、七八分饱，常吃水果和蔬菜。

② 运动：运动要量力而行，循序渐进，持之以恒。运动没有必要一定要去健身房，走路就是一种最好的运动方式。大学生可根据自己的身体情况，坚持锻炼，每天坚持步行半小时，对身体健康很有好处。气象条件的好坏会直接影响晨练的质量和健康。若是遇到阴天，就应该避免在树林里晨练，以免二氧化碳中毒；冬季下雪后路滑很容易摔倒，最好别去晨练；雾天也不适宜晨练，有害物质对呼吸系统的侵害会造成供氧不足，出现呼吸困难、胸闷等情况，细菌也会乘虚而入，危害我们的健康。

（2）爱护校园环境

校园环境卫生的好坏直接影响到教师和学生的工作、学习和生活。“学校是我家，清洁靠大家”，没有任何一个学生希望在一个垃圾遍地的环境中学习、生活。

2. 营造良好宿舍环境

在大学期间，每个人都有很多时间在宿舍中度过。高中学生经过三年的刻苦攻读走进大学后，宿舍变成了大家休息、学习、娱乐及进行其他文化生活的场所。宿舍成员来自五湖四海，每个学生在饮食习惯、生活习惯、性格、思维意识形态等方面都能各有不同，而且在宿舍里人员集中，生活时间长，舍友之间较容易产生矛盾，使学生的正常学习生活受到干扰。因此，构建一个温馨、美好的“家”，对每一个当代大学生来说意义都是非常深远的。

营造一个良好的大学生宿舍寝室环境，需要学校和学生一起共同努力。每个学生都要承担自己的任务，爱护自己的宿舍，将宿舍寝室环境维护好、营造好。

思考题

1. 健康四大基石是什么?
2. 影响健康和寿命的主要因素有哪些?
3. 六大营养素是什么?
4. 中国居民膳食指南(2022 版)八条准则是什么?
5. 什么是合理膳食?
6. BMI 是什么? 如何计算?
7. 睡眠有哪些功能?
8. 睡眠不足的危害?
9. 睡眠的自我调节方法?
10. 如何进行运动的自我监测?
11. 十二时辰分别是什么?
12. 反映气温变化的节气有哪些?
13. 冬九九是指什么?
14. 目前常见的新型毒品有哪些?
15. 烟草有哪些危害?

模块二
心理健康

学习单元一 心理健康与身体健康

一 心理健康及其标准

1. 心理健康

心理健康是相对于生理健康而言的，是一个动态的，非静态的，相对的，非绝对的过程，绝对的心理健康是人们追求的理想状态，但这个理想状态对个体而言是不存在的。《简明不列颠百科全书》对于心理健康解释是："心理健康是指个体心理在本身及环境条件许可范围内所能达到的最佳功能状态，但不是十全十美的绝对状态"。心理健康是一种持续高效而满意的心理状态；是知、情、意、行的统一，是人格完善协调，社会适应良好的状态。

心理健康的人都能够善待自己，善待他人，适应环境，情绪正常，人格和谐。心理健康的人并非没有痛苦和烦恼，而是他们能适时地从痛苦和烦恼中解脱出来，积极地寻求改变不利现状的新途径。他们能够深切领悟人生冲突的严峻性和不可回避性，也能深刻体察人性的阴阳善恶。他们能够自由、适度地表达、展现自己的个性，能够与环境和谐地相处。他们善于不断地学习，利用各种资源，不断地充实自己。他们会享受美好人生，同时也明白知足常乐的道理。他们不会钻牛角尖，善于从不同角度看待问题。心理健康的人都拥有一个美好的生活。

2. 心理健康的标准

世界心理卫生联合会明确指出心理健康的标志是：身体、智力、情绪十分调和；适应环境，人际关系中能彼此谦让；有幸福感；在工作和职业中，能充分发挥自己的能力，过着有效率的生活。

《简明不列颠百科全书》认为心理健康的标准是：认知过程正常、智力正常；情绪稳定乐观，心情舒畅；意志坚强，做事有目的性；人格健全、性格、能力、价值观等均正常；养成健康习惯和行为，无不良行为；精力充沛地适应社会，人际关系良好。

目前我国大部分学者认同的心理健康标准包括：认知能力正常；情绪反应适度；意志品质健全；自我意识客观；个性结构完整；人际关系协调；社会适应良好；人生态度积极；行为表现规范；活动效能吻合年龄。

二 身体健康对心理健康的影响

身体健康，指人体结构的完整和生理功能正常，具有良好的健康行为和习惯。个体的身体健康可以对其心理健康产生积极和消极的影响；同时，个体的心理健康也可能对其身体健康产生积极和消极的影响。一个人如果没有良好、健康的心理素质，就不可能有良好的心态和身体健康的表现，心理健康与身体健康如同一对孪生兄弟，健康的本质在于和谐。

1. 身体健康对心理健康的积极影响

内因上，个体在身体健康状态良好时表现为机体各系统对神经系统以及大脑均有一种良好的刺激，这种良好刺激会引起机体的适应感，从而使个体体验到愉快的情绪，对其心理健康产生积极的促进作用。同时，在个体身体健康状态良好的情况下，机体的内分泌系统也处于一种适宜的状态，促使机体内分泌激素正常、适宜分泌，正常、适宜的激素分泌又促使个体的情绪等心理活动处于一种稳定状态。这是保证心理健康的一个重要的条件。

外因上，个体在身体健康状态良好的情况下，对外界的各种刺激，即使是负面的刺激也会产生一种良好的反应。健康的身体还可增强机体的体力，增大对外部世界的“探索反应”，激发活动兴趣，广泛的活动兴趣也是个体心理健康的标志之一。

2. 身体健康对心理健康的消极影响

身体健康对心理健康的消极影响可以在个体出现身体上的轻微不适时表现出来，特别是个体身体上有病变时对个体的心理健康会产生相当明显的消极影响。这主要表现在以下几个方面：

① 个体大脑的急性和慢性病变。如由于意外的脑外伤、大脑的其他病变，均会引起个体神志不清、定向能力和记忆能力减退、智力活动下降、行为失控。

② 内分泌系统失调引起的心理及行为的异常。如甲状腺肿大的人情绪容易激动，青春期的大学生由于甲状腺分泌旺盛，导致兴奋大于抑制，兴奋性高，情绪易激动、易激怒等。

③ 其他疾病也会使患者出现情绪波动，行为异常。个体身体上的其他疾病会使个体出现情绪稳定性下降、行为控制能力减弱、对外界兴趣缺乏、暗示性比平时增高、变得敏感多疑等不良状况。短时患病，其心理上的这些异常会随着病情的减轻、痊愈而减轻、消失；长期的疾病，这种由患病而产生的心理异常可能会慢慢演变成一种不可逆的心理障碍，甚至是心理疾病。

三 心理健康对身体健康的影响

如同个体的身体状况可以对其心理健康产生积极和消极方面的影响一样，个体的心理

状况也可以对其身体健康产生积极和消极的影响。

1. 心理状况对身体健康能产生积极影响

在第二次世界大战时，美国军队中曾经出现过一种奇怪的现象：被转移到后方医院的伤员，其伤口的疼痛得到了明显的缓解。开始人们以为是伤员故意装出来的，但随着进一步的观察，医生发现几乎所有的伤员都有类似的情况。战后生理学家研究发现，个体在体验愉快情绪时，内分泌系统会分泌一种能缓解疼痛感的激素，从而使其在伤害程度不变的情况下疼痛感明显减轻。正是由于转移到后方医院，伤员产生不幸中万幸的想法，从而使情绪稳定，促使这种能缓解疼痛的激素分泌，减轻了疼痛感。这种积极、肯定的良好情绪和健康的心理状态对个体的生理活动产生良好的影响。

2. 心理健康对身体健康的消极影响

研究显示，强烈的精神刺激可以诱发冠心病的发生。具有某些性格特征的个体容易患心血管系统的疾病，如情绪急躁、缺乏耐心、易激动的人易患冠心病；焦虑、忧郁情绪易引发心肌梗死。不良的心理状态，特别是不良的情绪状态、过强的情绪刺激会对个体的身体健康产生消极的影响，不仅影响个体本身，还有可能影响下一代。

机体的身体健康与心理健康之间存在着十分密切的关系，日常生活中，不仅要关心身体健康，而且要像关心身体健康那样关心心理健康。

学习单元二 心理发展特点和影响因素

大学生是一个特殊的社会群体，他们承载着社会、家庭的期望，自身又有很强的成才欲望，但是由于他们的心理正经历着从青少年的不成熟向成年人的成熟心理过度，心智尚不成熟，适应能力较差。当面对繁重的学业压力、就业竞争、情感困扰、人际关系的交往、理想和现实的冲突等矛盾和压力，就较容易产生心理问题。如何正确面对这些问题，处理好其中的关系，让自己的心态心理能够健康成长，是值得关注的一个问题。

一 当代大学生心理发展的特点

大学生年龄一般在17～25岁，他们心理发展在许多方面还远未成熟。大学的校园相当于半个社会，这个还未成熟的大学生群体心理有其特定的特点。

① 难以适应环境以及角色的变化导致的焦虑心理。

② 不善于处理人际关系而造成的抑郁封闭心理。

③ 不能正视理想与现实的差距而形成的失落自卑心理。

④ 无法承受生活和就业压力导致的迷茫逃避心理。

⑤ 缺乏承受挫折的心理准备。由于社会经验不足，在就业失败、恋爱受挫后往往会感

到无所适从，有的产生仇视抱怨心理，甚至采取极端措施来逃避现实。

二 影响大学生心理健康的因素

1. 社会因素

① 社会竞争的压力。市场经济中的激烈竞争在促进社会各方面飞速发展的同时亦造成一系列的社会问题，紧张的生活节奏和巨大的工作压力使人感到精神压抑、身心疲惫。改革开放给大学生提供了良好的机遇，但随之出现的一系列社会不良现象亦使大学生在心理上产生了诸多矛盾，甚至切身感受到社会转型期的阵痛，这使得大学生人格弱点浮现出来，形成心理疾患。

② 信息矛盾引起的认知问题。大学生正值长身体、长知识、学做人时期，正处于世界观、人生观、价值观的形成过程中，可塑性强。随着网络信息时代的到来，各方面信息纷繁复杂，良莠共存，大学生由于思想不成熟，缺乏经验，智力支持不足，导致对信息的加工处理能力不强，使理论与现实产生激烈的矛盾冲突，这些矛盾和冲突若得不到及时解决，就会产生心理障碍或问题。

2. 学校因素

① 生活环境的变迁。生活环境的变化是促使整个人心理发生变化的基础。从中学到大学，令人感触最深的莫过于换了一个环境，开始过独立的但又是集体式的生活。它要求大学生们既要做到生活自理，又要有奉献精神。由于当代大学生绝大多数都是独生子女，不少人往往会因第一次离开父母、家庭而缺乏生活自理能力，以及不习惯集体生活、孤独寂寞而感到压抑和焦虑。

图 2 - 2 - 1

② 学习环境的改变。大学生的学习压力相当一部分来自所学专业非其所爱，这使他们长期处于冲突与痛苦之中；课程负担过重，学习方法有问题，精神长期过度紧张也会带来压力；另外还有参加各类证书考试、考研、各类招聘考试、留学考试等所带来的应试压力。精神长期处于高度紧张的状态下，极可能导致大学生出现强迫、焦虑甚至是精神分裂等心理疾病。

3. 家庭因素

① 父母的期望。当今社会，家长的望子成龙心态普遍存在。为了子女的升学，诸如考大学、考研或出国留学等，许多家长都是煞费苦心，不惜一切代价。这样一种来自父母的强烈期望，一方面可以成为大学生们勤奋学习的动力，但另一方面也可能适得其反，成为大学生难以承受的心理负担。

② 家庭关系和教育方式。家庭成员间的语言及人际氛围直接影响着家庭中每个成员的心理，对于处在个性形成期的大学生的影响更具有特殊意义。父母的教养态度、教养方法和人格气质类型直接影响着孩子的行为心理，潜移默化而非一味宠爱的、开明的而非专制的、民主平等而非居高临下的命令式的家庭教育，才能有利于学生心理的健康发展。

4. 自身因素

① 理想与现实的冲突。大学生对未来充满了种种美好的向往，希望将来能发挥自己的才能，成为举足轻重的人物。然而，现实社会与自己心中的期望反差很大，特别是当今社会正处于社会转型期，面临多元化的价值观以及就业等各种压力，使许多大学生不能迅速找到自己的人生坐标从而陷入矛盾冲突之中。

② 独立与依赖的冲突。大学生自我意识不断增强，渴望享受自由的无拘无束的生活，但因处于学习阶段，在经济上不可避免地仍要依赖父母。而且由于大学生生活在学校，仍不可避免地依靠学校和老师，因此，他们还是缺乏独立生活的经验，还不能真正依靠自己的力量来独立解决生活中遇到的一些问题，恰当地处理好人际交往中的各种关系。这种情形不可避免地造成独立和依赖的矛盾。

③ 学业期望。随着社会人才的需求对当代大学生要求的不断提高，许多单位的用人标准也在不断转变，促使很多在校学生在学习专业知识的同时选修一些相关专业的知识，考取各类证书，以应对当前激烈的市场竞争。如果在大学期间学习方法不当，学习动机不强，学习目的不明确，自我约束能力比较差，情绪上就会非常容易出现焦虑、紧张等，同时还会在一定程度上缺乏自信心，产生苦恼以及自我否定等心理问题，导致学业不能取得进步。

④ 人际关系的压力。大学生往往在人际关系方面缺乏经验和技巧。大学生对良好的人际关系抱有极大期望，希望能建立和谐、友好、真诚的人际关系。但同时，这种期望又往往过于理想化，也就是对别人的要求或期望太高，导致对自己现有的人际关系不满，这种不满又会反过来对人际关系的构建带来消极影响。

⑤ 自我认识。在客观现实面前，许多大学生能及时调整自身，重新确立目标，使得自己的所学与能力能够满足客观现实的要求。而有些同学则不能及时调整自己，导致自身出现心态消沉、颓废、苦闷、抑郁等现象，甚至沉迷于玩乐、放纵，以此发泄自己对现实的不满，甚至滋生自杀倾向等严重心理问题。

⑥ 个人情感的压力。大学生正值青年中期，对性的问题比较敏感。他们渴望与异性交朋友，渴望得到异性的友谊甚至爱情。但由于其生理早熟和心理滞后之间的矛盾，往往导致需要爱与理解爱之间的偏差。这些来自情感的压力，一旦不能得到及时而有效的缓解和调适，就可能引起心理失衡，严重的会导致精神类疾病。

⑦ 心理冲突。大学要将一个大学生锻炼成为独立的个体，社会需求对个人素质的要求在不断增加，导致学生的心理负担过重，往往会引起各种各样的心理冲突。

⑧ 生活事件。生活中，亲人、朋友、恋人等重要人物的丧失会影响到大学生的学习和生活，还会极大地影响到自己对自身以及今后生活的看法。而荣誉等的丧失，会使大学生产生一定的挫败感，造成负面的心理问题。

大学生心理健康问题是社会发展的一种趋势，一个必然的结果，针对大学生心理发展的特点和影响因素，一方面学校要加强心理健康教育校园文化建设，另一方面，大学生也要积极正确面对自身的心理问题，不断提高自身的心理素质，主动解决问题，努力使自己更好地成长和发展，更好地适应这个快速发展的社会。

三 当代大学生的健康心理

大学生可以从以下几个方面把握自己的心理健康：

1. 智力正常

这是大学生学习、生活与工作的基本心理条件，也是适应周围环境变化所必需的心理保证。衡量时，关键在于是否正常地、充分地发挥了效能：即有强烈的求知欲，乐于学习，能够积极参与学习活动。

2. 情绪健康

情绪健康的标志是情绪稳定和心情愉快。包括：愉快情绪多于负性情绪，乐观开朗，富有朝气，对生活充满希望；情绪稳定，善于控制与调节自己的情绪，既能克制又能合理宣泄；情绪反应与环境相适应。

3. 意志健全

意志是人在完成一种有目的的活动时，进行选择、决定与执行的心理过程。意志健全者在行动的自觉性、果断性、顽强性和自制力等方面都表现出较高的水平。意志健全的大学生在各种活动中都有自觉的目的性，能适时地作出决定并运用切实有效的方式解决所遇到的问题，在困难和挫折面前，能采取合理的反应方式，能在行动中控制情绪和言而有信，而不是行动盲目、畏惧困难、顽固执拗。

4. 人格完整

人格指的是个体比较稳定的心理特征总和。人格完整，指有健全统一的人格，即个人的所想、所说、所做都是协调一致的，人格结构的各要素完整统一；具有正确的自我意识，不产生自我同一性混乱，以积极进取的人生观作为人格的核心，并以此为中心把自己的需要、目标和行动统一起来。

5. 自我评价正确

正确的自我评价是大学生心理健康的重要条件。大学生自我观察、自我认定、自我判断和自我评价，做到自知、恰如其分地认识自己，摆正自己的位置，既不以自己在某些方面高于别人而自傲，也不以某些方面低于别人而自愧。能够自我悦纳，喜欢自己，接受自己，自尊、自强、自制、自爱适度，正视现实，积极进取。

6. 人际关系和谐

良好而深厚的人际关系，是事业成功与生活幸福的前提。表现为：乐于与人交往，既有广泛而深厚的人际关系，又有知心朋友；在交往中保持独立而完整的人格，有自知之明，不卑不亢；能客观评价别人和自己，善于取人之长补己之短，宽以待人，乐于助人，积极的交往

态度多于消极态度，交往动机端正。

7. 社会适应正常

个体与客观现实环境保持良好秩序。做好客观观察以取得正确认识，以有效的办法应对环境中的各种困难，不退缩。根据环境的特点和自我意识的情况，努力进行协调，或改变环境适应个体需要，或改造自我适应环境。

8. 心理行为符合大学生的年龄特征

大学生是处于特定年龄阶段的特殊群体，应具有与年龄和角色相应的心理行为特征。

学习单元三 常见心理健康障碍及预防

一 常见心理健康障碍的表现

1. 抑郁症

当前社会竞争日益激烈，几乎每个人都在超负荷运转，很容易产生不同程度的抑郁情绪，这是一种很常见的情感成分。当人们遇到精神压力、生活挫折、痛苦境遇、生老病死、天灾人祸等，生活中的不如意常常会使人们感到情绪低落，自然会产生抑郁情绪。

抑郁情绪与抑郁症不同，正常人的抑郁情绪是基于一定的客观事物，事出有因。而抑郁症则是病理情绪抑郁，通常无缘无故地产生，缺乏客观精神应激的条件，或者虽有不良因素，但是“小题大做”，不足以真正解释病理性抑郁症状。

图 2-3-1

抑郁症，又称抑郁障碍，以显著而持久的心境低落为主要临床特征，是心境障碍的主要类型。临床可见心境低落与其处境不相称，情绪的消沉可以从闷闷不乐到悲痛欲绝、自卑抑郁，甚至悲观厌世，有自杀企图或行为；有的发生木僵；部分病例有明显的焦虑和运动性激越；严重者可出现幻觉、妄想等精神病性症状。每次发作持续至少 2 周以上，长者甚至数年。

正常人的抑郁情绪当生活事件解决时会自然缓解，而抑郁症患者的抑郁症状常持续存在，不经治疗难以自行缓解，症状还会逐渐恶化，而且会反复发作，每次发作的基本症状大致相似。

典型抑郁症有生物节律性变化的特征，表现为晨重夜轻的变化规律。许多病人常说，每天清晨时心境特别恶劣，痛苦不堪，因而不少病人在此时常有自杀的念头。至下午 3～4 时以后，患者的心境逐渐好转，到了傍晚，似乎感到没有毛病了，次晨又再次陷入病态的难熬时光。抑郁症患者的家族中常有精神病史或类似的情感障碍发作史。有持续性顽固性失眠，多种心理行为同时受到阻滞抑制，生理功能低下，本能活动能力下降，体重、食欲和性欲下降，全身多处出现难以定位和定性的功能性不适，检查又无异常，这些均是抑郁症的常见征象。

2. 焦虑症

焦虑是指一种缺乏明显客观原因的内心不安或无根据的恐惧，预期即将面临不良处境的一种紧张情绪，表现为持续性精神紧张（紧张、担忧、不安全感）或发作性惊恐状态（运动性不安、小动作增多、坐卧不宁或激动哭泣），常伴有自主神经功能失调表现（口干、胸闷、心悸、出冷汗、双手震颤、厌食、便秘等）。

焦虑症（anxiety），也称为焦虑性神经症，是神经症这一大类疾病中最常见的一种，以焦虑情绪体验为主要特征。可分为慢性焦虑，即广泛性焦虑（generalized anxiety，GAD）和急性焦虑，即惊恐发作（panic attack，PA）或称为惊恐障碍（panic disorder，PD）。主要表现为：无明确客观对象的紧张担心，坐立不安，还有自主神经功能失调症状，如心悸、手抖、出汗、尿频等。与正常的焦虑情绪不同，病理性焦虑其焦虑严重程度与客观事实或处境明显不符，或持续时间过长。

焦虑症是一种常见的疾病，年轻人是焦虑症的高发人群，尤其是女性患者是年轻人中最为多见的焦虑症患者。

3. 社交恐惧症

社交恐惧症又称社交焦虑症，是一种对社交或公开场合感到强烈恐惧或紧张的焦虑障碍。患者对与人交往或在可能被别人仔细观察的社交或表演场合，有一种显著且持久的恐惧，害怕自己的行为或紧张的表现会引起羞辱或难堪。有些学生对参加聚会、打电话、到商店购物、或询问权威人士都感到困难。由于对社交的恐惧，导致这些大学生大量的回避行为，致使生活严重受限。社交恐惧症越早治疗效果越好，药物治疗和心理治疗是社交恐惧症的主要治疗手段，系统的治疗可以获得良好的疗效。

二　自我心理调适与技能

任何事物，想要生存，就得适应环境，“适应环境”是万物的本能。

人们在面对环境压力时，通过各种反应形式，以对个体或群体有利的变化来对付这种压力，使得个体或群体有更好的生存的能力，称为心理调适能力。

社会在不断地发展，每一个人都要去适应社会的发展，不断提高自身的素质，学会合作共事，互惠双赢，学会生存，不断提高自己的生存能力，要学会与时俱进，才能成为一个更幸福的人。这是不断发展的时代提出的能力要求。

心理调适是使用心理科学的方法对认知、情绪、意志、意向等心理活动进行调整，以保

持或恢复正常状态的实践活动。既可以自己进行心理调适，也适用于帮助别人。

大学生，特别是刚入学的大学新生，都经过高考奋力拼搏，带着理想和希望，满怀信心进入大学殿堂。但是，面对新的生活环境、新的教学风格、新的学习方式，部分大学新生往往不能很好地适应学校的新环境。这种不适感会对大学新生的生活、学习及交往等各方面产生直接影响，甚至还会影响到大学生活甚至工作后的生活和发展。

1. 大学环境的新变化

① 生活环境的变化。主要表现在生活方式、生活习惯、生活范围等方面。生活方式上：中学生大多住在家里，不少人拥有自己的独立生活空间，饮食起居由父母安排；而大学则是集体生活，住宿舍吃食堂，凡事全靠自己处理，这种变化对缺乏独立生活能力的同学是一种严峻的挑战。生活习惯上：气候环境的变迁、饮食方面的差异、语言交流的不适、作息制度的不同、卫生习惯的改变，都可能造成适应不良。生活范围上：中学时生活领域较窄，基本上是“两点一线式”地从家门到校门，生活的中心内容是学习，课余时间很少，校园生活单一；进入大学以后就如从“小天地”来到“大世界”，生活领域大为拓宽。

② 学习环境的变化。这种变化主要体现在学习任务、学习内容、学习方法等方面。学习任务：中学时主要是学习科学文化基础知识，为升学做准备；大学则是以培养专门人才为目标，要进一步学习和掌握专业知识和专门技能，培养各部门各行业所需要的高级专门人才。学习内容：中学教育是多科性、全面性、不定向的；大学则是一种定向的专业教育，教学内容较专、较深，且与各专业学科领域发展前沿接近。学习方式：中学学习一般以课堂讲授为主，由教师“领着走”，学生对教师依赖性较大；大学学习强调启发式，注重培养学生独立学习的能力，学生可以通过专业实验、社会实践、毕业设计或论文等形式独立研究问题，开展科学研究，要求学生学会独立思考、融会贯通、举一反三。

③ 人际环境的变化。主要表现在人际交往的对象、方式和要求等方面。交往的对象：中学时主要是同窗好友、父母师长，尤其是班主任天天与同学见面，生活学习样样关心，父母关怀细致入微；到了大学，各地来的同学素昧平生，重新组成新的集体，生活在同一公寓，性格习惯各不相同，常常难以适应；师生关系也不像中学那样密切，远离父母难诉衷肠。交往的方式：中学时人际交往较为单一，主要限于学习交往；大学生之间除了学习交往之外，还有生活交往、思想交往、情感交往，与此相应的形式有语言交往、活动交往、网络交往等，大学生人际交往既是行为互动，也是思想互动，各种形式的交往对于实现人的社会化、发挥人的才能、促进身心健康，均具有十分重要的意义。交往的要求：中学时大多依赖性强，不善人际交往，再加上有父母的照顾和学习的压力，对友谊的渴望不那么强烈；进入大学后，客观上要求大学生独立主动地与各种陌生人交往，主观上随着成人意识的飞跃，对友谊的渴望增强，也促使大学生对交往的社会化需求急速提高。

④ 管理环境的变化。主要体现在管理方法、管理系统等方面。管理方法：中学时代，学校和老师对学生采取直接管理，事无巨细，多由老师安排；大学则更多强调学生的自我管理、自我教育、自我服务、自我约束。管理系统：中学的管理都是通过班主任实施；大学的管理，学校各个职能部门都要参与，如思想教育管理、学籍管理、公寓管理、社团管理、课外活动管理等。

2. 大学生在环境变化中常遇到的问题

① 自我地位改变，导致自卑心理。大学生中的多数人是中学时期的学习尖子、三好学生、优秀干部，同龄人中的佼佼者，老师的称赞、家长的夸奖、同学的羡慕，使其自我感觉良好。进入大学后，新环境中群英荟萃，不少人在学习上乃至多方面的优势会削弱甚至丧失，从“鹤立鸡群”一下子变成了“平庸之辈”，优越感的丧失从而产生落差等心理问题，由此就会导致个体自我认知失调。一些学生心灰意冷，产生强烈的自卑感，甚至开始怀疑自己的能力。

② 专业学习目标不明确，导致学习动力不足。高中时期高度紧张的生活体验是学子们终生难忘的。经过高考的激烈竞争，很多学生感到筋疲力尽，他们认为任务完成了，歇歇脚的心理在大学新生当中很普遍。于是失去了目标和动力，使得大学生活感到失落和茫然，整天心浮气躁，无所事事，或沉湎于网吧，出现心理上的“无目的状态”，缺乏学习的主动性。有的大学生入学后对所学专业不感兴趣，常常被气馁、自卑、抱怨、后悔等消极情绪所拖累，学习十分被动，耽误了大好时光。

③ 学习方法不适应，导致学习压力过大。大学学习与中学学习不同，在学习目标上，已从“为升入高一级学校而奋斗”转变为“如何使自己成为优秀高级人才”；在学习要求上，再也不是局限在“所有课程得高分”上，考虑更多的是掌握专门知识与能力，培养全面素质；在学习的自主性上，中学生主要依靠教师安排学习活动，自主性很少，大学生则主要靠自己安排学习活动，自主学习范围大；从所学内容来看，中学少而浅，大学多而深；从学习方法来看，中学生自学时间少，大学生自学时间多；从思维方法来看，中学生多表现为模仿、记忆以及对知识的一般理解，大学生创造性学习多，深层次理解多。于是，许多大学新同学在短时间内无法适应大学的学习方法，仍然摆脱不了高中的学习模式，学习过程中缺乏自觉意识，缺少主动求学的精神，缺少自我约束能力，这与大学要求的自主学习有较大距离。这种不适，让这些同学感觉在学习中失去了手杖，不知所措，导致不少大学生感到学习压力增大，有的甚至因成绩下降而退学。

图 2-3-2

④ 理想现实差异，导致失望迷惘。进入大学前，许多同学对现实社会以及大学生活了解甚少，对大学过于理想化或抱有不切实际的幻想和过高的期望。一旦进入大学，发现许多不完善和不尽如人意之处，有些同学还会感觉与期望形成强烈的反差，从而感到困惑、迷惘，容易产生失望感；另外所学专业并非是自己的选择和兴趣，或听从父母亲友、教师的主张和建议，或服从专业调配所致，或期望值不高，能进高校，不论什么专业都行等，造成进校后产生不满、抵触情绪，导致专业学习吃力，成绩不好。

⑤ 人际适应不良，导致孤独压抑。大学新生以往与人相处和交往的机会较少，经验也相对较少。进入大学后，马上面临重新结识他人，确立新的人际关系的过程。事实上，刚入

学的大学生对新的人际环境的适应远比对学习环境和生活环境的适应困难，特别是在与周围同学的交往中，常常因缺乏经验技巧而不善交往，因担心别人轻视自己而不愿交往，因自己的家境较差羞于与人交往，因性格孤僻内向而不会交往等，由此造成与他人难以沟通，感到孤独压抑，或发生人际冲突。

三 把握自身心理健康的基本方法

1. 客观全面认识自我，重新进行角色定位

进入大学后不久，多数新生都能强烈感受到角色与地位的骤跌，其实这主要都是非个人的原因，没有必要为此自卑而丧失信心。许多问题往往是同学们在上大学前长期使用单一评价方式，与大学新环境的多元评价方式不适应造成的。

正确认识自己、重新评估自己、主动接纳自己是大学校园中普通一员的事实，建立与新环境相适应的评价方式。在新环境下，放弃原有的心理优越感，客观分析自己的优势与劣势，承认差距，看到长处，扬长避短，不事事处处苛求自己，加强自我修养，学习他人优点，取长补短，从头开始，树立自信心。在大学新的生活中，找到自己的位置，这对新同学顺利地适应大学生活非常重要。

在重新建立自我评价方式时，注意以下几点：

① 树立自信心，正确认识自我。不少新同学在进入大学后发现自己在很多方面不如别人，处在一种不利的情况下。此时在新环境的同学们，要合理归因，充分认识造成这种局面并非个人因素造成的。如果是环境的变化或自己基础薄弱，造成自己角色地位的下降，并不反映自己能力存在问题。在看到自己不足的同时，要树立克服不足的信心，并及早完善它。要相信不是能力本身问题，在同等条件下，自己完全可以赶上去。

② 正确对待别人的长处和优点，客观看待自己。无论能力有多强，都不可能凡事总是走在别人的前面。大学生在适应阶段要正确看待自己，要避免只看到自己的不足、缺点而淹没了自己的长处和优点。或相反，只看到自己的长处、优点而忽略了自己的不足和缺点，要坦然地学会正确面对自己某些方面不足的现实。

③ 注意汲取和学习别人的优点，不断提高自己。大学生在与别人的交往中，无论是水平比自己高的还是不如自己的，都应从其他同学那里吸取有益的东西来丰富和提高自己。那些自视高傲，不屑与人交往，或者自卑而不敢与人交往，都不利于新同学对大学新环境的适应，甚至影响今后的发展。

2. 顺其自然，接纳现实，适应大学生活

这种方法，需要大学生在整个适应过程中保持一种自然、宁静、平常的心态。勇于直面各阶段出现的得失成败，敢于接受在适应过程中产生的各种困难、问题，并将这些困难、问题视为适应过程中的正常现象，不抵制、不反抗、不回避、不压制，努力形成协调的生活态度，对于自己的学习、生活安排要同学校的整体进程保持一致。

大学生正确使用顺其自然法，不仅有助于避免或减轻在适应过程中产生的焦虑、急躁和抑郁情绪，而且也有助于提高生活情趣。

3. 积极暗示法

自我积极暗示，指在特定条件下，通过内部语言、表情及体语、信念、预期等对自己的心理活动和行为施加积极影响，按所暗示的方式去活动的方法。

大学新生进入学校后，时常要面对各种陌生的事情、场景、人物等，学会运用自我积极暗示法，可以用不出声的内部语言进行，也可通过自言自语甚至在无人处大声呼喊的方式进行，还可以写成文字贴在床头等地方，不断鞭策自己。

例如，在第一次参加学生会干部的招聘面试前，可反复暗示自己："我已经准备好了，我是个比较优秀的新生，我肯定会成功"等。在遇到失意时，告诉自己："这次不太好，下次努力就不会这样了"。不要给自己发出如"哎呀！这下完了"等消极暗示。

大学新生，学会正确运用积极暗示法，不仅可充分调动一切有利于完成任务的潜在身心资源，有助于提高效率、增强自信、保持平静的心态，而且还有利于增强自我效能感和成就感。

大学新生在新环境中初次获得的这种效能感和成就感，往往会为顺利适应大学生活奠定积极的心理基础。

4. 确定目标法

目标是人们活动所追求的预期结果，是激发人的积极性使之产生自觉行为的必要前提。适应环境最根本的因素是要有明确的奋斗目标。

大学新生进校后不久，多数学生对大学的美好期盼、向往、无限的理想，会被冷酷的现实击得粉碎。许多大学生常常感到上大学前后各种目标在实现过程中发生了不同程度的变化，这主要反映为目标迷茫化、丧失化、冲突化。

新生入学熟悉环境后，尽快确立一个新的奋斗目标。有了一个明确而现实的目标，可克服新生所面临的迷茫感。从心理学角度来说，一个明确的目标，会使心理指向集中一处，这样会使大学生转移注意力，削弱心理问题对自身的实际影响力，从而更有利于各种心理问题的解决和心理障碍的消除。因此，大学新同学要尽快确立切合实际的正确的长远目标和短期目标，使自己的学习、生活有明确的动力和努力方向。

在新的学校环境中，树立新的切合实际的正确目标，大学生在结合自身特点的同时要注意下面三个问题：

① 可实现性。确定的目标应该是在个人能力和努力所及的范围之内，经过个人短期努力就可以实现的，这样才易有体验感和成就感，获得自信。

② 可操作性。在设定目标时，要注意目标的微观与具体性，要有可操作性和衡量的具体标准，不能宏观和笼统。例如，某门课程的学习目标不要设定为"过得去""一般化"这些笼统的概念，可以设定为：某门课程要达到多少分或等级之类的，有操作性和可衡量的目标。

③ 有层次性。大学新同学在设定自己目标的时候，要长远和近期相结合，可依据目标的重要性、对个人发展的缓急程度、目标实现的难易程度、所需时间的长短，设定正确的长远目标和短期目标。综合考量、合理规划，有层次性安排，有阶梯式布局，避免在同时段内要实现多个目标，那样反倒会产生焦虑、急躁情绪。

5. 积极探索适合大学的学习方法

新同学对于大学学习的不适应，很易产生情绪波动与自我评价偏差。从个人实际出发，摸索与自己水平、基础相适应的学习方法。正确认识大学学习的特点，克服过去依赖老师的习惯。注重培养自己的自学能力，学会管理支配时间，安排学习计划，学会利用各种有限资源，逐步走出困境。可以向有经验的高年级同学请教，接受老师的指导，寻求辅导员的帮助。

6. 积极参加实践活动

人的心理是在社会文化交往、社会实践中形成和发展的，大学生要多参加人际交往、社会实践、校园文化活动和体育运动等，这有利于锻炼大学生的心理、增强意志、丰富经验、发展才智，促进心理的健康发展。

新生作为学校的一员，主动参加学校组织的各种活动，并在这些实践活动中真正体验到大学生活、感悟新的人生，了解大学这个新的社会、知晓别人，展现新的自我、赢得同学们的认同，体验成功快乐，从中获取对自己的自信。

7. 适当的情绪宣泄法

生活和学习过程中不可避免会产生各种负性情绪，人生之不容易十之八九。为防止长期被负性情绪所困扰，可及时、适度、合理地宣泄负性情绪，从而获得心理平衡、恢复正常心态。

宣泄情绪时要注意：及时，在负性情绪产生超过 1 周后仍不能缓解，就要考虑宣泄。适度，宣泄负性情绪情境的程度要同负性情绪的程度一致，过弱则没有达到宣泄效果，过强则易引起身心过度反应。合理，宣泄情绪的方式、场合要恰当，否则可能给本人或社会带来不良后果，反而会加剧原有的负性情绪或引发新的负性情绪。

8. 善于交流沟通

大学新生在学习、生活、人际交往、环境适应等方面产生困惑苦闷时，应针对不同问题，可及时主动同父母、老师、辅导员、高年级的同学、其他新同学或者是老乡朋友、亲戚、好友，进行交流和沟通，向他们倾诉苦闷，倾听他们的建议和意见，与他们共同探讨对策，并寻求得到他们的理解和支持，这有助于减缓消极情绪，丰富新同学的社会和人生经验，还能够帮助新同学尽快地适应大学新环境。

9. 自我激励

用生活的哲理、榜样的事迹激励自己，以调整自己的不良心态。

10. 转移注意力

把注意力从消极方面转移到积极方面，尽量避免或减轻精神创伤，以便从挫折或失败中重新确定新的、恰当的目标。

11. 行为补偿

在某一方面不能取得成功时，可在自己力所能及的其他方面发挥所长并取得成功，以便“失之东隅，收之桑榆”。

12. 心理咨询

大学新生在适应新环境的过程中产生各种负性情绪和消极心理,如果经过自我调适、交流沟通仍无法得到缓解,就应主动及时求助学校心理咨询机构专业人员的咨询、指导,从而恢复正常心理。目前多数高校都设有心理咨询机构,有需要的同学可主动前往寻求帮助。

大学新生要坦然面对新的环境,为适应新环境做好必要的心理准备,全方位提升自己,对未来充满信心。

学习单元四 良好人际关系与有效交流

一 大学生良好人际关系与有效交流

人是社会成员,一个人的心理健康需要依托良好的人际关系。

心理学将人际关系定义为人与人在交往中建立的直接的心理上的联系。人与人的交往会产生各种不同的情绪波动,从而对心理健康产生或多或少的冲击。和谐、融洽的人际关系能给人带来愉快、欢乐和幸福,而紧张、冲突的人际关系会给人带来烦恼、郁闷和痛苦。大学生生活在大学校园这样一个环境之中,离不开与他人的交往,并形成各种各样的人际关系。提高人际交往能力、建立良好的人际关系是大学生成长和成才的重要条件。

良好的人际关系,有助于大学生提高自我认识和自我完善水平,塑造完美的人格;良好的人际关系,有助于大学生学习知识和开发智力,例如在与老师、同学的交往中,畅所欲言,思维撞击,会产生新的思想火花;良好的人际关系,有助于大学生走向社会,学会与人平等相处,自立于社会,成为一个成熟的社会化的人;良好的人际关系,有助于大学生身心健康,使精神需要得到满足。

二 有效交流的常用方法

与中学时代相比,大学期间人际关系显得要复杂得多。面对复杂的人际交往,大学生,特别是新同学,与人相处应坚持真诚待人、宽容待人、平等待人等原则,并掌握交往的技巧。

1. 学会宽容理解

同学之间能否友好相处,在很大程度上取决于相容程度。当同学之间出现矛盾时,虽然矛盾的双方都有责任,但要相信对方很少是出于恶意的攻击,所以,要能理解、容忍对方的一时之举。“将军额头跑得马,宰相肚里能撑船”“退一步海阔天空”等都是这个道理。例如,对同学偶尔的评头论足,不要过分在意、耿耿于怀。因为这可能只是他一时失口,并无真心恶意,也没有想与你结怨。所以,如果能以一种高姿态去看待,矛盾就容易化解。

2. 学会关心别人

人在困境中最需要朋友的关心与帮助。要细心观察别的同学有哪些忧虑，哪些同学有困难，有哪些困难，看着自己能否帮助他们排忧解难。同学学习跟不上，能不能帮助补课；同学生病了，和大家一起去看望，送去祝福；同学生活有难处，主动与老师、同学商量，群策群力一起帮助解决。

3. 学会赞美别人

适时赞美别人，不代表贬低自己。学会赞美别人，说明你发现了对方的优点，你在赞美别人的同时也会得到对方对你的赏识。赞美别人要发自内心、真情实意的表露，不要无原则的恭维，甚至讽刺挖苦对方。赞美别人通常不太难，因为每个人多少总有一些值得赞美的地方。在与同学的交往中，如果我们能仔细观察，多注意别人，并且对别人的优点不嫉妒，不采取“不承认主义”，则常可发现别人有很多方面值得赞美。

4. 学会善于倾听别人的讲话

与人交谈时，倾听对方讲话，等于告诉对方，你是一个值得尊敬的人，是一个值得我倾听你讲话的人。这种对他人的尊重，无形中就会满足对方自尊心的需求，赢得对方的好感，加深彼此的感情。

5. 学会求同存异

学会了解自己和他人的优缺点和性格特性，与人交往时，不卑不亢，宽容大度，求同存异。在与同学交往时，要讲信用，学会谦让，积极关心别人。对一些不拘小节的人，学会容忍，不要过于敏感。与同学发生不快和矛盾时，要学会换位思考来冷静处理。

6. 学会把握尺度

人际交往上的“尺度”，指保持良好人际关系所需要把握的方向、深度、广度等。俗话说：近朱者赤，近墨者黑。大学生交友一定要有原则，谁该深交，谁该浅交，谁该拒交，要做到心中有数。大学生交友的广度也应适当。圈子太窄，疏远了可交的益友，有碍正常交往；范围太大，必将分散自己的精力，影响学习。要以一种平等的姿态与人沟通和相处，把握好交往的尺度。

通过良好的人际关系的交流与沟通，促进大学生在大学期间自我发展和成长。

学习单元五 心理咨询与服务

一 心理咨询

心理咨询(counseling)是指运用心理学的方法，对心理适应方面出现问题并祈求解决问题的寻求帮助的人员提供心理援助的过程，是受过咨询心理学专门训练的专业人员运用心理学知识、理论和技术，针对来访者的各种适应与发展问题，通过与来访者协商、交谈、启发和指导，帮助来访者达到自立自强，增进心理健康水平和提高社会适应能力的过程。

根据咨询的规模，可分为个体咨询与团体咨询。现在各大学校基本上都开设有大学生心理咨询服务机构，并开展个体咨询和团体咨询服务项目。

图 2－5－1

大学生心理咨询活动的内容，主要是为广大的师生提供环境适应、学业、情绪、人际关系、恋爱、婚姻和性心理、自我发展、家庭关系、职业生涯规划、身心疾病、压力调节等方面的心理援助服务。

大学生在需要进行心理咨询服务的时候，咨询方法很多，可以到心理咨询（援助）服务中心进行门诊咨询，也可以通过电话进行相关心理咨询，还可以通过互联网等进行咨询。

二 常见危机的辨识与求助

1. 环境变化引起的适应不良问题

大学生由于学习、生活环境的改变，往往容易出现矛盾、困惑心理。其中一部分同学表现出对现实的失落感。由于中学时学生对大学充满了憧憬，大多数同学也将考大学作为唯一的和最终的目标来激励自己。因此，当跨入大学校园后，突然发现事实并非原来所想象，进而怀念起了过去的中学生活。一部分学生发觉自己在高手如云的新集体里不适应。进入大学后，由原来依赖父母到相对自立的生活，心理上会产生一种孤独感，等等，这时候可以寻求适当的心理援助服务。

2. 异性交往引起的情感心理障碍问题

大学生性发育已经成熟，恋爱问题是不可避免的。由于大学生接受青春期教育不够且缺乏正确的引导，很多同学根本不懂什么是真正的爱情，还有些同学不能正确地处理好异性之间的交往和双方的感情问题，出现爱困惑、性困惑，少数学生还出现异常行为，有的因理解的恋爱观与现实的具体问题发生矛盾和冲突，陷入痛苦、迷茫、消沉之中，为情所困而不能自拔，可以寻求心理咨询援助。

3. 人际关系的困扰

现在的大学生多是在应试教育下培育成长起来的，多数同学较为封闭，人际交往能力普遍较弱。进入大学后，如何与周围的同学友好相处，建立和谐的人际关系，成为大学生面临的一个重要课题。由于每个人的待人接物的态度不同、个性特征不同，再加上青春期心理固有的闭锁、羞怯、敏感和冲动，都使大学生在人际交往过程中不可避免地会遇到各种困难，从而产生困惑、焦虑等心理问题。主要表现为：人际关系冲突、交往恐怖、沟通不良等负

面情况。

4. 学习负担引起的紧张焦虑问题

大学生的主要任务是学习,学习上的困难与挫折对大学生的影响是最为显著的。由于在大学学习与中学存在很大的差距,课业专业化、难度大、要求高,学习压力和竞争也相应增大,容易引起紧张和焦虑,产生了这些紧张和焦虑的情绪,可以寻求心理咨询援助。

5. 求职择业方面引起的心理障碍问题

上大学圆了很多青年学子的大学梦,然而随之而来的就业困难,使很多大学生找不到现实的出路,找不到理想的方向,对前途深感迷茫。现今社会竞争激烈,用人单位的要求也越来越高,很多同学在校时一心读书,与社会接触交往较少,对社会缺乏真正的了解,这些情况都会导致大学生在择业时出现一些心理障碍,例如自卑感、恐惧感、自傲、怀疑等,出现了这些问题,可以适当寻求心理咨询援助。

6. 经济的负担

一些偏远农村来到城市的同学,在经济上的负担相对沉重些。一些同学在学期间为了缓解生活压力,去做家教、打短工、做生意来支持学业。沉重的经济负担使一些同学产生了自卑、焦虑,心理压力大,发现这些情况,可适当寻求心理咨询援助。

7. 情绪不稳定问题

大学生生长发育极为迅速,已基本趋于成熟,但由于阅历较浅、社会经验不足,对人生和社会问题的看法飘忽不定,容易出现各式各样的心理矛盾,很容易受外界各种因素的干扰和影响,会因一点小的成就而沾沾自喜,也易为一点点的挫折而一蹶不振,自我控制和调适能力相对较低,常会导致心理和行为偏差。有的学生能够通过各种方式成功化解自己的低落情绪,迅速呈现出积极的精神面貌;但也有一些学生却深陷泥潭,甚至有走向极端的危险,出现了这些苗头,应当寻求心理咨询援助。

8. 网络成瘾导致的问题

现在大学生中网络成瘾比较常见,由此引发的大学生心理障碍或社会适应障碍等屡见不鲜。网络成瘾导致大学生的学习成绩下降,行为异常,心理错位。更有甚者,在极端情况下,分不清楚虚拟和现实世界,造成他们的人际关系和社会生活受到了严重的影响,阻碍了学习、生活的正常进行,这样的大学生需要寻求心理咨询援助。

9. 家长意志引发的心理问题

许多家长望子成龙心切,在中学时,一切的业余爱好都被家长想方设法阻止了。当同学们进入大学后,发现大学的生活丰富多彩,不少同学多才多艺,在大学的各种活动中脱颖而出,而有些受家长压制的学生,除学习外,没有一技之长,很感自卑。有的父母强迫学生念自己不喜欢的学校或专业,以至于进入大学后,对大学没感情,对学习没兴趣,甚至有退学的想法,此时,同学们可以适当寻求心理咨询援助。

学习单元六 珍爱生命

生命是人生最宝贵的东西，是我们所拥有的一切的前提，失去了生命，就失去了一切。没有生命的世界，是残缺的世界；有了生命的存在，世界才变得精彩。生命既是渺小的，就像大海中的一滴水，毫不起眼；生命又是伟大的，就像一颗颗璀璨的明珠，是无价之宝。生命因为脆弱和来之不易显得弥足珍贵，生命又因为顽强不屈而绽放出精彩。

一 生命的珍贵

我们是幸运的，因为我们拥有美好的生命。我们能够看到每天冉冉升起的旭日，能在明媚的天空下让生命的快乐和我们一起跳舞。我们因为珍惜生命而活出了精彩，创造了属于自己的生命轨迹。

每个人的生命在世上都只有一次，没有任何人能够代替你重新活一次。在某种意义上，其他各种责任是可以分担或转让的，唯有对自己人生的责任，只能由自己来完全承担，丝毫不能依靠别人。只有对自己的人生负责，建立了真正属于自己的人生目标和生活信念，才可能自觉地选择和承担起对他人和社会的责任。

1. 生命是短暂的

人的生命在世界上存活的时间是有限的，目前全球人均预期寿命仅 72.8 岁(2019)，中国人均预期寿命 77.3 岁(2019)。虽然世界上有超过百岁的寿星，但毕竟是极少数。生命的短暂决定了生命的宝贵，人的寿命随时都存在着被毁灭的可能，瞬间的灾难就可导致生命的消亡。因此，要珍惜这短暂的生命。

2. 生命是不可重复的

生命对于每个人来说只有一次，而这一次又是不可重复的，生命中走过的路程是不可能回去的，生命中一旦做过的不尽如人意的事情，也是不可重新再来的，因此生命非常宝贵。

3. 生命是脆弱的

人在动物界中是最弱小和孤立的，人类的很多器官的外在功能在进化过程中以大脑的发育为代价而丧失了，人又要过高级的精神生活，生存在社会环境中，人类的生存能力比其他动物都要弱小得多，人的生命无比脆弱。许多动物生下来不久就会走路，能够自己觅食，很快就可以独立生存。而人类却不行，人出生以后，需要有成年人照料，否则就难以成活下来，人从出生到能够独立生活需要很长的时间，这期间任何一次闪失、任何一次事故、任何一次天灾人祸都可使人的生命在这个世界上消失，好端端的生命可能在几天内被疾病夺走，鲜活的个体可以在几秒钟内被大自然毁灭，这一切都说明，人的生命非常脆弱。生命的

这种脆弱性，使得我们要在生存中学会保护自己，理性对待生命成长过程中的灾难。

4. 生命是无价的

人们可以用金钱买来很多东西，但却买不到人的生命，生命价值的大小、生命人格的高低、生命幸福与否等等，都是无法用金钱可以衡量的。生命的无价性告诉我们要尊重和爱护生命，任何伤害生命的行为都是不负责任的，都是不应该的。

二 珍惜时光

在这个世界上，最宝贵、最珍贵的就是人的生命。按照唯物主义的观点，生命的意义就在于生命的存在。

美国著名作家富兰克林说过："你热爱生命吗？那么请珍惜时间，因为时间是组成生命的材料"。作为一名学生，总渴望能以优异的成绩来报答父母、师长和社会，渴望自己能德智体美劳全面发展，因此，要实现我们的目标就必须珍惜分分秒秒，刻苦学习，完善自己。在人生短暂的生命历程中，我们必须对自己负责，对生命负责，因此我们就要无比地珍视我们生命的组成元素——时间。

鲁迅先生说过："时间就像海绵里的水，只要你挤，总是有的"。时间对任何人都是公平的，有志者、勤奋者，善于去挤，就有时间。鲁迅正是善于挤时间、支配时间的勤奋者，他说过："美国人说，时间就是金钱，但我想，时间就是生命，无端空耗别人的时间，其实是无异于谋财害命的"。

我们无法控制生命的长度，但是我们完全可以通过努力增加它的宽度。让我们珍惜时间，珍惜生命，丰富生命的内涵，对自己的人生负责，让我们的生命更有价值，让我们的生命更有意义。

思考题

1. 当代大学生心理发展特点是什么？
2. 影响大学生心理健康的因素有哪些？
3. 常见的心理健康障碍有哪些表现？
4. 常用的有效交流方法有哪些？
5. 常见的心理危机辨识与求助方法有哪些？
6. 如何珍爱生命？

模块三
性与生殖健康

学习单元一　性与生殖健康基本知识

一　性的发育和成熟

1. 男性的发育

男性的青春期没有严格的时间界限，一般在 10～14 岁，持续 2～4 年。青春期的第一个体征是睾丸和阴囊增大，随后阴毛出现，接着阴茎增长、变粗，身体迅速长高，肌肉发达，胡须和腋毛长出，声音变得低沉；同时前列腺和精囊腺增大并开始分泌液体，精子逐渐生成。通常第一次遗精发生在 13～15 岁。

男性生殖器发育和性发育大致分为 5 个阶段。

青春期男性梦遗

① 10 岁之前：睾丸容积仅 1～3 毫升，第二性征不明显。

② 10～11 岁：睾丸和阴囊增大，阴囊皮肤褶皱增多，颜色微红，有稀少较短的阴毛生长。

③ 12～13 岁：阴茎增长、变粗，阴毛由少到多、变黑、变粗、卷曲。

④ 14～15 岁：阴茎和阴囊进一步增大，阴囊颜色加深，阴茎头充分发育，阴毛呈男性菱形或盾形分布。

⑤ 16～17 岁：外生殖器形状和大小近似成年型，接近性成熟。

由于个体差异，达到特定阶段的年龄有明显的区别，而且各阶段持续的阶段也有很大差别。

如果男孩到了十二三岁睾丸还未增大，十五六岁第二性征还迟迟不出现，要考虑睾丸和其他方面的异常，应及时到医院进行检查和接受治疗。

2. 女性的发育

一般来说，女性青春期比男性早至少半年，从乳房发育开始到初潮需要 2～3 年；在身高迅速增长前约 1 年，体型逐渐变为女性，脂肪沉积，肌肉发育。同时，在外生殖器从幼稚型向成人型转变，阴阜隆起，阴毛出现，大阴唇变肥厚，小阴唇变大且有色素沉着，阴道的长度与

宽度增加，阴道上皮增厚而且变得柔软，阴道皱襞出现。初潮的出现说明青春期性成熟的到来。

青春期发育开始的年龄和次序如下：乳房开始发育的年龄为11.0～11.4岁，身高迅速增长的平均年龄为11.3～12.9岁，初潮的平均年龄为12.6～13.5岁。我国女性初潮平均年龄为14岁，正常范围为12～18岁。月经初潮因身体及精神发育、营养条件、气候等影响而有所不同。一般来说，较寒冷地带，初潮年龄较晚，而热带地区妇女成熟早。女性发育正常与否，主要看其月经是否来潮，但是初潮后可能有一段时间尚不规律。

二 生殖系统解剖

1. 男性生殖系统的解剖

① 外生殖器官：阴茎、阴囊。

② 内生殖器：睾丸、附睾、输精管、射精管、附属腺体精囊腺、前列腺、尿道球腺。

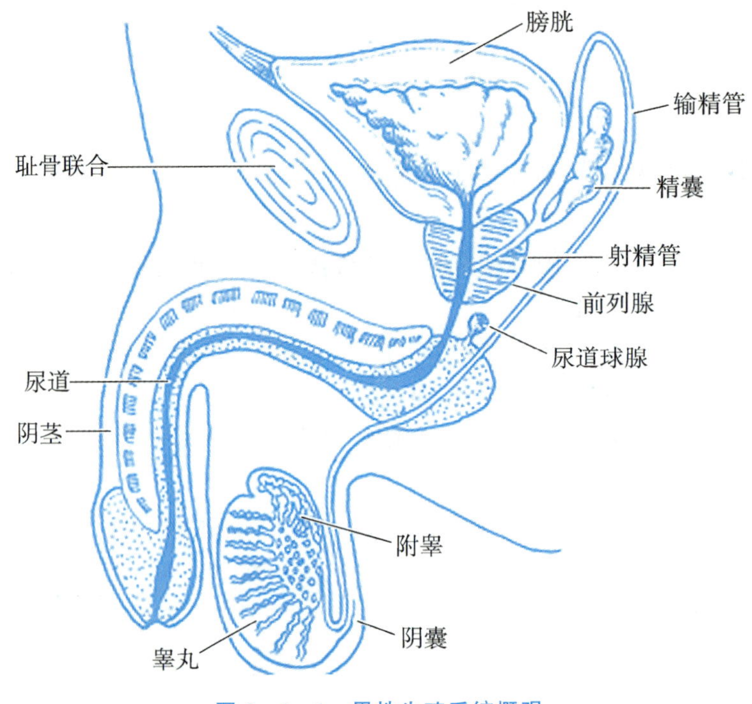

图3-1-1 男性生殖系统概观

2. 女性生殖系统的解剖

① 外生殖器(外阴)：阴阜、阴唇、阴道前庭、前庭大腺、处女膜、阴蒂。

② 内生殖器：阴道、输卵管、卵巢、子宫。

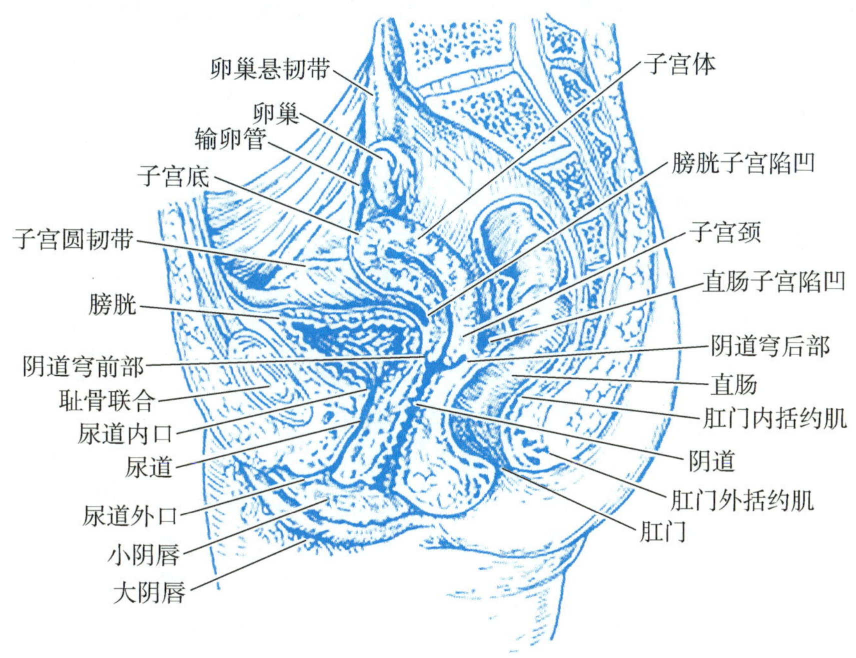

图 3－1－2　女性盆腔正中矢状切面

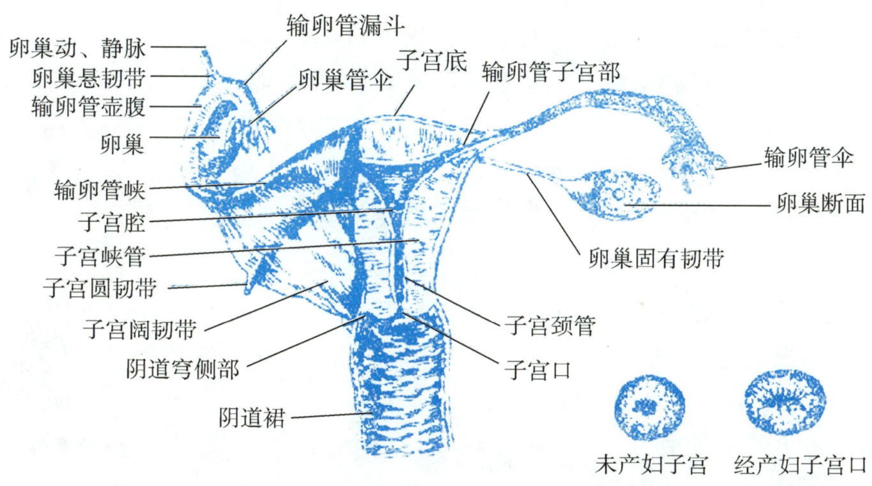

图 3－1－3　女性生殖器(前面观)

三　生殖健康

生殖健康，是指关于生殖系统及其功能和性行为过程所涉及的一切事宜，包括身体、精神和社会等方面的健康状态，不仅仅是没有疾病或不适。它是指人们能够有满意而且安全的性生活，男女均有权获知并能实际获取他们所选定的安全、有效、负担得起和可接受的计划生育方法，以及他们所选定的、不违反法律的调节生育率的方法，有权获得适当的保健服

务，使妇女能够安全地怀孕和生育，社会向夫妇提供生育健康婴儿的最佳机会。

1. 生殖健康内容及要素

(1) 生殖健康所包含的内容

① 人们能够进行负责、满意和安全的性生活。

② 人们能够自主地决定是否生育、生育的时间与数目。

③ 妇女能够安全地度过妊娠和分娩。

④ 人们能够获得安全、有效和可接受的节育方法。

⑤ 人们有生殖的能力。

⑥ 人们能够得到合法的人工流产；提供夫妇生育健康孩子的最佳机会。

⑦ 生殖器官、生殖功能、生殖过程的完好状态。

(2) 生殖健康四大要素

生殖健康的四大要素分别是：计划生育——生殖健康的基础；妇幼保健——生殖健康的核心；性保健——非常重要但目前尚未引起重视；性病防治——针对生殖道感染、性病、艾滋病。

2. 常用监测生殖健康的主要指标

常用监测生殖健康的主要指标包括：总和生育率（一个国家或地区的妇女在育龄期间，每个妇女平均的生育子女数），艾滋病毒（HIV）感染率，育龄妇女避孕现用率（育龄妇女中采取各种避孕措施的人数与育龄妇女总人数的比率），艾滋病知识知晓率，孕、产妇死亡率，产前保健的覆盖率，由有熟练技能的保健人员接生率，基本的、主要的产科服务可供性，全面的、主要的产科服务的可供性，围生期死亡率，低出生体重儿的发生率，孕妇中梅毒血清试验阳性发生率，妇女贫血发生率，流产在妇产科住院病人中的百分比，女性生殖器官切割报告的发生率，女性不孕症的发生率，男性尿道炎的发生率。

3. 男性生殖健康

男性生殖感染大多是由于外部细菌入侵感染引起的，感染常引起睾丸炎、附睾炎、膀胱炎、精囊炎、尿道炎等。根据患者的病情，选择有效治疗方法，治疗生殖感染引起的各种疾病。

男性青春期健康教育

(1) 男性生殖感染自测

① 会阴部胀痛、下腹部坠痛。

② 尿道口红肿，有白黄色分泌物。

③ 性功能减退、阳痿、早泄、不育症。

④ 出现血精，精液呈现淡红色或灰黄色。

⑤ 曾有泌尿系统感染史或衣原体、支原体、淋球菌感染。

⑥ 尿黄、尿少、尿热、尿有异味、发热、畏寒等炎症现象。

⑦ 尿道“滴白”，早晨起床，大小便后尿道口有乳白色黏液。

⑧ 生殖器及肛周有淡红色米粒样丘疹、水疱或增生物，偶见瘙痒。

⑨ 尿频、尿急、尿痛、尿不尽、尿滴沥、尿等待、尿分叉、尿道口灼热。

出现上述任何一种症状，都有可能患上泌尿生殖感染疾病，出现的症状越多，患泌尿生殖感染的可能性越大。

(2) 男性生殖感染的预防

① 养成健康的生活方式,平时要加强体育锻炼,增强体质和机体抗病能力。

② 积极消除和治疗慢性病及其诱发因素。

③ 注意饮食调节,避免过食辛辣油腻等食品,戒烟限酒。

④ 定时喝温开水,保持一定的尿量。

⑤ 保持良好情绪,注意劳逸结合,生活起居有规律,避免房事过度。

⑥ 对需进行导尿或应用泌尿系器械进行检查治疗的患者,做好事后尿路的护理工作。

⑦ 养成良好的卫生习惯,不穿紧身的化纤内裤,不在或少在公共浴池洗澡,勤换内裤,保持外生殖器清洁。

⑧ 注意外生殖器卫生,同房前后男女都要清洗外生殖器,房事后最好还应解一次小便,用尿液将尿道内的细菌冲出尿道。

(3) 男性生殖健康禁忌

① 忌天天穿牛仔裤。医学研究证明,男子的生殖系统要求在低温下最好,经常穿牛仔裤,会使局部温度过高,使精子形成不良。

② 忌早恋及过早性生活。一般而言,男子到二十四五岁才发育成熟,如果过早地发生性生活,性器官还没有发育成熟,耗损其精,易引起不同程度的性功能障碍,成年后易发生早泄、阳痿、腰酸、易衰老等。

③ 忌性生活过频过密。适度的性生活可以给人带来愉悦的心境与体验,对身体与养生均有好处,但是,如果恣情纵欲,不知节制,生殖器官长期充血,会引起性功能下降,易引起前列腺炎、前列腺肥大、阳痿、早泄、不能射精等毛病。

④ 忌不洁性行为。男子的不少性传播疾病,如梅毒、淋病等,与不洁性行为有关。不洁性行为不但容易使自己染病,还会把病源传染给女方甚至孩子,危害极大,切不可抱侥幸的心理而为之。

⑤ 忌不讲究性器官卫生。讲究性器官卫生不只是女性的事,男子也应同样重视。尤其是包皮过长者,要经常清除包皮垢,因为包皮垢不但易引起阴茎癌,也易引起女方患子宫颈癌。

⑥ 忌不经常自我检查。医学研究证明,睾丸癌、阴茎癌之类,早期发现的治愈率很高,一旦发展到晚期,则疗效不理想,因此,35 岁以上的男性,不妨经常查看一下自己的外生殖器官。

4. 女性生殖健康

女性在生殖方面的负担、风险大于男性。女性生殖健康指能够调节自己的生育而不危害健康,并有安全的性生活。内容包括计划生育、母亲健康、婴儿健康和性健康四个要素。范畴涵盖女性的各年龄段:幼童期、青春期、成熟期(生育期)、围绝经期、更年期。

女性青春期健康教育

(1) 女性几个重要时期保健要点

① 幼童期(12 岁以前)。此阶段注意观察,生殖器官发育是否正常,是否有各种炎症。

② 青春期(10～19岁)。注意观察月经是否规律,是否有功能性子宫出血,心理变化情况,身体生长发育是否正常。

③ 生育期(19～49岁)。注意检查是否患有各种妇科炎症,生育过程是否健康,出现了什么样的绝经前症,是否有不规则阴道出血。主要观察:生殖系统方面的炎症(包括性病),功能性子宫出血,妇科肿瘤(宫颈癌、子宫内膜癌)、乳腺癌的防治,孕期、分娩的完好状态等。

④ 围绝经期(45～50岁)。是否出现月经紊乱(功能性子宫出血)现象,都有哪些更年期的早期症状,重视宫颈癌、子宫内膜癌防治。

⑤ 更年期。是否患有老年性阴道炎,重视子宫颈癌、内膜癌的防治,雌激素替代疗法正确使用。

⑥ 重视危险信号。幼童期过早出现性成熟现象,原发闭经,不规则阴道出血,阴道流血,同房后阴道出血,乳腺出现无痛性包块,绝经后一年以上阴道再次流血,需引起高度重视。

(2) 女性阴部清洗方法

① 自备专用清洗用具与毛巾,使用前要洗净,使用后要晒干或在通风处晾干,最好在太阳下曝晒,有利于杀菌消毒。

② 温水洗净,不要使用碱性大的肥皂或者高锰酸钾等化学物质,以免改变阴道正常的酸性环境。必须用肥皂时,选用刺激性小的婴儿浴皂,以减少对皮肤的刺激。

③ 大便后由前向后揩净或洗净,否则肛门口的粪渍易污染阴道,引起炎症。

④ 月经期要用温水勤洗外阴,勤换卫生巾,以免血渍成为细菌的培养基。

(3) 女性经期保健"七不宜"

日常生活中,女性经期保健"七不宜"要牢记,并在实际生活中注意,否则引起的妇科炎症等后果将会严重影响女性身体健康。

① 不宜性生活。月经期子宫内膜脱落,子宫腔的表面形成创面,性生活时容易将细菌带入,逆行而上进入子宫,从而引起宫腔内感染,发生附件炎、盆腔炎。

② 不宜多吃盐。吃盐过多会使体内的盐分和水分贮量增多,在月经来潮前夕,会发生头痛、激动和易怒等症状。应在来潮前10天开始吃低盐食物。

③ 不宜饮浓茶。浓茶中的咖啡因含量较高,刺激神经和心血管,容易产生痛经、经期延长和经血过多。同时,浓茶中的鞣酸会使铁的吸收出现障碍,引起缺铁性贫血。

④ 不宜坐浴。在月经期,子宫颈口微开,坐浴和盆浴很容易使污水进入子宫腔内,从而导致生殖器官发炎。

⑤ 不宜穿紧身裤。如果月经期间穿臀围小的紧身裤,会使局部毛细血管受压,从而影响血液循环,增加会阴摩擦,很容易造成会阴充血水肿。

⑥ 不宜高声唱歌。妇女在月经期,呼吸道黏膜充血,声带也充血,高声唱歌或大声说话,声带肌易疲劳,会出现声门不合、声音嘶哑。

⑦ 不宜捶背。腰背部受捶打后,可使盆腔进一步充血,血流加快,引起月经过多或经期过长。

常见生殖健康100问

学习单元二 爱情与家庭伦理道德

一 友谊与爱情

1. 友谊

友谊，是人们在交往活动中产生的一种特殊情感，一种来自双向(或交互)关系的情感，即双方共同凝结的情感。友谊必须共同维系，任何单方面的示好或背离，不能称为友谊。友谊以亲密为核心成分，亲密性是衡量友谊程度的一个重要指标，亲密度达到一定程度后即使这份友谊因事淡化，这份美好的记忆也会终生珍藏在“永恒的”回忆中，当再次重逢时它也会由怀旧中寻回，这样的情感被称为“永恒的”友谊。

图 3-2-1

2. 爱情

爱情，是人与人之间的强烈的依恋、亲近、向往，以及无私并且无所不尽其心的情感，它通常是情与欲的对照。爱情由情爱和性爱两个部分组成，情爱是爱情的灵魂，性爱是爱情的能量，情爱是性爱的先决条件，性爱是情爱的动力，如此才能达到至高无上的爱情境界。

3. 爱情与友谊的本质

① 爱情具有专一性，友谊具有广泛性。爱情只能发生在一对互相爱慕、互相钟情的男女之间，不容许有第三者插入，具有排他性与专一性的特点。友谊具有广泛和交叉的特点，既可以在同性，也可以在异性之中发生，还可以在同辈甚至长辈与晚辈之间出现。

图 3-2-2

② 爱情具有自主性，友谊具有随和性。爱情是以当事人双方互爱为前提的，不能强求。甲爱上了乙，乙也同样爱上了甲，这样互爱的关系才是爱情。不能因为自己爱对方，对方也必须爱自己。爱情之花，是男女双方以深厚的友谊为基础浇灌出来的，它以面向婚姻、意愿结为终身伴侣、成立家庭为硕果。在许多情况下，爱情关系的建立，也会通过其他人作中介和帮助，也需要听取父母及亲友的意见，但最终还是完全处于当事人的自愿，由当事人自己决定。

一般而言，友谊也是交往双方在自愿的基础上建立起来的。但是，有时候为了国家、集体和他人的利益，交往双方并不完全出于自愿，而是在原则的基础上求大同存小异，或者作出一些妥协和让步，以保持友谊不破裂。因此，友谊具有随和性的特点。

③ 爱情具有持久性，友谊具有阶段性。爱情与友谊不同。爱情所包含的感情和义务因素，不但存在于婚前的整个恋爱过程，而且也存在于婚后夫妻生活和家庭生活之中。没有牢固的爱情基础和缺乏持久性的爱情，都是不幸福的。

友谊可因环境、工作、思想意识和兴趣等方面的变化而变化，或者随时可以中断，因此具有阶段性的特点。

④ 爱情具有隐秘性，友谊具有公开性。由于爱情具有排他性的特点，爱情的表露仅在相爱的男女双方之间进行。亲昵的语言、情感的交流和互爱的行为，大都有意避开他人，具有较强的隐秘性。友谊与此不同，它只是一般同志关系，情感的交流、相互的切磋、相互的学习和帮助，不限于一对男女之间，不必有意回避他人，因此具有公开性的特点。

图 3-2-3

正确认识友谊和爱情的特点，认识它们之间的本质区别，对青年大学生尤其重要。有的学生不理解这些，没有处理好与异性同学之间的感情和友谊问题，给自己带来了许多麻烦和苦恼。大学生在进行异性交往时一定要保持清醒的头脑，掌握好分寸，不要感情用事，要理智地处理好各种事情。

二 婚恋

婚恋，指男性和女性结成夫妻关系的行为，是家庭成立的标志和基础。婚恋关系的本质是它的社会属性，即按照一定的法律、伦理和习俗规定建立的夫妻关系，这种夫妻关系是一种特定的人际关系和社会关系，婚恋动机不仅是以社会认可的方式满足夫妻双方的性需要，继而生儿育女，繁衍后代，而且包含经济方面的考虑。

三 家庭与伦理道德

家庭伦理道德指调整家庭成员间关系的原则与规范。

家庭关系中的核心是夫妻关系，由此发生了上至父母下至子女及相应的一些亲属关系。家庭道德在不同的社会形态里有着不同的内容。现今社会关系中应做到：夫妻相爱，志同道合，这是维护家庭道德的关键。此外还包括尊敬和赡养老人、抚养和教育子女、尊重家长、爱护弟妹等。

家庭是社会的细胞，家庭道德不单单是个人的私事，也是社会主义精神文明的一个重要方面。如果每个家庭都能遵守家庭道德的规范，做到夫妻和睦、尊老爱幼，那么，人们在从事社会主义建设中就可以免除后顾之忧，建设社会主义精神文明就有了很坚实的基础，相反就会牵涉人们很多精力。同时，弘扬家庭美德，也是培养好下一代的一个重要条件。

学习单元三 优生优育与适宜有效避孕

一 优生优育

优生是指生育一个体格健壮、智力发达的孩子。优育是指根据新生儿和婴幼儿的特点，用科学的育儿知识和方法抚育孩子。优生优育是计划生育具体内涵的延伸，是特定的历史条件下对计划生育的具体化体现。

1. 最佳生育年龄

选择最佳生育年龄生育，是优生优育的保障之一。男性在16岁左右开始进入青春发育期，睾丸发育成熟开始生成精子时就具备生育能力，50岁以后生育能力逐渐降低。女性在14岁左右开始进入青春发育期，卵巢发育成熟开始周期性排卵和月经来潮时就具备生育能力，生育时间一般可持续30年左右(从15～18岁到45～48岁)，25～35岁这段时间是生育功能最旺盛的时期。

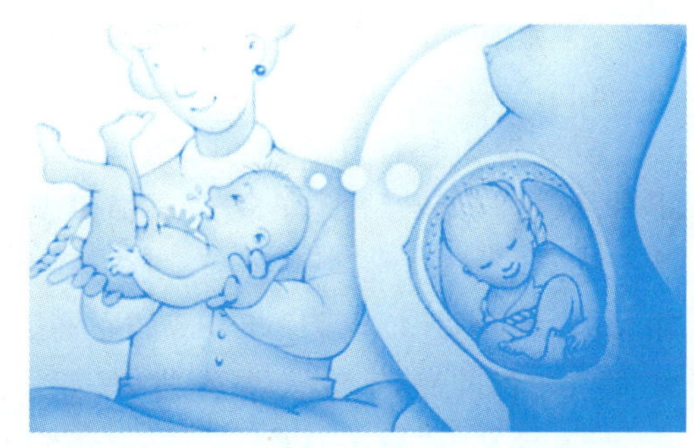

图3-3-1

女性最适合的生育年龄为25～29岁之间。临床实践证明，在此年龄之间，女性生育力较旺盛，子宫收缩力很好，出现难产的机会较小。35岁以后，卵巢功能开始衰退，容易造成流产、死胎、畸胎等。

对男性来而言，生育年龄与婴儿的质量也有关。一般男性在25～35岁精力充沛，身体健壮，精子的质量较高。40岁以后，身体素质会下降，受饮食和环境中各种因素的影响，体内不良因子会越积越多，从而影响精子质量，不利于孕育健康的后代。

2. 婚前婚后需注意的事项

要想生一个聪明、健康的孩子，婚前婚后要注意以下事项：

(1) 优选配偶

在可能的条件下，应该选择血型匹配、性格协调、知识相当、年龄合适的配偶。为了减少遗传病的发生，应特别注意避免与直系血亲或三代以内的旁系血亲结婚。此外，从医学上看，最佳结婚年龄男方应为25～27岁，女方为23～25岁，最佳结婚年龄和最佳生育年龄是相连的，一旦结婚就意味着有生育的可能。据统计，新婚夫妇如不采取避孕措施，约有

80%以上的妇女在婚后一年内会受孕。过早或过晚结婚也就意味着过早或过晚生育，这两者对于生一个聪明、健康的孩子，都是不利的。

(2) 接受婚前检查

使男女双方有一个互相了解健康状况的机会，了解患过什么病、有无遗传病史等，避免遗传病传给后代。同时，又可以对被检查者进行性知识教育、婚后的生育安排、避孕方法指导。这样做有利于夫妇婚后感情和睦，建立美满的家庭，有利于后代的健康。

(3) 接受孕前检查

如果夫妻双方有下列情况之一，一定要去做一个孕前检查。

① 如果准奶妈的年龄超过了 30 岁，那最好进行一次孕前检查。

② 如果准爸妈从未接种过乙肝疫苗，那最好进行孕前检查以查看体内是否有乙肝抗体。

③ 如果准妈妈有过流产史，或者曾经有过死胎、死产等病史，那最好进行孕前检查。

④ 如果准爸妈其中一方有遗传病史，如家庭遗传病或传染病，那最好进行一次孕前检查。

⑤ 如果准爸妈的工作过程中要接触到放射性物质或者环境比较有害时，那最好进行一次孕前检查。

⑥ 如果准爸妈其中一方有着不良的生活习惯，如抽烟、酗酒、有吸毒史等，那就要进行孕前检查。

⑦ 如果家中曾经饲养过小动物，那最好进行孕前检查，特别是准妈妈需要做脱畸检查。

(4) 选择最佳生育年龄

男女青年生命力旺盛的时期为 25～29 岁。一般认为男性 25～35 岁，女性 25～29 岁是生育的最佳年龄。这与我国政府提倡晚婚晚育是一致的。

生育过早，女性全身器官，尤其是生殖器官和骨盆还处于发育阶段，尚未完全成熟，妊娠和分娩的额外负担，对母子双方的健康均不利，难产或造成一些并发症和后遗症的可能性大。生育过晚，年龄超过 35 岁，妊娠、分娩过程中会发生一些并发症，如宫缩乏力、产程延长、产道异常、产后出血等。此外，35 岁以后，卵巢功能开始衰退，容易造成流产、死胎、畸胎等。同时，临床认为，男性的最佳生育年龄在 25～35 岁，因为这时的男性大多体力和精力充沛，身体各方面情况都比较好，精子质量和活性也是最好的时候。而随着男性年龄的增加，其精子活力也会逐步下降，源于精子的染色体突变造成的胎儿先天疾病发生率也会有所增加。精子活力随着男性年龄增长而逐步下降。

(5) 防止发病期间受孕

男女中有一方在发病期间，如在急性传染病未恢复前，重要脏器功能不佳或处于活动期(如严重心、肺、肝、肾疾病和结核病活动阶段等)均应暂缓受孕，尤其是女方妊娠会使病情加重，疾病可能增加妊娠和生下的婴儿患先天性遗传性疾病的危险很大。此外，分娩的并发症，也会对胎儿生长发育不利。还有，在疾病尚未治愈前，必然需要使用药物，如镇静药、激素和部分抗生素、磺胺类药物均有影响胎儿发育和致畸的可能性。父母的健康是下一代的优生之本，只有在夫妇双方健康的前提下，才能考虑生育问题。

(6) 接受遗传咨询与了解胎儿健康状况

遗传咨询是医生对遗传病患者及其家属提出的有关遗传问题进行解答和指导。医生根据患者提供的情况及检查结果进行科学分析，对病因、遗传方式、治疗与预防等给予解答，并对其后代患病的可能性作出判断和忠告。因此，凡是家族中有遗传病史者，出生过畸形儿的夫妇及35岁以后怀孕者,都应该接受遗传咨询,防止出生不良后代。

(7) 做好孕期保健

做到"衣宜宽、味宜淡、行须缓、居宜安"的最优母体护理。保持身心健康,重视生活调理,不但能使孕妇本身顺利度过孕产期,而且还能为胎儿创造生长发育的良好环境。所以,在孕期应该加强营养,实行劳逸结合,注意个人卫生,保持心情愉快,并应节制性生活。此外,要牢记"妊娠四忌":预防感染、严禁烟酒、避免接触有害物质、切忌滥用药物。

(8) 进行定期产前检查

通过产前检查,医务人员可以掌握孕妇的妊娠情况,并进行保健和优生咨询活动。在产前检查中,医务人员用常规的和最新的检查方法监测胎儿的情况,以便决定将来的分娩方式和是否应该终止妊娠,避免难产或使畸形儿、痴呆儿及有严重的先天性缺陷的婴儿出生。定期产前检查一般在停经后第6周后开始,首先确定是否真正怀孕。第二次检查是在妊娠的第12周,以后每月检查1次。到怀孕30周以后,每月检查2次,第36周以后,每周检查1次。如发现异常情况,应在医生指定的时间,接受产前检查。

(9) 保持良好的心情

孕妇情绪波动对胎儿会有很大影响,根据临床研究发现,孕妇在怀孕4~10周情绪过度不安,可能导致胎儿口唇畸变、出现腭裂性兔唇。孕妇精神状态的突然变化,如惊吓、恐惧、忧伤或其他原因引起的精神过度紧张,能使大脑皮层与内脏之间的平衡关系失调,引起循环系统功能紊乱,导致胎盘早期剥离,甚至造成胎儿死亡。怀孕期情绪长期受到压抑,婴儿出生后往往出现身体功能失调,特别是消化系统功能更容易出现紊乱,母亲的情绪起伏会刺激神经系统分泌不同的激素,通过血液进入胎儿体内,影响胎儿的身心健康。

3. 优恋、优婚、优孕

做到优生优育可以从优恋、优婚、优孕三个方面考虑。

优恋指谈婚论嫁之前,要注意了解对方及其家庭成员身体健康方面的信息,是否有什么严重的疾病或家族遗传疾病,做到知己知彼、心中有数,以免因日后出现不孕或生下缺陷儿而致夫妻不和、家庭破裂。

优婚是指在完全知情的情况下结婚,这一点就要依赖于婚前的体检,如果对方有什么生理方面的疾病,可以在体检中提前获知,可以等疾病治好后再结婚。

优孕,就是在适宜的孕育年龄、最佳的受孕时机怀孕生子,这样可以最大可能地避开对胎儿发育不良的不利因素。

二 避孕方法

避孕是应用科学手段使妇女暂时不受孕,其主要措施是控制生殖过程中的三个环节:一是抑制精子与卵子产生;二是阻止精子与卵子结合;三是使子宫环境不利于精子获能、生存,或者不适宜受精卵着床和发育。

1. 常见的避孕方法

常见的避孕法有:使用避孕套、避孕药、安全期避孕法、体外排精避孕法、宫内节育器避孕法、手术避孕法、避孕膜等。

(1) 避孕套避孕法

① 男用避孕套：又称阴茎套，是一种男用的避孕工具。避孕套法避孕有效率较高，只要坚持使用，并掌握正确的使用方法，其避孕有效率可达93%以上。若与杀精剂合用，则效果更佳。除避孕作用外，避孕套还可以预防性传播疾病，尤其是预防艾滋病。使用时，需注意避孕套可能会滑脱或撕破。

图 3-3-2

② 女用避孕套：简称阴道套，是一种新型屏障避孕用具，比男用避孕套稍大，是由一个带有两个环的宽松袋状物构成，其外环固定在开口处，内环置于套内，均有少许硅油润滑剂。这种避孕方法可由女方掌握，使用时较主动，避孕效果同男用避孕套，可预防性传播疾病。

(2) 口服避孕药

口服避孕药按避孕作用的时间长短不同分为长效、短效和速效(探亲)3种。主要成分是人工合成的复方雌激素和孕激素，目前最常用的是复方短效口服避孕药。

大部分避孕药可靠性较高，短期口服避孕药的避孕有效率甚至可以达到99%以上。但避孕药必须按规定服用，否则，会导致避孕失败。服药初期，少数人可能出现胃肠道副作用，如恶心、呕吐等，随着时间的推移，症状可消失。避孕药宜保存在儿童不易拿到的地方。

(3) 安全期避孕法

安全期避孕法，是在排卵期内停止性生活的一种避孕方法。安全期避孕的关键是测定妇女的排卵日期。妇女的排卵日期一般在下次月经来潮前的14天左右，在排卵期的前5天和后4天里性交容易受孕，所以又称为危险期。

对于月经规律的人，排卵期的判断相对简单，按月经周期来推算排卵期即可，即下次月经来潮前的第14天。但月经会随着身体的健康情况、环境改变及情绪波动等发生改变，这样按月经周期推算出来的排卵期就不够准确，故避孕失败率很高，通常情况下这种方法仅适用于月经周期正常、夫妇长期生活在一起并能正确掌握推算安全期的人使用，不建议作为避孕的首选方法。

(4) 体外排精法

体外射精避孕法虽然简便，但并不可靠，失败率较高。

(5) 宫内节育器

宫内节育器是一种放置于子宫内的避孕工具，必须由医生放置。通常以不锈钢、塑料或硅胶等材料制成，一次放置可连续用5～10年，甚至更长时间，避孕有效率较高。其缺点包括月经量增多、经期延长或不规则出血。

(6) 避孕针

避孕针使用简单，避孕有效率较高，注射一针可以避孕3个月，在月经来潮第5天注射一针，以后每3个月一次，特别适合于经常忘记服药的女性。使用过程中，应定期做乳房检查，如出现肿块须立即停药。另外，部分使用者可能出现月经紊乱。可应用于哺乳期妇女。

(7) 皮下埋植避孕法

皮下埋植避孕法是将一定剂量的孕激素放在硅胶囊管中，然后将此管埋藏于皮下，使其缓慢地释放少量的孕激素，从而起到避孕作用的方法。是一种安全、可靠的长效避孕剂。胶囊管埋入皮下组织后，立即开始缓慢地释放避孕药，24 小时后即可起到避孕作用，有效避孕时间为 5 年。在使用初期可能出现月经不准、经期延长、经量增多和月经失调等现象，个别妇女还会闭经。

40 岁以下需要长期避孕的妇女，只要身体健康，均可采用此种方法避孕，尤其适合于使用节育环容易失败的妇女、不能按时服用避孕药的妇女以及对做绝育手术有顾虑的妇女。

(8) 输卵管结扎

输卵管结扎术是把双侧输卵管结扎，阻断卵子通往子宫的通道，以达到妇女永久性绝育目的的手术。适用于期望永久性绝育且无手术禁忌证的成年妇女。只希望暂时性或可逆性避孕的妇女不适用于此手术。

(9) 输精管结扎

男用避孕方法，是一种比较简单的绝育手术，不论从手术本身或手术后果来说，都是安全的，不会影响健康的，结扎输精管后精子向体外运行的通道被切断了。适用于期望永久性绝育且无手术禁忌证的成年男性。

(10) 外用避孕工具与外用避孕药

外用避孕药物是一种化学制剂，放在阴道深处、子宫颈口附近，使精子在此处失去活动能力而不能通过子宫到达输卵管与卵子结合，所以外用避孕药又叫杀精剂，如外用避孕药膜、避孕药膏、避孕栓等。其优点是简单、安全、有效、经济，不影响双方性快感，不干扰内分泌功能。外用避孕药膜还可以杀死性传播疾病感染微生物，如滴虫、淋球菌、衣原体等。

2. 避孕方法选择

男性避孕以避孕套效果较佳，应用较广，特别是近年由于艾滋病发生率增加，避孕套可有益于艾滋病的预防。女性避孕方法主要包括药物避孕法、工具避孕法和安全期避孕，其中以口服、注射药物避孕和宫内节育器应用较多。

由于机体不同时期生理状况不同，因此，各个阶段的最佳避孕方式也不同。

① 新婚夫妇。以男性用避孕套、女性服用短效口服避孕药为好。

② 探亲夫妇。以男性用避孕套、女性服用探亲避孕药片为好。

③ 哺乳期妇女。以男性用避孕套、女性用阴道隔膜加避孕药膏为好。

④ 独生子女夫妇。以女性用短效口服避孕药为好，如需要再生，停服避孕药即可。子女幼小，男女双方不宜行结扎术，以防子女意外。如果不再想生育，以结扎术为最佳。

⑤ 更年期妇女。以选用避孕套、避孕膜、避孕栓避孕为好。

三 非意愿怀孕

1. 非意愿怀孕和应对措施

非意愿怀孕，美国医学会(IOM)专家委员会的定义为“不管是否采用避孕措施，妇女在不想怀孕时却发生了怀孕”。青年学生非意愿怀孕与生育问题，不仅牵涉学生及其父母、家庭成员，同时还对社会产生影响，一直受到社会的广泛关注。在我国近年来未婚性行为和未婚妊娠发生率呈上升趋势，人工流产中 25 岁以下女性占一半以上，大学生成为人工流产的主力军。

遭遇非意愿怀孕，一定要冷静对待，采取正确措施，将风险降到最低。

第一，告诉最信任的人。未婚女性尤其是未成年女生，一旦怀孕，一定要告诉父母。虽

然父母在刚一听到消息时会震惊，会愤怒，但最终，他们都会设身处地帮你解决问题，因为他们是最爱惜你的，所以肯定是第一个向你伸出援助之手的人。

第二，接受医生指导。不论意外怀孕还是人工流产，都事关身心健康。这个时候更要得到专业的医疗指导和护理，切忌运用自己一知半解的知识自行服药或选择小诊所解决。如果这样做，等于把自己推入险境。

第三，谨慎选择适合自己的解决方式。解决非意愿怀孕，可采取药物流产和手术流产两种方式，手术流产又分为传统人流和无痛人流方式。虽然人流手术在当前已非常成熟，但选择适合自己的还是非常重要。这就要配合医生，做好一系列术前检查，对于特殊病患，要提前做好预案，才能把手术风险降至最低。

2. 无保护性行为对生殖健康的影响

无保护性行为，指没有采取任何防护措施（如避孕套）的性行为。开放的性观念、性行为，安全性行为知识的缺乏，滞后的避孕知识，不良风气的影响，社会对婚前性行为的宽容，色情文化的诱导，性教育的滞后，青年人对性的渴望和冲动、侥幸心理，青年学生自我控制能力有限，等等，常常会令大学生一不小心发生了无保护措施性行为，这是对自己和对他人都是不负责任的行为，由此引发如未婚先孕、人工流产、生殖道感染等一系列危害身心健康的问题。女大学生是青年中一个特殊的群体，其生殖健康，不仅关系到个人的幸福，还关系到家庭的和谐、社会的稳定、国家的发展。

① 使双方承受巨大的心理压力或痛苦。无保护措施性行为给当事人双方，特别是女方带来了巨大的压力。对大学生而言，男女双方对性行为都有一定的非法感，怕被别人发现，处于恐惧、紧张、害羞状态之中。由于男方性冲动很强烈，大多数性行为多是突然发生的，很少采取避孕措施或根本不知如何避孕，很容易导致怀孕。一旦发生无保护措施性行为，女方往往会很长时间处于“担心是否怀孕”的恐惧之中，很少感到欢悦。在极度紧张、恐惧等心理状态下仓促进行的性生活根本谈不上和谐，不和谐的性行为往往会产生心理压力，有可能影响到婚后正常的性生活。

② 危害身体健康。无保护措施性行为是在无准备、性欲高涨时发生的，很少顾及卫生问题，可能带来意外怀孕、人工流产、生殖道感染和受伤、性病/艾滋病的传播。有的女学生怕受到校方的处分，怀孕后找江湖医生，在极不安全的情况下偷偷流产，使生殖器受到很大损伤，很容易引起大出血、感染等，导致婚后习惯性流产、宫外孕或早产的概率大大增加，甚至影响到以后的生育能力乃至生命。流产后又怕被人发现，坚持学习工作，得不到充分的休息和营养，严重影响身体恢复，给身体带来很大伤害。

③ 易感染上性病和艾滋病。感染性病或艾滋病是最严重的危害。大学生发生性行为后，由于诸多因素的影响，大多数人无法最终走到一起，因此多个性伴的可能性更大，无保护措施性行为就容易导致性病的发生和感染上艾滋病。

④ 导致非意愿妊娠。大学生无保护措施性行为，由于对性知识的缺乏，往往导致女方意外怀孕，这些非意愿妊娠会对男女大学生双方都造成心理和身体上的巨大伤害。

3. 预防性侵害的方法和技能

① 镇静不慌张，理性思考。当遇到这种事件的时候，保持自己的头脑清醒，不要产生退缩的心理，一定要提醒自己，坏人是害怕被发现的，想尽办法逃脱。你要大胆一些，镇定自

若也是对坏人的一种震慑。

② 寻找机会及时逃脱。在落入坏人的手中时，一定要理智，寻找合适的机会逃脱，抓住时机，有利于自己逃脱。理性地看待问题，不要盲目地手舞足蹈地惹怒坏人，那样对自己是不利的，一定要表现得乖巧一点，寻找机会逃脱。

③ 不要听信坏人的言论，不要怕威胁。不要害怕，内心告诉自己一定不要慌张，理智一点。不要听信坏人的言论，不要害怕威胁，越害怕越会助长坏人的气焰，理智理性一点。

④ 记住坏人的相貌特征。在被坏人抓住后，保持头脑清醒，尽可能多的记住坏人的面部特征，便于刑侦工作的进行与实施抓捕，为抓捕坏人提供有力证据。

⑤ 及时寻求帮助或报警。及时寻找机会报警，如果旁边人员密集，可以及时地大声呼救，或者寻找机会报警。假如在一个偏远的地方，一定要想尽一切办法逃脱，保证自己的生命安全。

⑥及时送医院诊治。当受到性侵害时，要及时送医院诊治。事情发生后，一定要积极地劝说受害者，说一些鼓励的话，避免轻生。给受害者做一些思想工作，积极劝说，说出自己的心理感受。

⑦ 珍惜和爱护生命。生命最重要，不要轻举妄动，不要为了一些钱财，而不顾生命，要做到权衡利弊，将生命放在第一位，不要把那些身外之物看得太重，寻找机会逃生。

学习单元四　常见性传播疾病和预防

一　性病及其传播方式

性传播疾病(STD)即性病，是由各种性行为(正常的、非正常的、同性的、异性的)所致的直接或间接接触的传染病。

性传播疾病的传播方式有：

① 性行为传播。是最主要的传播方式，性行为包括性交、触摸、拥抱等。

② 间接接触传播。某些性病如淋病、滴虫、真菌，可通过毛巾、浴盆、衣物、坐便等传播，但相对较少见。通过器官移植、人工授精也会传播。

③ 血源传播。如梅毒、艾滋病、淋病、乙型肝炎。

④ 母婴传播。如梅毒、乙型肝炎、艾滋病。

⑤ 医源性传播。医护人员使用受到性病病原体污染而未彻底消毒的注射器、针头、妇科检查器具等，会将病原体传给他人。

二　常见性病及其预防

1. 性病的病原菌和性病的种类

引起性病的病原菌包括病毒、衣原体、支原体、螺旋体、细菌、真菌、原虫、体表寄生虫。

一种病原菌可以引起几种临床症状，同样的症状也可以由几种病原菌引起。

常见的性病主要有淋病、梅毒、艾滋病、尖锐湿疣、非淋菌性尿道炎、生殖器疱疹、软下疳、性病性淋巴肉芽肿以及细菌性阴道病、生殖器念珠菌病、股癣、阴道滴虫病、阴虱病、疥疮等近 30 种。

2. 几种主要的常见性病

（1）梅毒

梅毒—动画

为由梅毒螺旋体引起的一种性病，可侵犯全身多种脏器。人是梅毒的唯一传染源。梅毒主要通过性接触传染，极少数可通过污染的生活用具传播，未经治疗的梅毒孕妇可通过胎盘传染给胎儿。

梅毒

梅毒的潜伏期为 2～4 周，一期梅毒主要症状为硬下疳，在生殖器部位发生溃疡，腹股沟淋巴结肿大。二期梅毒出现皮肤黏膜损害，可有全身皮疹等；三期梅毒除有皮肤黏膜损害外，还可有心血管、骨骼、关节、眼、神经系统等多方面的损害。梅毒治疗越早效果越好，治疗必须规范、彻底。

（2）淋病

淋病

为由淋球菌引起的泌尿生殖系统的化脓性感染，在一定条件下，还可以感染眼、咽、直肠、盆腔，个别出现全身性感染。潜伏期一般 2～10 天，平均3～5 天。男性常见的是尿道炎，有尿频、尿痛、尿道口红肿发痒、脓性分泌物流出等症状。女性常见的是宫颈炎，表现为阴道分泌物（白带）增多、发黄，但也有很多感染者没有任何自觉症状。

（3）非淋菌性尿道（宫颈）炎

非淋菌性尿道炎

为由沙眼衣原体、支原体等病原体引起的泌尿生殖系统的感染。潜伏期平均 1～3 周。男性有尿频、尿痛或烧灼感，分泌物一般比较稀薄，早晨起床尿道口可有黏液性分泌物。女性症状不明显，可有阴道分泌物增多、下腹部不适等症状。

（4）尖锐湿疣

尖锐湿疣

是由人类乳头瘤病毒感染所致，在生殖器部位发生增生性损害为主要表现的性传播疾病。潜伏期平均 3 个月。初发为柔软的淡红色小丘疹，为肉质赘生物，可逐渐增大，表面颗粒状增殖而粗糙不平，或互相融合呈菜花状。主要通过性接触传染，也可通过污染的生活用具传染。怀孕期间尖锐湿疣增长较快，如果没有治愈，可能会在分娩时传染给新生儿。

尖锐湿疣—动画

（5）生殖器疱疹

是由单纯疱疹病毒引起的一种性病。潜伏期为 2～20 天，平均 6 天。初发在生殖器部位出现多个丘疹、小水疱或脓疱，继而破溃糜烂、疼痛，可伴有全身症状如发热、头痛等。在症状消退后，部分患者可以隔一定时间后复发，可多次复发。生殖器疱疹主要通过性接触传染，少数亦可通过污染的生活用具传染，孕妇可在分娩过程中传染新生儿。

生殖器疱疹

3. 性病的自我识别

(1) 女性患性病后的表现

① 尿路出现病症:在尿前有细微的热感,尿道内流出分泌物,或出现尿频、尿急、尿痛、尿闭、排尿困难和终末血尿等症状,很可能患有女性性病。

② 肛门及直肠有异常感:肛门直肠疼痛、发炎、便秘,直肠有分泌物、发热,有可能患有性病或者生殖器疱疹。

③ 皮肤或黏膜损坏:肛门、手、眼睑、口唇、舌、咽喉等处,出现红斑、丘疹、硬块、水泡、糜烂和溃疡等症状时,有可能患有性病。

(2) 男性患性病后的表现

① 尿频、尿急、尿痛、尿道口红肿:出现此症状,若伴有夜间阴茎痛性勃起者,多考虑为急性淋病性尿道炎类性病。

② 外阴部赘生物:若在外阴或肛周处,见多发性、浸润性、灰白色、扁平隆起性丘疹或结节,且潮湿易糜烂,伴有臭味,多考虑为扁平湿疣(梅毒螺旋体感染)类性病;若在外阴或肛周处,见淡红色或灰褐色、菜花状或鸡冠状且有蒂的疣状物,易出血,多考虑为尖锐湿疣类性病;若在肛周或外阴部,见米粒大的半球形丘疹,中央有脐窝,表面有蜡样光泽,顶端挑破可挤出乳酪样物质,应考虑为传染性软疣类性病。

③ 外阴部溃疡:若为圆形溃疡,软骨样硬,不痛,单发,多考虑为硬下疳(梅毒)类性病;若溃疡柔软,边缘如锯齿状,较浅,伴有疼痛,多发,伴有脓苔,多考虑为软下疳类性病;溃疡若由簇集水疱演变而成,质软且疼痛,多考虑为生殖器疱疹类性病。

④ 尿道分泌物异常:若尿道口出现脓性分泌物,黏稠量多色黄,晨起尤甚,则可能为急性淋病;若尿道口有透明的黏性分泌物,量少,则可能为非淋菌性尿道炎类性病。

4. 性病预防知识与注意事项

性病—可预防

① 患病后不必过分担心和忧虑。性病中除了尖锐湿疣和生殖器疱疹有可能复发外,大多数是可以治愈的,因此,得病后不必过分担心和忧虑,为了尽快恢复健康,除药物治疗外,良好的情绪、营养与适当锻炼也至关重要。

② 遵医嘱治疗十分必要。自行停药、增减药物,或找游医治疗会有不良后果。

③ 定期复查对判断疗效和预后很有必要。需要遵医嘱到医院复查。

④ 对自己和他人健康负责。约请配偶或性伴侣来医院检查,是对自己和他人健康负责任的行为。

⑤ 早期诊断、早期治疗能够防止产生并发症和后遗症。本人或家人、性伴侣如果出现某些可疑的症状(皮疹、溃疡、阴道或尿道分泌物异常等),怀疑有性病时,要尽早到正规医院检查治疗。因为早期诊断、早期治疗能够防止产生并发症和后遗症。

⑥ 为了早日康复,最好在治疗期间不过性生活。确实需要性生活时,要正确使用避孕套。

⑦ 做好个人卫生。一般正常的日常生活不会传染性病,但应做好环境和个人的清洁卫生,防止对衣物等生活用品的污染,如勤晒洗被褥,患者内衣裤不要和健康者的一起混洗,分开使用浴盆,马桶圈每天擦洗等。

⑧ 患性病后能否结婚、怀孕、生育。如果不幸患上性病，又在考虑结婚、怀孕问题，最好等完全治愈、身体恢复一段时间后，再作考虑比较理想。

⑨ 性病治愈后不能获得终身免疫。人体感染性病后不会产生终身免疫，可再感染，因此治愈后需要改变不良行为、保持健康的生活。

5. 性病预防中的错误做法

性交前后以及日常的冲洗阴道都不可能把细菌、病毒冲洗干净或杀灭，所以不能预防性病、艾滋病。不仅如此，阴道冲洗还可能把阴道的细菌、病毒冲到子宫腔内，引起后者感染（这里指的是冲洗阴道里面，不是一般的擦洗外阴）。

6. 有下列情况之一者，应及早到医院就诊

① 近期有不安全性行为，出现尿痛、尿频、尿道分泌物。

② 外生殖器出现丘疹、斑丘疹、小水泡、溃疡。

③ 阴道分泌物增多，有异味，下腹痛不适。

④ 腹股沟淋巴结肿大，全身不明原因的各种皮疹。

三 艾滋病的防控

艾滋病离我们并不遥远。

“就那么一次”使他追悔莫及。

今年 2 月，23 岁的江浩（化名），被确诊感染 HIV 病毒。

去年 12 月，阴雨绵绵的校园让江浩心情倍感压抑。为了寻找安慰，他下载了一个交友软件，并在上面结识了一位同性朋友，对方非常主动提出约会请求。

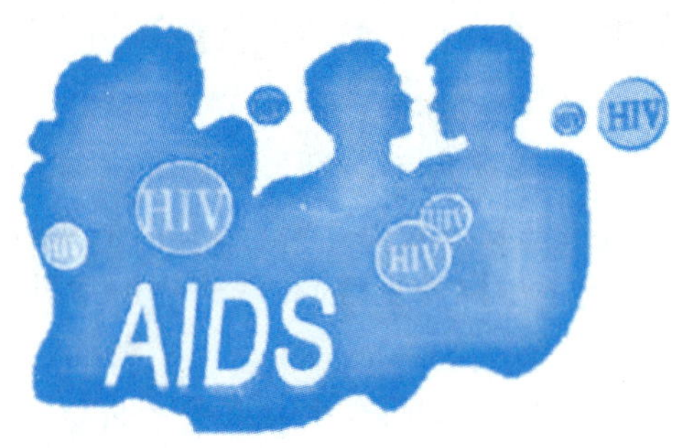

图 3－4－1

“当时还是有些顾虑，感觉这样不太好，但那种刺激的感觉战胜了我的理智。”对方的主动邀约，让江浩找到了情感释放的空间。两人约会见面谈得很投机，随之发生了性行为。“这是我第一次尝试这种行为，虽然对艾滋病病毒有一些了解，但没想到，怎么可能一次就中招呢？”侥幸的心理彻底使他追悔莫及。

艾滋病—动画

这是一位 00 后艾滋病感染者的自述：

在我拿到诊断结果的那一刻，世界突然变得灰暗，我看见医生的嘴巴一张一合，而我却听不见他在说什么，那一刻我说不出话了……

今年我二十岁，花一样的年华，可我却被查出感染了艾滋病。

我知道艾滋病的传播途径有血液传播、性传播和母婴传播。回忆我自己的经历，一年前，在网上认识了她，有了一段时间的亲密交往，除了与她的性行为之外，我再也找不到自己为何会患上艾滋病的其他理由了。

我以为我跟她之间的结合是因为爱情，却没曾想过她是感染者。

在医院拿到检测结果之后，我浑浑噩噩地回到了学校。我害怕，可我不敢跟别人说。我常常在想，我的生命难道就要这么终结了吗？“艾滋病”对我来说就像一道“死亡令牌”。我总是做噩梦，在梦里我一直跑、一直跑，却始终跑不出那昏暗的范围，通常我会从梦中惊醒，而那一刻我的身上早已被汗水浸湿。接下来的日子，我逃避一切，以至于最后逃回了家。

图 3－4－2

回家最初的那几天，我不敢看任何关于艾滋病的东西。可渐渐的，我学会了勇敢，或许是父母心疼的眼神，或许是我那仅剩的自尊。

我开始主动查询一些关于艾滋病的文章。通过学校宣传并到宣传资料中提供的医院咨询，我知道了服用药物可有效抑制艾滋病毒，也可以正常生活和学习。

不久之后，我再次去了医院，没有了初次检测时的惶恐和不安。我知道，医生会尽全力帮助我。

我没有勇气向他人坦白，不是否认自己得了病，不说的原因是我害怕别人的怜悯，害怕他们对我投来的目光中带有的歧视。

我开始去做一些志愿者工作，我还想好好地活着，为这个世界多做一份贡献。回想过往，真的觉得自己太无知以致酿成大错！如果之前能很好地了解艾滋病知识，认识艾滋病的风险，学会预防并远离危险行为就不会有现在的懊悔！

今天，我战胜了自己，但战胜自己的历程是多么艰辛啊！希望我们每个人都能关爱自己、关爱他人，都能拥有健康的身体，去创造美好的生活。

艾滋病和身在象牙塔中的学生似乎有很远的距离，但我们绝不能漠视艾滋病的存在，因为“恶魔”已经悄悄潜入身边，危险时刻都在。近年来，青年学生（15～24 岁）报告感染者人数呈增长趋势，已从 2008 年的 482 例上升到 2017 年的 3077 例。在 2017 年报告的青年学生例中，男性同性性传播占 81.8%。

从江浩追求激情刺激和那位 00 后大学生的经历可知，如果他们掌握一些基本的防艾知识，树立防艾意识，“艾滋”怎么能够乘虚而入呢！只要我们了解和掌握防艾知识，识别感染风险，避免危险行为，艾滋病是完全可以预防的。

图 3－4－3

1. 艾滋病及其传播途径

(1) 艾滋病

艾滋病（AIDS，获得性免疫缺陷综合征）是一种危害性极大的传染病，由人类免疫缺陷病毒（艾滋病病毒，HIV 病毒）引起。在人体中 HIV 病毒主要攻击人体免疫系统中最重要的 CD_4 T 淋巴细胞。大量负责指挥和协调机体免疫系统对抗微生物入侵以保护机体健康的 CD_4 T 淋巴细胞被破坏，使人体丧失免疫能力，于是，人体很易于感染各种疾病，并可发生恶性肿

瘤，病死率很高。HIV 在人体内的潜伏期平均为 8～9 年，发病前，感染者可以没有任何症状地生活和工作多年。艾滋病病毒在体外环境下很脆弱，不能够在空气中存活，在蚊虫体内也不能够成活。1981 年，人类免疫缺陷病毒在美国首次被发现。

艾滋病

(2) 艾滋病传播途径

① 直接传输：HIV 感染者是 HIV 病毒的传染源，HIV 病毒不能够在空气中存活，身体的皮肤像一堵很厚的墙保护着机体，因此，只有当 HIV 病毒直接传输到人体内才会导致机体感染。

直接传输的途径有：

a. 皮肤上的伤口：HIV 病毒通过人体皮肤上的伤口进入人体血液导致机体感染。身体上的任何伤口都可以让病毒进入。

b. 身体上自然对外张开的部位：HIV 病毒可以通过人身体上自然对外张开的部位，如嘴巴、身体的隐私处等部位进入机体，导致感染。

② 高危体液：由于 HIV 病毒不能够在空气中存活，只有当 HIV 病毒通过直接传输进入人体，才会导致感染，因此人们不会像普通感冒那样从空气中感染 HIV 病毒，不会通过动物（鸡、牛等）和蚊虫感染 HIV 病毒。HIV 病毒仅能够在人体的三种体液（血液、乳液、性液）中存活和移动，人体的血液、乳液、性液被称为艾滋病传播的高危体液。

图 3－4－4

③ 艾滋病的三种主要传播方式：

a. 性接触传播：HIV 存在于感染者精液和阴道分泌物中，性行为很容易造成细微的皮肤黏膜破损，病毒即可通过破损处进入血液而感染。无论是同性还是异性之间的性接触都会导致艾滋病的传播。艾滋病感染者的精液或阴道分泌物中有大量的病毒，在性活动（包括阴道性交、肛交和口交）时，由于性交部位的摩擦，很容易造成生殖器黏膜的细微破损，这时，病毒就会乘虚而入，进入正常人的血液中。值得一提的是，由于直肠的肠壁较阴道壁更容易破损，所以肛门性交的危险性比阴道性交的危险性更大。

b. 血液传播：人体被输入含有 HIV 的血液或血液制品、静脉注射方式吸毒者、移植感染者或病人的组织器官都有感染艾滋病的危险性。

c. 母婴传播：感染了 HIV 的妇女在妊娠及分娩过程中，也可将病毒传给胎儿，感染的产妇还可通过母乳喂养将病毒传给吃奶的孩子。

④ 一般的日常生活接触不会感染艾滋病病毒：根据艾滋病及其病毒的生存与传播特点，可知日常生活接触不会感染艾滋病病毒。下面这些行为都不会传播艾滋病病毒：与艾滋病病毒感染者握手、拥抱、抚摸、礼节性接吻；与艾滋病病毒感染者一起吃饭、喝饮料以及共用碗筷、杯子；与艾滋病病毒感染者一起使用公共设施，如厕所、游泳池、公共浴池、电话机、公共汽车；与艾滋病病毒感染者一起居住、劳动、共用劳动工具；与艾滋病人一起购物、使用钞票；咳嗽、打喷嚏、流泪、出汗、撒尿；蚊子、苍蝇、蟑螂等昆虫叮咬。

2. 艾滋病的高危行为和预防措施

(1) 高危行为

根据艾滋病病毒的传播途径，高危行为主要有以下形式：

① 通过性途径的高危行为：无保护的男男肛交及男女性交、多性伴等不安全性行为；在口腔或生殖器皮肤黏膜破损的极端情况下口交，有可能会传染艾滋病病毒，但概率低。正确使用避孕套是预防经性传播艾滋病病毒感染的“有效疫苗”。经性传播是目前全球最主要的传播途径。

a. 肛交：由于直肠黏膜比较薄，因而在性行为中，作为肛交被动方的感染率最高，单次肛交被动方的 HIV 感染率约为 1.38%。主动方也可能会感染，HIV 可能会通过尿道、阴茎上的小伤口/开放性溃疡等侵入人体，单次肛交主动方 HIV 感染率约为 0.11%。

b. 阴道性交：异性性行为 HIV 的感染率较肛交低很多，但性交过程中，男性感染者血液或精液中的 HIV 可能会通过女性阴道和宫颈侵入人体，女性感染者阴道分泌液中的 HIV 也可能会通过尿道、阴茎上的小伤口/开放性溃疡或包皮皮肤破口等途径侵入人体。在男方为 HIV 感染者、女方阴性、单次阴道性交的情况下，女方的 HIV 感染率约为 0.08%。在女方为 HIV 感染者、男方阴性、单次阴道性交的情况下，男方的 HIV 感染率约为 0.04%。

c. 口交：包括阴茎口交、舔阴和舔肛。一般情况下，口交没有感染 HIV 的风险，或者风险极低。口交感染的实际病例非常罕见，但理论上口交仍有感染的风险(如 HIV 感染者的精液射到未感染者的口腔里，或者牙龈出血的 HIV 感染者给对方口交)。几种类型的口交中，口对阴茎的风险最高，但其感染的风险仍远低于肛交和阴道性交。另外，以下几个因素有可能会增加口交感染 HIV 的风险，如口腔/阴茎/阴道溃疡，牙龈出血，口交过程接触到 HIV 感染着的月经血和患有其他性病。虽然口交感染 HIV 的风险极低，但口交可能会传染到其他疾病，比如梅毒、尖锐湿疣、衣原体，舔肛还可能会感染甲肝、乙肝或其他细菌。

② 通过血液途径的高危行为：与其他人共用注射器静脉注射吸毒，是血液传播中最主要的传播途径，如果自己用一次性的针具就没有感染的可能；输入未经 HIV 抗体检测的血液或血制品，在所有传播途径中感染概率最高；专业人员在工作中的职业暴露，如救护伤员的时候，救护者破损的皮肤接触伤员的血液，并确认另一方有艾滋病感染；其他可能引起血液传染的途径，传播概率较低，但仍需要谨慎注意，如用于文身、理发、扎耳朵眼、美容、修脚等用的刀具不消毒；与其他人共用刮脸刀、电动剃须刀、牙刷；外伤及打架斗殴引起的流血。

③ 通过母婴途径的高危行为：病毒阳性的女性怀孕并生育；病毒阳性的母亲哺乳也许会引起孩子感染。

(2) 高危人群

艾滋病的高危人群主要是指男男性行为者(MSM)、静脉吸毒成瘾者、血友病患者、接受输血及其他血制品者、与上述高危人群有性关系者、其他高危人群等。

① 男男性行为者：男男同性性接触人群是目前艾滋病防控重点人群，指所有发生过男男同性性接触的人群，包括男同性恋、男双性恋、特殊环境下的 MSM 等。但同性恋不等于艾滋病。

男男性行为者容易遭受艾滋病毒的侵害，是因为他们主要的性行为是肛交，直肠弹性不及阴道，比较脆弱，黏膜较薄，更易破损出血。如果在直肠破损时发生射精行为，精液里含有的大量艾滋病病毒就更易进入人体造成感染。同时，这类人群容易更换性伴侣，同时存在多个性伴侣，且避孕套使用率低，所以易造成传播。

② 静脉吸毒成瘾者：经静脉注射毒品成瘾者占全部艾滋病病例的15%～17%，主要是因为在吸毒过程中反复使用了未经消毒或消毒不彻底的注射器、针头，而其中被艾滋病毒污染的注射器具造成了艾滋病在吸毒者中的流行和传播，使吸毒者成为第二个最大的艾滋病危险人群。滥用成瘾性药物和毒品是艾滋病多发和流行的一个重要原因。

③ 血友病患者：血友病是一种因体内缺乏凝血因子Ⅷ而引起的疾病，如果不输入外源性凝血因子Ⅷ，血友病人可在受轻微外伤后就流血不止。凝血因子Ⅷ主要存在于治疗血友病的血液制品冻干浓缩制剂中。这种冻干浓缩制剂，暴露于传染性病原体的危险性较大。另外，普通血友病患者本身机体中淋巴细胞成分已有轻度失调，这种免疫功能有轻度异常的患者，就更易感染上艾滋病病毒。

④ 接受输血及其他血制品者：除了抗血友病制剂外，其他血液与血液制品（浓缩血细胞、血小板、冷冻新鲜血浆）的输注也与艾滋病的传播有关。

⑤ 与上述高危人群有性关系者：与上述高危人群有性关系者也是艾滋病的易感人群。

⑥ 艾滋病的其他高危人群：艾滋病从理论上说任何人群都可易感，但真正的艾滋病易感人群主要为上面所提的五类人群。从年龄上，艾滋病虽可发生于任何年龄阶段，但事实说明90%以上发生于50岁以下的人群，而其中又主要发生在两个年龄组，即20～40岁的年轻人组和婴幼儿组。由于患有艾滋病的母亲也可通过胎盘、产道、乳汁传播给出生前或出生后的婴幼儿，因而由患有艾滋病的妇女所生的小孩，也是艾滋病的易感者。

感染了艾滋病病毒的人，外表上看不出来，但具有传染性。艾滋病病毒进入人体后，一般经过2～12周才能从血液中检测出艾滋病病毒抗体，这段时间叫作“窗口期”。窗口期虽然检测不出抗体，但感染者体内已有病毒存在，具有传染性。艾滋病病毒对人体免疫系统的破坏是一个渐进的过程，艾滋病病毒感染者在潜伏期期间外表上看不出来，可以没有任何症状，但能通过易感染艾滋病的危险行为将病毒传染给他人。当艾滋病病毒感染者免疫系统受到严重破坏、不能维持最低抗病能力时，才进入了“发病期”，成为艾滋病病人，可出现长期低热、体重下降、慢性腹泻、咳嗽、皮疹等症状。

目前还没有可治愈艾滋病的药物，但规范化抗病毒治疗可有效抑制病毒复制，延缓发病，延长寿命，提高生活质量，降低传播危险。

（3）艾滋病的预防措施

艾滋病是一种病死率极高的严重传染病。目前还没有治愈的药物和方法，但却是可以预防的。避免不安全的性行为，坚持全过程正确使用避孕套，只要每个人都掌握预防艾滋病常识，并注意以下事项，就可以把传染艾滋病的危险性减少到最低限度。

① 不与他人共用剃须刀刀片、针管、注射器等器具。这些器具可能被肉眼看不到的极少量的病毒感染。

② 只到设备经过消毒的正规血库献血。

③ 接受输血时，要确认使用的针头经过消毒，待输的血液是通过HIV病毒检测的。

④ 感染 HIV 病毒的怀孕孕妇，要在医生的指导下采取母婴阻断措施来保护婴儿免受 HIV 病毒感染。

⑤ 婚前体检，需检测 HIV 病毒。

⑥ 使用避孕套。每次都恰当地使用避孕套，可以预防 HIV 病毒的直接传输，如果想要怀孕可以不使用避孕套，但须确定双方都做过检测，并且结果呈阴性。

⑦ 避免有多个性伴侣。性伴侣越多，危险性越大。

(4) 性行为过程中如何降低 HIV 感染的风险

① 持续并正确使用避孕套(避孕套)可有效降低 HIV 感染的风险：正确使用避孕套可以大大降低感染 HIV 的风险，但是避孕套并不是百分百安全，因此必要情况下仍需要考虑合用其他的措施，从而进一步降低 HIV 感染的危险。

一定要每次都使用避孕套，要在性行为之前戴上避孕套，使用前检查有效期、检查避孕套有没有破口；在冷冻以及干燥处存放避孕套；要使用乳胶或聚亚安酯的避孕套；使用水或者硅类的润滑剂避免套子破裂；不要将避孕套放在钱包里，因为热度或挤压可能会弄坏套子；不要使用 baby 油、洗液、凡士林或者食用油作为润滑剂，因为这些油可能会导致套子破裂；不要在一次性行为中使用多个套子，不要重复使用一个避孕套。

② 暴露前预防：HIV 阴性但感染概率很高的人可以通过每天服用药物来预防感染 HIV。如果持续服用，可降低 90%感染 HIV 的风险。虽然暴露前预防可以大大降低 HIV 的感染率，但是仍不是 100%有效，仍需要考虑合用其他的预防方法，以进一步降低感染 HIV 的风险。

③ 暴露后预防：暴露后预防(俗称阻断)，指未感染者在发生可能的 HIV 暴露后，服用抗病毒药物，以防止感染 HIV。暴露后预防仅用于紧急的情况下，必须在暴露的72 小时以内服用，且越早越好，连续服药 28 天。据美国非职业暴露指南报道，HIV 暴露后预防的成功率约为 95%以上，不是 100%。

(5) 如何检查自己是否感染 HIV 病毒

通过三角检查法可以检测自己是否感染 HIV 病毒，即“高危体液—直接传输—HIV 病毒”检查法。

① 是否有高危体液：如果没有，停止检测，没有感染 HIV 病毒的危险。如果有高危体液，则继续进行第二步检查。

② 高危体液是否被直接传输：如果没有，停止检测，没有感染 HIV 病毒的危险。如果有，则需要进行第三步检查。

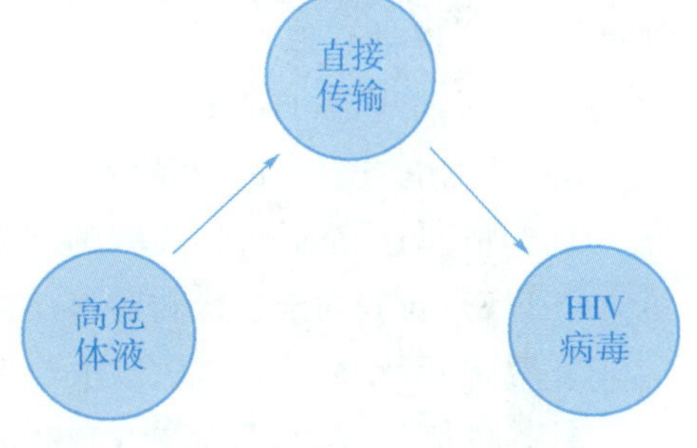

图 3-4-5 艾滋病三角检测法

③ HIV 病毒检测：如果经过前面两步的检查，有高危体液存在，存在直接传输的途径，则有被 HIV 病毒感染的很大风险，这就需要到医院做 HIV 病毒检测，以确诊是否感染。

(6) 怀疑自己得了艾滋病，到哪里去检测

怀疑自己得了艾滋病，可以到具有艾滋病检测资格的医疗卫生机构获得检测服务。

常见的检测机构有疾病预防控制中心、医院和妇幼保健院等，各地疾控机构的自愿咨

询检测门诊(VCT)会提供免费的咨询和检测服务。

艾滋病检测首先进行的是抗体初筛检测。如果初筛检测结果为“阳性”。一定要进一步做复检和确证检测才能确诊是否感染艾滋病。

全国各地的自愿咨询检测机构和确证实验室名录可以在中国疾病预防控制中心性病艾滋病预防控制中心官网查询。网址：http://ncaids.chinacdc.cn

(7) 发生危险行为后多久可以检查出是否得了艾滋病

人感染 HIV 后不能马上被检出，存在检测的窗口期(即病毒感染人体到血液中能检查出 HIV 抗体或核酸的一段时期)。

HIV 抗体检测的窗口期一般为 4～12 周。建议在高危行为后的 4、8、12 周检测 HIV 抗体。如果 HIV 抗体确证检测结果为阳性，可诊断 HIV 感染。一般情况下，如果 12 周以后仍未检测到 HIV 抗体，则认为未感染 HIV。“窗口期”尽管检测不出 HIV 抗体，但病毒核酸已经在体内复制，同样具有传染性。因此，这段时间发生性行为，一定要使用避孕套。

3. 艾滋病咨询检测和服务

(1) 艾滋病自愿咨询检测(VCT)

艾滋病—检测

联合国艾滋病规划署和世界卫生组织指出，艾滋病自愿咨询检测(Voluntary Counseling&Testing，VCT)，是指经过咨询，在充分知情和完全保密的情况下，对是否做 HIV 病毒检测自愿做出明智选择的过程。艾滋病自愿咨询检测(VCT)是完全自愿和保密的。

自愿咨询包括检测前咨询、检测后咨询、预防性咨询、支持性咨询和特殊需求咨询等。通过自愿咨询和检测，不仅可以尽早发现、及时治疗和预防感染，为受检者特别是感染者，提供心理支持，而且可以促使受检者减少危险行为，预防艾滋病病毒的传播。

(2) 艾滋病自愿咨询检测(VCT)的好处

艾滋病自愿咨询检测可以尽早发现、及时治疗艾滋病病毒感染者和病人，为受检者(特别是感染者)提供心理支持，而且还可以为求询者提供干预指导，促使受检者减少危险行为，预防艾滋病病毒(HIV)的传播。艾滋病自愿咨询检测，利人又利己。

(3) 艾滋病自愿咨询检测(VCT)的原则

① 知情同意：全面告知检测的利弊，自愿做出选择或决定。

② 保密：在咨询全过程和资料保存中均注意保护求询者的隐私。

③ 尊重：不歧视、不评判、以求询者利益优先。

④ 提供信息：根据求询特点和需求提供相关信息。

⑤ 受益：艾滋病自愿咨询检测利己又利人。

⑥ 因地制宜：根据具体情况灵活采取集体或个体咨询。

(4) 我国关于艾滋病的“四免一关怀”政策

艾滋病威胁着每一个人和每一个家庭，影响着社会的发展和稳定，防治艾滋病是全社会共同的责任。艾滋病病毒感染者和病人是疾病的受害者，家庭和社会应为艾滋病病毒感染者和病人营造一个友善、理解、健康的生活和工作环境。为加强艾滋病防治工作，维护正常经济社会秩序，遏制艾滋病流行蔓延，我国政府出台了预防艾滋病“四免一关怀”政策。

①“四免”:

a. 一免:对农村居民和城镇未参加基本医疗保险等医疗保障制度的经济困难人员中的艾滋病病人,政府提供免费抗病毒治疗,患者可到当地卫生部门指定的传染病医院或设有传染病区(科)的综合医院服用免费的抗病毒药物,接受抗病毒治疗。

b. 二免:为自愿接受艾滋病咨询检测的人员免费提供咨询和初筛检测。所有自愿接受艾滋病咨询和病毒检测的人员,都可在各级疾病预防控制中心和各级卫生行政部门指定的医疗等机构,得到免费咨询和艾滋病病毒抗体初筛检测。

c. 三免:为感染艾滋病病毒的孕妇提供咨询及免费母婴阻断治疗。对已感染艾滋病病毒的孕妇,由当地承担艾滋病抗病毒治疗任务的医院提供健康咨询、产前指导和分娩服务,及时免费提供母婴阻断药物和婴儿检测试剂。

d. 四免:对艾滋病患者遗孤实行免费的义务教育。地方各级人民政府要通过多种途径筹集经费,开展艾滋病遗孤的心理康复,为其提供免费义务教育。

②“一关怀”:“一关怀”指国家对艾滋病病毒感染者和患者提供救治关怀,各级政府将经济困难的艾滋病患者及其家属纳入政府补助范围,按照国家有关规定给予必要的生活救助,扶助有生产能力的艾滋病病毒感染者和患者从事力所能及的生产活动,增加其收入。

(5) 艾滋病自愿咨询检测(VCT)要填写咨询表

填写咨询表的目的是为国家提供流行病信息,以调整防控策略手段,为广大患者服务。表中内容对外界严格保密。

艾滋病自愿咨询检测(VCT)采血不会有感染危险,不会对身体有伤害 艾滋病自愿咨询检测(VCT)采血由专业人员严格遵守操作规程操作,为维护咨询者隐私,一般不在公众采血大厅而在 VCT 室内采血。使用一次性注射器,没有因采血操作感染危险。一般义务献血量为 200~400 ml,对人体健康仍然不造成影响,进行 HIV 检测只需采集 5 ml 血液,对自愿检测者的工作、学习均不造成影响。

(6) 艾滋病自愿咨询检测(VCT)的时机

在高危行为后的 2 周后、12 周后、半年时检测 HIV 抗体,半年以后仍未检测到 HIV 抗体,则认为未感染艾滋病病毒。感染艾滋病病毒的头三个月叫“窗口期”,虽然 HIV 抗体在感染 2 周后就可以出现,但这时身体里还没有产生足够量的抗体,可能无法检测出是否已经受感染。有了高危行为就去检测可判断是否有既往感染。“窗口期”尽管可能检测不出艾滋病病毒抗体,但同样具有传染性,因此,这段时间过性生活,要使用避孕套。

(7) 咨询检测需要提供的资料

如果仅对疾病情况进行咨询,咨询者不需要提供个人信息。如需要对 HIV 进行检测,由于实验室报告具有法律效力,为避免有人伪报姓名、身份证号,利用 HIV 检测报告进行诈骗、敲诈,保护咨询者,采血和领取检验报告时必须出示本人身份证。

有男男性行为者,因为情况特殊,允许使用化名,不提供身份证。但实验室对未出示身份证者仅口头告知结果,不出具书面报告,不对检验结果负法律责任。

4. 不歧视艾滋病感染者和病人

艾滋病病毒感染者身、心都遭受着巨大的痛苦和折磨。若再受到歧视,可能从自卑、绝

望到愤怒、报复，成为危害社会的隐患。关爱是一服良药，能鼓励不幸者面对疾病，面对现在和未来，鼓起生活的勇气。关爱、理解和沟通可能使艾滋病病毒感染者与医护人员合作，积极接受治疗。这既有利于提高艾滋病病毒感染者生存质量、延长生命，又可遏止艾滋病的传播与蔓延。因此，关心、帮助艾滋病病毒感染者和病人是防御与控制艾滋病的重要方面。帮助他们也就是帮助我们自己远离艾滋病的危险。

(1) 怎样对待身边的艾滋病病毒感染者

如果身边发现了艾滋病病毒感染者，不用害怕，更不能看不起、排斥他们。对待艾滋病病毒感染者的正确态度是：同情、关心并尽力帮助他们，使他们能够正常生活和工作，不扩散他们的病情。如果别人对他们感到恐惧，我们可以带头到他们的家里去，跟他们握手，帮助他们工作、学习，消除人们的恐惧感。

(2) 怎样对待艾滋病病毒感染者的家人

艾滋病病毒感染者的家人既要承受亲人患艾滋病的巨大痛苦，又要承担对病人的照顾和料理，是非常不容易的。对待艾滋病病毒感染者的家人，要像对待其他一切不幸的家庭一样，给予充分的同情、关心和帮助。这对于创造一个有利于控制艾滋病流行的安全的社会环境十分必要。

(3) 感染了艾滋病病毒怎么办

如果不幸感染了艾滋病病毒，生活和情绪可能会受到很大干扰。但是，感染了艾滋病病毒，并不等于是艾滋病病人。艾滋病病毒在体内有很长的潜伏期，感染者潜伏期内跟健康人没有什么两样，关键是要延缓发病时间。只要做到以下几点，就可以保持免疫力不下降太快，艾滋病病毒数量不增加太快。

① 接受事实，不自暴自弃，保持心理的平衡和乐观的情绪。

② 定期到医院检查，接受医务人员的指导。

③ 避免感染和皮肤破损，积极进行有针对性的治疗。

④ 如果身体状况良好，完全可以继续工作。有工作、能劳动，既有利于心理健康，也可保持经济来源。

⑤ 坚决改变高危行为。

⑥ 保证充分的营养和充足的休息。

⑦ 戒烟戒酒，适当锻炼身体，过有规律的生活。

按照上述要求努力，将会大大延缓艾滋病的发作，延长寿命。要相信，人类总有一天会战胜艾滋病病毒的。

(4) 艾滋病病毒感染者怎样与人相处

艾滋病病毒感染者除了要善待自己，还应善待他人，只有不歧视自己，才不会被别人歧视。

① 要将病情如实告诉自己的性伴侣。感染了艾滋病病毒，照样还有性的需要，也可以过性生活。但是，应该将自己的感染情况告诉对方，并一定要坚持安全性生活的原则，正确使用避孕套，这样就不会把病毒传染给对方。

② 除了告诉性伴侣和医生，可以不向其他任何人透露病情，只要你不与他们发生感染艾滋病病毒的高危行为就行了。

③ 法律规定，故意传播艾滋病病毒是一种犯罪行为，因此，决不能将艾滋病病毒故意传染给他人。

④ 不与他人共用针头、剃刀、牙刷等物品。

⑤ 不捐献血液、人体器官和精子。这样的行为能够使你赢得周围群众的尊重，从而有利于自己的正常生活和工作。

（5）艾滋病病毒感染者和患者的义务与责任

① 艾滋病病毒感染者和艾滋病患者应听从医务人员指导，服从卫生防疫部门管理。

② 艾滋病患者应暂缓结婚，艾滋病病毒感染者如申请结婚，双方应接受医学咨询。

③ 明知自己是艾滋病病毒感染者或艾滋病患者而故意感染他人者，要被依法追究法律责任。

④ 艾滋病病毒感染者和艾滋病患者不得捐献血液、精液、器官、组织和细胞。

（6）艾滋病可防可控

艾滋病虽然目前没有办法治愈，但是艾滋病病毒的传播途径非常明确，通过血液传播、性传播和母婴传播；艾滋病病毒在体外环境下很脆弱，很容易被杀死，因此艾滋病病毒不能通过空气、食物、水等一般性日常生活接触传播。此外，艾滋病病毒不能在蚊虫体内生存，不能通过蚊虫叮咬传播。所以，艾滋病的传播主要与人类的社会行为有关，完全可以通过规范人们的社会行为而被阻断，因此艾滋病是能够预防的。预防是抵御艾滋病的最有效方法。

当今随着抗病毒药物的研发、“鸡尾酒”疗法的应用以及相关知识的普及，艾滋病的发病率、死亡率以及 HIV 的感染率逐渐降低，HIV 病毒感染者通过治疗可以大大降低感染别人的可能性，且经过有效治疗的艾滋病患者寿命与同龄人无明显差异，艾滋病已逐渐演变为一个可控性的慢性疾病。

思考题

1. 男性的发育？
2. 女性的发育？
3. 最佳生育年龄？
4. 常见的避孕方法？
5. 非意愿怀孕的应对措施？
6. 性病的传播方式？
7. 常见性病及其预防？
8. 艾滋病的防控措施？
9. 国家关于艾滋病的“四免一关怀”政策是什么？
10. 为什么说艾滋病可防可控？

模块四 疾病预防

在党的二十大报告中习近平总书记指出：人民至上、生命至上，是中国式现代化的鲜明特色。

人民健康是社会主义现代化的重要标志，人民健康是人民福利的基础，是国家建设的基础，是社会发展和人类文明的重要环节。没有人民健康，就没有全面的小康。

新中国成立以来，人均预期寿命从解封前的35岁上升到现在的78.2岁（2021年），创造了伟大的中国奇迹。但是，2021中国人健康大数据报告显示，我国国民中仍然约有76%的白领处于亚健康状态，20%患有慢性疾病，慢性病死亡率达到86%。预防是最经济有效的健康战略。

习近平总书记多次强调，“把保障人民健康放在优先发展的战略位置，坚持以预防为主的方针”。随着健康中国2030计划纲要、健康中国行动（2019—2030年）、《普通高等学校健康教育指导纲要》等政策措施的实施，健康中国红利正惠及千家万户。“人人健康、全民健康；人人幸福，全民幸福”的美好愿景，正在党的领导下，在中华大地上逐步实现。

学习单元一 常见传染病及其预防

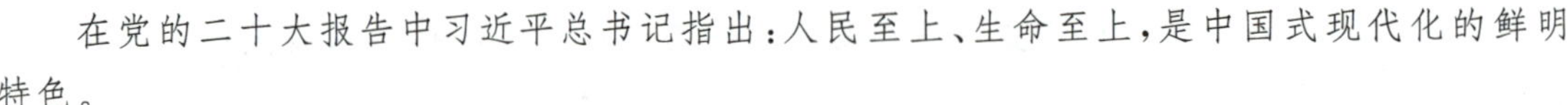

一 传染病及其传播

学校人群聚集，流动性大，接触面广，是传染病的易发场所。青年学生由于其免疫功能尚不完善，抵御各种传染病的能力较弱，是多种传染病的好发年龄，一旦发生，极易传播和流行，并可扩大到家庭和社会。必须高度戒备地重视传染病的预防和控制。

传染病

1. 传染病

传染病是由各种致病微生物所引起的，能在人与人、动物与人之间相互传染的疾病。传染病流行的三个环节分别是：传染源、传播途径、易感人群。

传染源是指能够散播病原体的人或动物。病原体在传染源的呼吸道、消化道、血液或其他组织中生存、繁殖，并且能够通过传染源的排泄物、分泌物或生物媒介（如蚊、蝇、虱等），直接或间接地传播给健康人。

传播途径是指病原体离开传染源到达健康人所经过的途径。病原体传播的主要途径有：空气、水、饮食、接触、生物媒介等。

易感人群是指对某种传染病缺乏免疫力而容易感染该病的人群。

2. 切断传播链

有效预防传染病的发生与流行，关键在于切断传染病流行的三个环节形成的传播链。为此，要切实做到：

养成良好的卫生习惯

加强体育锻炼

按规定进行预防接种

图 4－1－1

① 养成良好的卫生习惯，提高自我防病能力。

② 加强体育锻炼，增强对传染病的抵抗力。

③ 按规定进行预防接种，提高免疫力。

④ 搞好环境卫生，消灭传播疾病的蚊、蝇、鼠、蟑螂等害虫。

⑤ 传染病人要早发现、早报告、早诊断、早隔离、早治疗，防止交叉感染。

⑥ 传染病人接触过的用品及居室均要严格消毒。

只要控制和消除传染病流行的三个环节，就能有效预防传染病的流行。

3. 我国法定传染病

在我国法定传染病分为三类。

① 甲类传染病：鼠疫、霍乱。

② 乙类传染病：传染性非典型肺炎、艾滋病、病毒性肝炎、脊髓灰质炎、人感染高致病性禽流感、麻疹、流行性出血热、狂犬病、流行性乙型脑炎、登革热、炭疽、细菌性和阿米巴性痢疾、肺结核、伤寒和副伤寒、流行性脑脊髓膜炎、百日咳、白喉、新生儿破伤风、猩红热、布鲁氏菌病、淋病、梅毒、钩端螺旋体病、血吸虫病、疟疾。

③ 丙类传染病：流行性感冒、流行性腮腺炎、风疹、急性出血性结膜炎、麻风病、流行性和地方性斑疹伤寒、黑热病、棘球虫幼病、丝虫病，除霍乱、细菌性和阿米巴性痢疾、伤寒和副伤寒以外的感染性腹泻病。

二 常见传染病的预防

1. 流行性感冒的预防

(1) 什么是流感

预防流感

流行性感冒，简称流感，是由流感病毒引起的急性呼吸道传染病。潜伏期短、传染性强、传播速度快。临床主要表现为高热、乏力、头痛、全身肌肉酸痛等中毒症状，而呼吸道症状轻微。在老年人和慢性病患者中则可引起较严重的并发症。

人类流感病毒分为甲、乙、丙三型(A、B、C 三型)，三型间无交叉免疫。甲型流感病毒容易发生变异，引起流感大流行。2009 年的新甲 H1N1 流行就是一个典型案例。

(2) 流行性感冒的传播途径

流感病毒具有极强的传染性，传播途径以空气飞沫直接传播为主，病毒可随咳嗽、喷嚏、说话所致的飞沫传播，也可通过病毒污染的茶具、食具、毛巾等间接传播。传播速度和广度与人口密度有关。

(3) 流感的主要症状

流感潜伏期通常数小时至 4 天，典型流感起病急，出现乏力、发热、寒颤、头痛、全身肌肉酸痛等全身中毒症状，可伴或不伴流涕、咽痛、干咳等呼吸道局部症状，咳嗽和乏力可持续数周。

(4) 流感易感人群

人群对流感病毒普遍易感，感染后对同一抗原型可获不同程度的免疫力，型与型之间无交叉免疫性。60 岁以上人群、慢性病患者及体弱多病者，医疗卫生机构工作人员、特别是一线工作人员，小学生和幼儿园儿童更容易感染流感病毒。

(5) 流感是否能预防

接种流感疫苗是预防流感最有效的手段，可以显著降低接种者患流感和发生严重并发症的风险。世界卫生组织推荐老年人、儿童、孕妇、慢性病患者和医务人员等流感高危人群，应每年优先接种流感疫苗。

(6) 接种流感疫苗是否安全

我国目前使用全病毒灭活疫苗、裂解疫苗和亚单位疫苗，均有很好的免疫原性，但应严格按照适应症使用。接种疫苗后有可能发生与疫苗无关的偶合性疾病。

① 局部反应:注射部位短暂的轻微疼痛、红肿。

② 全身反应:接种后可能发生低热、不适。一般只需对症处理，不会影响疫苗效果。对鸡蛋蛋白高度过敏者可发生急性超敏反应。

(7) 接种流感疫苗的最佳时间

在流感流行高峰前 1～2 个月接种流感疫苗能更有效发挥疫苗的保护作用。推荐接种时间为 9～11 月份。可根据当地流行的高峰季节及对疫情监测结果的分析预测，确定并及时公布当地的最佳接种时间。

(8) 为什么每年都需要接种流感疫苗

由于接种疫苗后人体内产生的抗体水平会随着时间的延续而下降，并且每年疫苗所含毒株成分因流行优势株不同而有所变化，所以每年都需要接种当年度的流感疫苗。

(9) 得了流感怎么办

如果得了流感，自己没有处理经验，应及时去医院就诊。医院医生会根据病情诊断及治疗。流感的治疗主要是对症治疗：多休息、多饮水、注意营养。高热者给予解热镇痛药，必要时使用止咳祛痰药，没有并发症的情况下，不建议使用抗生素。

(10) 流感流行期间的注意事项

每年的冬春季节，流感多发。流感流行期间，避免集会等集体活动，易感者尽量少去公共场所。室内注意通风，必要时对公共场所进行消毒。

流感流行时，按照平时正常的生活节奏就可以了，预防流感的关键是不接触病人和建立免疫屏障，预防流感与多喝水、保持喉咙湿润没有直接关系。

(11) 预防流感的可靠手段

① 接种流感疫苗是被国际医学界公认的防范流感最有效的方法。

② 病人用过的餐具、用具、衣物等，健康人都不要随便使用，要用开水煮沸消毒。

③ 勤洗手，保持良好的个人及环境卫生。

④ 在流感流行期间，少到人多的地方去，不访亲探友，不去公共场所，更不要到病人家去串门，尽量减少集会，外出戴口罩。

⑤ 搞好室内外卫生，常开窗户通风换气，保持室内空气新鲜，坚持湿式扫除，防止尘土飞扬，被褥经常曝晒。

⑥ 加强体育锻炼，增强体质，注意劳逸结合。

⑦ 打喷嚏或咳嗽时应用手帕或纸巾掩住口鼻，避免飞沫污染他人。流感患者在家或外出时佩戴口罩，以免传染他人。

⑧ 均衡饮食、充足休息，避免过度疲劳。

(12) 流行性感冒和普通感冒的区别

① 两种疾病的病原体不同：流感由流感病毒引起，流感病毒包括甲型、乙型和丙型三种；普通感冒可由多种病原体引起，如鼻病毒、腺病毒、细菌及支原体等，一般人在受凉、雨淋、过度疲劳后，因抵抗力下降时容易发病。

② 两种疾病的临床表现不同：普通感冒主要表现为打喷嚏、流鼻涕等上呼吸道症状，全身症状较轻，不发热或仅有低热，一般 3～5 天痊愈。流感的表现全身症状较重，突然畏寒、发热、头痛、全身酸痛、鼻塞、流涕、干咳、胸痛、恶心、食欲不振，婴幼儿或老年人可能并发肺炎或心力衰竭。中毒型流感病人则表现为高热、说胡话、昏迷、抽搐，有时可以导致人死亡。

③ 流感与普通感冒的传染性不同：流感病毒存在于病人的呼吸道，在病人咳嗽、打喷嚏时经飞沫传染给别人，传染性很强，病毒容易变异，即使是患过流感的人，当下次再遇上流感流行，仍然会感染，所以容易引起暴发性流行。普通感冒传染性要弱得多，往往是个别出现，很少像流感流行那样病人成批大量出现。

④ 流感与普通感冒的流行特点不同：流感的流行有明显的季节性和周期性，常易发生暴发、流行甚至大流行。流行季节时常在某些局限的范围(如社区或单位)发生暴发；当新

的亚型产生时，可出现大流行甚至世界性大流行，如目前流行的甲型 H1N1 流感。普通感冒只是个别散发出现。

⑤ 流感有季节性和周期性：在温带和寒温带地区，流感的流行通常发生在冬春季，而在热带和亚热带地区，则更多是在夏季流行。大流行时季节性不明显。甲型流感病毒抗原的易变性、人类对流感免疫的不持久性及流感疫苗的有限性，致使甲型流感流行呈现周期特点，一般 3～4 年一次小流行，10～15 年一次大流行。乙型、丙型流感周期性不明显。

接种流感疫苗是防控流感的有效手段，而普通感冒没有预防用疫苗。

2. 结核病的预防

(1) 定义

结核病是由结核杆菌感染引起的慢性传染病。结核菌可能侵入人体全身各种器官，但主要侵犯肺脏，因此也称为肺结核病。是我国发病、死亡人数最多的重大传染病之一。

(2) 常见症状

结核病是青年人容易发生的一种慢性和缓发的传染病。咳嗽咳痰 2 周以上或痰中带血为常见症状，此外还有低烧、夜间盗汗、午后发热、胸痛、乏力、体重减轻、呼吸困难等。

图 4-1-2

(3) 传播途径

肺结核的传染源主要是病原学阳性的肺结核患者，通过咳嗽、咳痰、打喷嚏，将结核杆菌播散到空气中，健康人吸入带有结核杆菌的飞沫即可能被感染。

(4) 易感人群

肺结核无固定潜伏期，数周至数年不等，甚至终身潜伏。健康人受到结核杆菌感染后，不一定发生肺结核。发病主要与感染结核杆菌的数量和毒力的大小以及自身免疫力的高低有关，艾滋病毒感染者、免疫力低下者、糖尿病病人、尘肺病人、老年人等都是容易发病的人群。

人体初次受到结核杆菌感染后，通常绝大多数人没有任何症状，也不发病，但在免疫力降低时，就有可能发病，受感染的人群一生中发生肺结核的概率大约为 5%～10%。

(5) 出现症状怎么办

怀疑得了肺结核，要及时到当地结核病定点医疗机构就诊，国家免费为活动性肺结核病人提供四种一线抗结核药品和部分检查。按医生要求规范全程治疗，绝大多数患者可以治愈，但切记不要盲目就医或者隐瞒病情，导致延误治疗。

当出现发热、干咳、乏力等症状，要及时进行自我隔离，必要时前往发热门诊就诊，进行流感、结核病或者新型冠状病毒肺炎的鉴别诊断。

(6) 学校发现病人怎么办

学校是人群密集区，一旦发生肺结核，极易造成蔓延，严重时还能造成暴发流行。因此，学校环境中出现肺结核病人，首先要将病人送至结核病定点诊疗医院并接受正规抗结核治疗，其次对其密切接触者进行 PPD(结核菌素试验)和胸片筛查，如发现异常，应及时进行诊疗。

PPD 筛查阴性者，3～6 个月后最好再进行一次检查。筛查发现的单纯 PPD 强阳性者，则应在医生指导下采取预防性服药，拒绝接受预防性服药干预者应在首次筛查后 3 月末、6 月末、12 月末到结核病定点医疗机构各进行一次胸部 X 光片检查。

图 4-1-3

(7) 日常预防

不随地吐痰，咳嗽、打喷嚏时掩口鼻，人群密集处戴口罩可以减少呼吸道传染病的传播。此外要做到生活有常，饮食有节，勤洗手、多通风，强身健体增强抵抗力。

3. 病毒性肝炎的预防

病毒性肝炎是由多种肝炎病毒引起的常见传染病，具有传染性强、传播途径复杂、流行面广泛、发病率较高等特点。肝炎病毒通常分为甲、乙、丙、丁、戊型。临床上以食欲减退、恶心、上腹部不适、肝区痛、乏力为主要表现。部分病人可有黄疸发热和肝大伴有肝功能损害，无症状感染常见。有些病人可慢性化，甚至发展成肝硬化，少数可发展为肝癌。

图 4-1-4

甲肝和戊肝多为急性发病，预后良好；乙肝和丙肝感染易发生慢性化，危害较大，感染时年龄越小，越容易慢性化；丁肝病毒只有与乙肝病毒同时或在乙肝病毒感染的基础上才可能感染。

(1) 肝炎的传播途径

① 甲型肝炎：主要经粪-口途径传播（消化道传播）。被甲肝病人大便污染的水、食物等，未经彻底消毒被人饮用或食用就很容易引起甲肝的暴发流行。近年来由水产品传播的甲肝屡有发生，泥蚶、毛蚶、牡蛎、醉蟹等均可成为甲肝病毒携带物。

② 乙型肝炎：其传播途径比较复杂。a. 输血传播：经血液和血制品传播乙肝病毒。b. 医源性传播：由医疗过程中各种未经消毒或消毒不彻底的注射器、针头等引起感染。吸毒者因共用污染的针头和注射器而导致传播。c. 母婴传播：患急性乙肝和携带乙肝病毒表面抗原的育龄妇女，通过妊娠和分娩传给新生儿。d. 性接触传播：与乙肝患者或病毒携带者进行性接触或生活密切接触时可被感染。

③ 丙型肝炎：具有与乙型肝炎相似的传染途径。如吸毒者因共用污染的针头和注射器而造成丙肝的传播。最多的传染途径是输血。

④ 丁型肝炎：传播途径与乙型肝炎病毒相同。丁型肝炎病毒是没有外壳的病毒，它必须穿上乙肝病毒表面抗原这个外衣才能繁衍后代，因此丁肝病毒感染一般发生在乙肝病毒表面抗原阳性的携带者和乙肝患者中。

⑤ 戊型肝炎：传播途径和甲型肝炎相同。水源污染造成戊肝的传播和流行尤为突出。

图 4-1-5

(2) 病毒性肝炎的自我保护

① 甲型肝炎：严把“病从口入”关，养成良好的卫生习惯。保护水源，搞好饮水卫生，生吃蔬菜瓜果要洗净，不吃腐败不洁的食物，提倡分餐制。家庭中有人患病应进行家庭消毒，将餐具煮沸 10 分钟以上。目前，甲型肝炎疫苗的研究已获成功，国产和进口的疫苗均可在当地疾病预防控制中心购买和注射，可有效预防甲肝感染。

② 乙型肝炎：所有体内带有乙肝病毒的人（无症状的乙肝病毒携带者以及乙肝患者）都能将乙肝病毒通过特殊途径（如血液传播等）传染给他人，在人群之间只有传染性强弱的区别，不存在有无传染性的区别，但正常的日常生活接触是不会传播乙肝的。

我国是乙肝大国，不主张对携带者及慢性病人采取隔离、分居、分餐、禁止入学、禁止工作等带有歧视性的行为。

做好个人防护的关键是接种乙肝疫苗。目前，我国已将乙肝疫苗纳入计划免疫程序，以新生儿、学龄前儿童为主要对象。

接种疫苗是预防乙肝的最有效措施。乙肝疫苗全程免疫需按 0、1、6 月接种 3 针。

③ 丙型肝炎：丙肝病毒主要是经血液传播，所以应做到远离毒品，按照《输血法》使用血液及血制品。注意个人卫生，提倡使用一次性医疗物品。最好分餐进食，专用洗浴用品。夫妻双方若有一方已患有丙肝，提倡性生活用避孕套。

④ 丁型肝炎：丁肝的预防和乙型肝炎相同。

⑤ 戊型肝炎：戊肝的预防基本上与甲型肝炎相同，不同的是目前戊型肝炎还没有疫苗。

(3) 病毒性肝炎的治疗　慢性乙肝和丙肝患者需到正规医院进行检查，定期接受随访，根据病情进行规范化治疗，切勿轻信虚假广告。要遵从医嘱，主动配合，切忌自行停药。有疑似肝炎症状或高风险行为的学生主动到医疗机构检查。未感染者，建议接种乙肝疫苗预防感染。

（4）病毒性肝炎的健康小知识

① 乙肝和丙肝病毒不会通过消化道和呼吸道传播，与乙肝和丙肝感染者共同生活、工作、学习不会感染。

② 乙肝病毒表面抗原阳性者可结婚、生育：乙肝病毒表面抗原阳性者的配偶及时注射乙肝疫苗是最好的预防措施。注射乙肝疫苗后要检查有无乙肝表面抗体（抗- HBs）产生。一般而言，体内产生抗- HBs 后，即使同乙肝患者有性等密切接触也不会被感染。

乙肝病毒存在母婴传播的风险，但自乙肝疫苗问世以来，乙肝疫苗阻断母婴传播已取得非常显著的效果，绝大多数新生儿在及时接种乙肝疫苗后可以避免乙肝病毒感染。

③ 我国已明确取消了入学、就业乙肝体检项目：2010 年 2 月 10 日，人力资源和社会保障部、教育部、卫计委联合下发《关于进一步规范入学和就业体检项目维护乙肝表面抗原携带者入学和就业权利的通知》（人社部发〔2010〕12 号），取消了入学和就业体检中检测乙肝项目。

我国病毒性肝炎流行广泛，感染者众多，防治难度大，防治病毒性肝炎关系千家万户的利益，广大同学们要共同努力做好病毒性肝炎的防治。

三 秋季传染病防治

1. 秋季常见呼吸道传染病

① 流行性感冒。

② 结核病。

③ 流行性腮腺炎。患病初期可有发热、头痛、无力、食欲不振等症状。发病 1～2 日后出现颧骨弓或耳部疼痛，然后出现唾液腺肿大，通常可见一侧或双侧腮腺肿大。

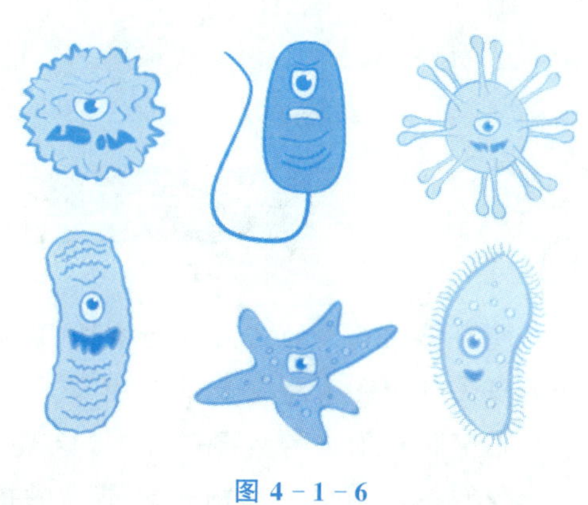

图 4 - 1 - 6

2. 常见肠道传染病

① 细菌性痢疾。由痢疾杆菌引起的肠道传染病。主要表现为发热、腹痛、腹泻，常年发病，以夏秋季多见。主要通过生活接触、食物、水传播。

② 霍乱。由霍乱弧菌引起的急性肠道传染病。发病急、传播快，夏秋季为流行季节。临床特征为剧烈腹泻、呕吐，严重休克者可并发急性肾功能衰竭。

③ 手足口病。由肠道病毒引起的传染病，表现口痛、厌食、低热、手、足、口腔等部位出现小疱疹或小溃疡。以夏秋季多发，主要通过水、食物、日常接触传播。

3. 常见虫媒传染病

① 流行性乙型脑炎。经蚊传播，多见于夏秋季，临床上急起发病，有高热、意识障碍、惊厥等症状。重型患者病后往往留有后遗症，属于血液传染病。

② 莱姆病。以蜱为媒介的感染性疾病，最主要的临床表现为神经系统损害为主。早期

以皮肤慢性游走性红斑为特点，以后出现神经、心脏或关节病变。

③ 登革热。以登革病毒经蚊媒传播引起的急性虫媒传染病。临床表现为起病急、高热、头痛、肌肉、骨关节剧烈酸痛。高峰在 7～9 月份。

4. 传染病的预防措施

① 每天开窗通风，保持室内空气新鲜，经常晒洗衣物及被褥，注意气候变化，随时增减衣服。

② 不在人口密集、空气污染的场所长时间逗留，如大型超市、快餐店、游乐场所、影剧院等。

③ 勤洗手，用流动水彻底清洗干净，不用污浊的毛巾擦手。双手接触呼吸道分泌物后(如打喷嚏后)应立即洗手或擦净。

④ 避免与他人共用水杯、餐具、毛巾、牙刷等物品。养成良好的个人卫生习惯。

⑤ 到医院就诊最好戴口罩，避免交叉感染。

⑥ 注意不要过度疲劳，防止感冒，以免身体抗病力下降；每天要保证充足睡眠时间，合理饮食。

图 4-1-7

⑦ 加强体育锻炼，增强体质，每天保证有一小时的户外活动时间。

⑧ 当身体不适时要及时就医，在医生的指导下用药。必要时可以接种相应的疫苗。

⑨ 避免接触传染病人，尽量不到传染病流行疫区去。

学习单元二 新冠肺炎及其防控

面对突如其来的新冠肺炎疫情，习近平总书记始终亲自指挥、亲自部署，牵挂着人民群众的身体健康和生命安全，“人民至上、生命至上”的崇高理念贯穿防疫工作始终。在习近平总书记和党中央的坚强领导下，全国抗疫斗争取得了重大战略成果。

我们一定要倍加珍惜来之不易的抗疫斗争重大成果，大力弘扬“生命至上、举国同心、舍生忘死、尊重科学、命运与共”的伟大抗疫精神，切实增强自信心和自豪感、凝聚力和向心力，努力学好知识和本领，在建设伟大祖国的征程上更加奋发有为，努力为实现“第二个百年”奋斗目标作出应有的贡献。

一 新型冠状病毒肺炎

1. 病毒及冠状病毒

(1) 病毒

病毒是一种个体微小，结构简单，只含一种核酸(DNA 或 RNA)，必须在活细胞内寄生并以复制方式增殖的非细胞型生物。病毒离开宿主细胞，就仅是一个没有任何生命活动，也不能独立自我繁殖的化学物质。病毒的复制、转录等活动都要依赖宿主细胞进行，当病毒进入宿主细胞后，利用宿主细胞中的物质和能量来完成其生命活动，按照自己的核酸所包含的遗传信息产生同其一样的新一代病毒。

病毒从结构上分为：单链 RNA 病毒，双链 RNA 病毒，单链 DNA 病毒和双链 DNA 病毒。新冠状病毒就是一种正链单股 RNA 病毒。

(2) 冠状病毒

冠状病毒是一大类病毒的总称，在系统分类上属冠状病毒科(Coronaviridae)冠状病毒属(Coronavirus)。冠状病毒属的病毒，是具外套膜(envelope)的正链单股 RNA 病毒，直径约 80～120 纳米，其遗传物质是所有 RNA 病毒中最大的，能够感染人、鼠、猪、猫、犬、狼、鸡、牛、禽类脊椎动物，是自然界广泛存在的一大类病毒。

冠状病毒

冠状病毒分为 α、β、γ、δ4 个属。哺乳动物冠状病毒主要为 α、β 属冠状病毒，可感染包括猪、犬、猫、鼠、牛、马等多种动物。禽冠状病毒主要来源于 γ、δ 属冠状病毒，可引起多种禽鸟类如鸡、火鸡、麻雀、鸭、鹅、鸽子等发病。

在迄今发现的冠状病毒中，有七种可以感染人类。

其中四种冠状病毒(HCoV－229E、HCoV－OC43、HCoV－NL63、HCoV－HKU1)在人群中较为常见，致病性较低，一般仅引起类似普通感冒的轻微呼吸道症状。症状主要包括流鼻涕、头痛、咳嗽、咽喉痛、发热等，有时会引起肺炎或支气管炎等下呼吸道疾病，在心肺疾病患者、免疫力低下人群、婴儿和老年人中较为常见。

另外三种可引起严重的呼吸系统疾病，分别是 2019 新型冠状病毒(2019－nCoV)、严重急性呼吸综合症冠状病毒(SARS－CoV)和中东呼吸综合症冠状病毒(MERS－CoV)。

2019 新型冠状病毒(2019－novel coronavirus，2019－nCoV)，简称“新冠病毒”，2019 年底被发现，2020 年 1 月 12 日世界卫生组织正式命名为“2019 新型冠状病毒(2019－nCoV)”，属于 β 属新型冠状病毒。是一种正链单股 RNA 病毒。

2. 新型冠状病毒肺炎

新型冠状病毒肺炎，是指 2019 新型冠状病毒感染导致的一种急性感染性呼吸道传染病，简称“新冠肺炎”。世界卫生组织将该疾病命名为“COVID－19”，其中 CO 代表 Corona(冠状物)，VI 代表 Virus(病毒)，D 代表 Disease(疾病)。

新冠肺炎是一种典型的传染性疾病，目前国家已将该病纳入《中华人民共和国传染病防治法》规定的乙类传染病，并采取甲类传染病的预防、控制措施。

新冠肺炎在潜伏期和发病期都具有传染性。特别是无症状感染者对疾病的传播是防控工作的严峻挑战。

传染病流行的三个基本环节是：传染源、传播途径、易感人群。传染病防控的三要素就是：控制传染源，切断传播途径，保护易感人群，这也是控制传染病流行的有效措施和根本措施。

新冠肺炎的传染源主要是：新冠病毒感染患者(包括无症状感染者)。

主要传播途径是：经呼吸道飞沫传播和密切接触传播，在相对封闭的环境中长时间暴露于高浓度气溶胶情况下存在经气溶胶传播的风险。

易感人群，人群普遍易感。新冠肺炎在免疫功能低下和免疫功能正常的人群均可能发生，与接触病毒的量有一定关系，该类病毒人传人的特征十分明显，且存在一定范围的社区传播。

流行病学调查显示，最早时，新冠肺炎临床表现，潜伏期为 1～14 天，多为 3～7 天。起病以发热、乏力、干咳为主要表现。少数患者伴有鼻塞、流涕、咽痛和腹痛等症状。随着新冠病毒的不断变化，其致病情况也在发生变化，新冠肺炎的防控政策和措施，国家也在不断优化与调整。

二 个人防护

1. 远离新冠肺炎

① 减少到人群密集场所活动。尽量减少到人群密集场所活动，避免接触呼吸道感染患者。不聚会、不聚餐，交流时戴口罩，距离保持在 1 米以上。

② 增强体质和免疫力。从自身出发，增强个人体质和免疫力。均衡饮食，适量运动，作息规律，避免产生过度疲劳。

③ 保持环境清洁和通风。保持周围环境清洁和通风。每天开窗通风次数不少于 3 次，每次 20～30 分钟，户外空气质量较差时，通风换气频次和时间应适当减少。

④ 保持良好的呼吸道卫生习惯。个人要保持良好的呼吸道卫生习惯，咳嗽或打喷嚏时，用纸巾或毛巾等遮住口鼻，咳嗽或打喷嚏后要洗手，避免用手触摸眼睛、鼻或口。

⑤ 出现呼吸道感染症状，居家隔离，严重者及早就医。自己或周围的家人出现呼吸道感染症状，如咳嗽、流鼻涕、发热等，应居家隔离休息。持续发热不退或症状加重时，要及早就医。

⑥ 勤洗手。做到勤洗手，使用肥皂或洗手液并用流动水洗手，用一次性纸巾或干净毛巾擦手。双手接触到呼吸道分泌物（如打喷嚏）后，应立即洗手。

2. 戴口罩

在呼吸道传染病防控中，口罩通过建立物理阻隔，切断病毒传播。口罩不仅可以防止病毒携带者向外喷射飞沫，降低飞沫量和喷射速度；还可以阻挡含病毒的飞沫核，降低佩戴者的吸入风险。

新冠肺炎流行区域内的所有人员均需采取防护措施，并根据与患者接触的密切程度、从事工作方式等确定被感染风险，采取适当防护。本次疫情中开展疫情现场处理和对感染病人救治的医疗卫生工作者是高风险人群，要给予高等级防护并优先保障。

图 4－2－1

（1）口罩的选用

针对新冠病毒肺炎防护，一般人群建议使用两种口罩，医用外科口罩或一次性医用口罩。医务工作者及疫情防控人员建议选用 KN95 口罩。

① 医用外科口罩。医用外科口罩，佩戴 1～2 天后更换，污染或潮湿后立即更换。

② 一次性医用口罩。一次性医用口罩,一次性使用后更换,污染或潮湿后立即更换。

棉布口罩和海绵口罩均不推荐使用。

(2) 正确佩戴口罩

① 佩戴口罩前应将手清洗干净,在戴口罩过程中避免手接触到口罩内侧面,减少口罩被污染的可能;

② 佩戴时,分清楚口罩的内外、上下,浅色面为内,深色面朝外,金属条(鼻夹)一端是口罩的上方,将折面完全展开;

③ 将有鼻夹的一边向上,将嘴、鼻、下颌全包住,将口罩下端调节至下颌适当位置,两边的橡筋带挂于双耳或将两端的绑带系结于脑后,然后压紧鼻夹,使口罩上端紧贴鼻梁,然后向下拉伸口罩,使口罩不留褶皱,最好盖住鼻子和嘴巴,让口罩与面部完全贴合。

(3) 口罩不可以清洗、消毒

普通口罩不能进行清洗、加热或消毒处理。

清洗和消毒的方法通常会导致口罩的防护性能降低。对于全面或半面型防护面具,通常为可更换过滤元件,对这类呼吸器可依据产品使用说明进行清洗或消毒,但不允许清洗过滤元件。

(4) 使用后口罩的处理

普通人群佩戴过的口罩,没有新冠病毒传播的风险,使用后剪破,按照生活垃圾分类的要求处理即可。疑似病人和其护理人员用过的口罩,剪破后按照医疗废物收集和处理。

3. 勤洗手

新型冠状病毒会人传人,且存在一定范围的社区传播。除了戴口罩外,为了避免被病毒感染,要勤洗手消毒。

(1) 手的清洁消毒

在做好个人防护的同时,特别要注意手部卫生,目前世界卫生组织(WHO)推荐的手消毒剂为含量在70%~75%的乙醇,在没有明显污物的情况下,使用七步洗手法用乙醇手消毒剂进行手消毒(有明显污物情况下,要用流水和洗手液清洗,擦干后再使用手消毒剂进行手消毒)。特别是去医院就诊的病人,在摘除口罩后,由于口罩很可能已被污染,一定要进行手消毒。

(2) 建议必须洗手的场景

以下几种情况一定要注意及时洗手:① 传递文件、物品前后;② 接触公共物品后(如:门把手、电梯按钮等);③ 在咳嗽或打喷嚏后;④ 在制备食品之前、期间和之后;⑤ 吃饭前;⑥ 便前、便后;⑦ 手脏时;⑧ 在接触他人后;⑨ 接触过动物之后;⑩ 外出回来后。

(3) 正确的洗手方法

掌握正确的洗手方法,养成良好的洗手习惯很重要,是预防经手传播疾病的有效手段。

七步洗手法:

第一步,洗手掌。流水湿润双手,在手掌上涂抹洗手液(或肥皂),打出泡沫,仔细揉搓,掌心相对,手指并拢,相互揉搓。双手合十搓五下。

第二步,洗手背。一手心对另一手手背,沿指缝相互揉搓,双手交换进行。手心对手背,双手交叉相叠,左右手交换各搓洗五下。

第三步，洗指缝。手心对手心，双手交叉沿指缝相互揉搓，搓洗手指缝，搓洗五下。

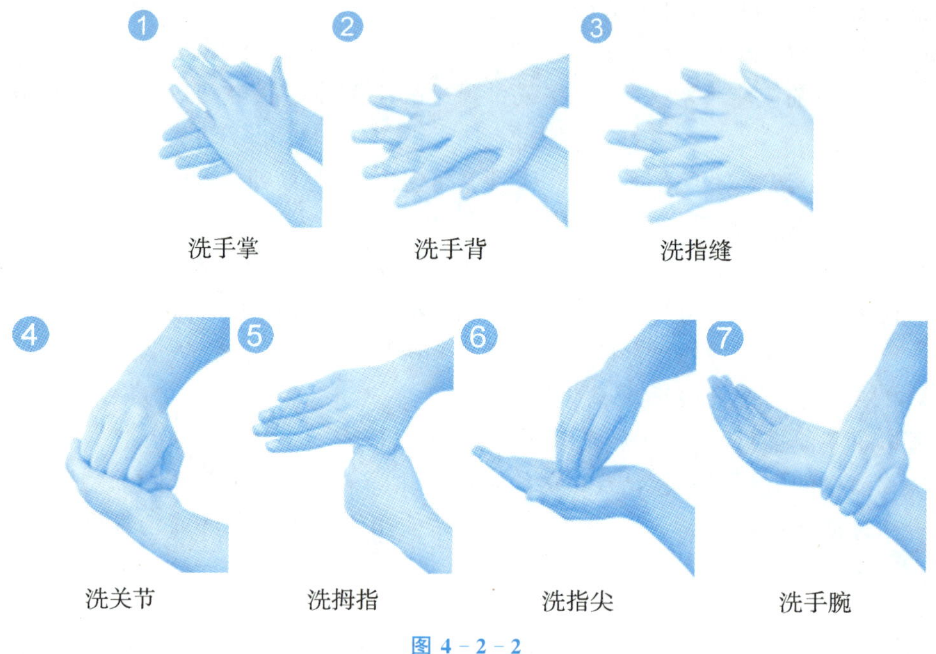

图 4-2-2

第四步，洗关节。弯曲各手指关节，半握拳把指背放在另一手掌心旋转揉搓，左右手交换各搓洗五下。

第五步，洗拇指。一手握另一手大拇指旋转揉搓，双手交换进行，左右手相同搓五下。

第六步，洗指尖。弯曲各手指关节，将五个手指尖合拢在另一手掌心旋转揉搓，双手交换进行，各搓五下。

第七步，洗手腕。一手握另一手腕部，揉搓，双手交换进行，各搓五下。

用流水冲洗后，擦干。

注意：洗手全过程要认真揉搓双手 15 秒以上；特别要注意彻底清洗戴戒指、手表和其他装饰品的部位，清洗时应先摘下手上的饰物再彻底清洁。

七步洗手法

洗手的七个步骤可简单地记忆为“内、外、夹、弓、大、立、腕”七步。

(4) 没有清水，不方便洗手时，手部的清洁

在没有清水不方便洗手时(如旅途在外等)，可使用含酒精消毒产品清洁双手。冠状病毒不耐酸不耐碱，并对有机溶剂和消毒剂敏感。酒精的选取，建议选用 75%的酒精，这类酒精可灭活病毒，因此达到一定浓度的含酒精消毒产品可以作为肥皂和流水洗手的替代方案。

4. 核酸检测

新冠肺炎疫情发生以来，我国坚持人民至上、生命至上，坚持外防输入、内防反弹，因时因势不断调整防控措施。

测核酸口罩
正确戴法

新型冠状病毒核酸检测，是尽早发现传染源，控制疫情传播，评估疫情风险的重要手段，是落实“早发现、早报告、早隔离、早治疗”要求的关

键举措，个人可根据需要或政府相关规定要求进行核酸检测。

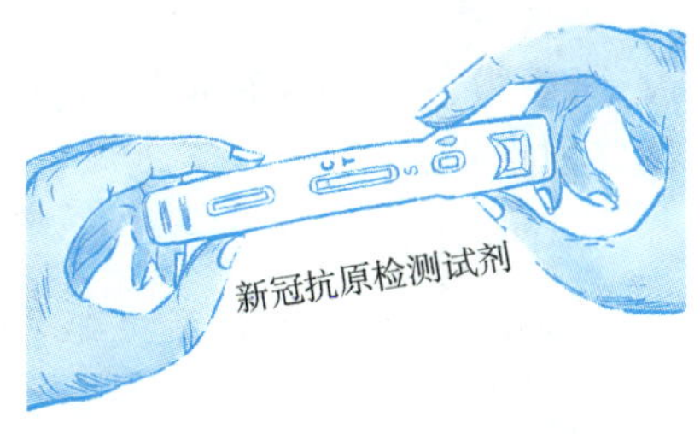

图 4-2-3 抗原检测

5. 抗原检测

新冠病毒抗原检测，通过抗原和抗体结合反应在试纸条上检测，方便快捷，一般 15～20 分钟即可出结果。但抗原抗体反应因为会有一些干扰的存在而出现假阳性，方法学上的特异性不是 100%。

抗原检测视频

6. 疫苗接种

疫苗(vaccine)是指为了预防、控制传染病的发生、流行，用于人体预防接种的预防性生物制品。新型冠状病毒疫苗，是针对新型冠状病毒的疫苗。

疫苗接种，是将疫苗制剂接种到人或动物体内的技术，使接受方获得抵抗某一特定或与疫苗相似病原的免疫力，借由免疫系统对外来物的辨认，进行抗体的筛选和制造，以产生对抗该病原或相似病原的抗体，进而使受注射者对该疾病具有较强的抵抗能力。

疫苗接种，是预防和控制传性染病，特别是病毒引起的疾病(如天花、小儿麻痹、新冠肺炎等)最行之有效的方法。

图 4-2-4

图 4-2-5

三 校园防控

1. 不造谣、不信谣、不传谣

学生对于各种信息要提高甄别能力，不造谣，不信谣，不传谣，不乱发未经核实的信息。

2. 进校体温检测

对所有进入校园人员进行体温检测和登记，体温异常者禁止进入校园，并要求其立即就医。

3. 每日检测体温和健康状况

每日主动接受体温测量，体温异常者视病情及时就医，并做好健康状况检测。

4. 核酸检测

新型冠状病毒核酸检测，是尽早发现传染源，控制疫情传播，评估疫情风险的重要手

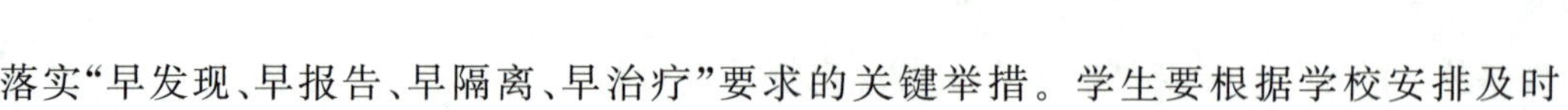

段，是落实“早发现、早报告、早隔离、早治疗”要求的关键举措。学生要根据学校安排及时做好核酸检测。

5. 抗原检测

在校大学生可根据学校要求和安排开展抗原检测。

图 4-2-6

图 4-2-7

6. 疫苗接种

及时接种新冠疫苗，以获得免疫保护。

7. 尽量减少外出，避免与其他人员接触

在疫情防控期间避免到人群聚集尤其是空气流动性差的场所，减少不必要的外出，尽量避免与其他人员接触。如果外出，应当做好个人防护和手卫生，去人口较为密集的公共场所、乘坐公共交通工具、厢式电梯等必须正确佩戴口罩。

8. 定期做好生活、学习场所消毒

配合学校做好宿舍、教室、图书馆等生活、学习场所的定期消毒，保持环境的清洁卫生。加强场所通风换气，每日通风不少于 3 次，每次不少于 30 分钟。

9. 保持个人卫生

养成良好卫生习惯，保持个人卫生，宿舍要定期清洁。被褥及个人衣物要定期晾晒、定期洗涤。如需消毒处理，可煮沸消毒 30 分钟，或先用有效氯 500 mg/L 的含氯消毒液浸泡 30 分钟后，再常规清洗。

10. 佩戴口罩

学生进入教室、图书馆等场所，一定要戴口罩，并保持环境清洁。

11. 严格落实手部卫生措施

餐前、便前便后、接触垃圾、外出归来、使用体育器材、学校电脑等公用物品后、接触动物后、触摸眼睛等“易感”部位之前，接触污染物品之后，均要洗手。

洗手时应当采用洗手液或肥皂，在流动水下按照正确洗手方法彻底洗净双手，也可使用速干手消毒剂揉搓双手。

12. 分餐用餐，不食用野生动物

学生就餐，采用分餐进食，或错时用餐，避免面对面就餐。用餐时应杜绝浪费，按需备餐，使用公筷、公勺。餐(饮)具，应当一人一具一用一消毒，建议学生自带餐具。

在日常生活中坚持不购买、不屠宰、不食用野生动物。

13. 避免过度疲劳

学生要避免过度疲劳,保持身心健康。

14. 严格做好考勤制度

严格执行缺勤登记、追踪制度。做好学生缺勤、早退、请假记录,并对因病缺勤的学生及时进行追访和上报。

学校卫生机构按照属地卫生主管部门防控要求,严格执行发热预检分诊制度,并做好发热患者登记和随访。

15. 发现疫情及时上报,应急处置

学习、工作、生活中出现发热、干咳、乏力、鼻塞、流涕、咽痛、腹泻等症状,要及时向学校报告并采取相应措施,不得隐瞒实情。

去定点医院就医时,尽量避免乘坐公交、地铁等公共交通工具,在前往医院的路上和在医院内,应当全程佩戴医用外科口罩(或其他更高级别的口罩)。

学习单元三 慢性非传染性疾病的预防

医学上将病程超过三个月以上的疾病视为慢性疾病,简称为"慢病"。从疾病控制的角度,我国慢病防治管理的范畴包括慢性非传染性疾病和慢性传染性疾病两大类。

慢病的发生与吸烟、酗酒、不合理膳食、缺乏体力活动、精神因素等有关。慢病具有病程长、病因复杂、迁延性、无自愈和极少治愈、健康损害和社会危害严重等特点。慢病是一个全球重要公共卫生问题,严重威胁 21 世纪人们的健康。据世界卫生组织报道,慢病已成为全球致死和致残的首因。

一 慢性非传染性疾病的预防原则

慢性非传染性疾病谱的构成以心脑血管疾病、呼吸系统疾病、内分泌疾病和各种癌症为主,如高血压、糖尿病、脑卒中、慢阻肺、哮喘及各种恶性肿瘤;此外,还包括运动系统慢性疾病,如颈椎病、腰椎病、骨关节病以及口腔疾病和精神疾病。

1. 慢性病病因

引起慢性病的原因很多,不健康的生活方式和"特别"病原微生物感染是引起慢性疾病的主要原因。包括:① 高强度工作学习环境:如身体较长时间处在高负荷状态或熬夜加班。② 不健康的生活习惯:如吸烟、酗酒、暴饮暴食、不吃早餐、不吃蔬菜水果等。③ 缺乏锻炼或锻炼过度:长期不锻炼或长期过度不科学锻炼都会造成慢性疾病。④ 环境因素:调查显

示，75%的慢性疾病与环境污染有关，如空气、水源、室内环境等污染带来的危害。⑤ 致病性病原微生物的感染：如结核杆菌、病毒等感染。

2. 慢性病的预防

日常生活中，改变不良行为，选择健康的生活方式，戒烟、限酒、合理膳食、进行适当的体力活动，保持心理健康，就能防止或减少多种慢病的发生。构建健康的生活方式是预防慢性病的关键：① 均衡饮食，多吃蔬菜、水果；② 生活有规律，以平常心态处世；③ 适量运动；④ 戒烟、限酒。

慢病诊断容易，定期进行健康检查能及早发现慢病，通过及时治疗，促进康复，减少并发症和伤残的发生，提高生活质量。

二 常见慢性非传染性疾病的预防

1. 高血压

(1) 高血压诊断标准

根据 2022 年 11 月发布的《中国高血压临床实践指南》，我国成人高血压诊断界值为：收缩压（SBP）≥130 mmHg 和/或舒张压（DBP）≥80 mmHg。

高血压的诊断可依据诊室血压、家庭血压或 24 h 动态血压，有条件优先选择 24 h 动态血压。对于高血压管理，建议首选 24 h 动态血压；若条件不允许，建议根据诊室血压结合家庭血压进行管理。

高血压患者（成人）按血压水平分为：

1 级：SBP≥130 mmHg 和 / 或 DBP≥80 mmHg。

2 级：SBP≥140 mmHg 和 / 或 DBP≥90 mmHg。

图 4-3-1

高血压患者心血管危险分层划分为高危和非高危。

高危患者：① SBP≥140 mmHg 和/或 DBP≥90 mmHg者；② SBP130～139 mmHg 和/或 DBP80～89 mmHg 伴临床并发症、靶器官损害≥3 个心血管危险因素者。

非高危患者：SBP130～139 mmHg 和/或 DBP 80～89 mmHg 且未达到上述高危标准者。

（注：收缩压（SBP）≥130 mmHg 和/ 或 舒张压（DBP）≥80 mmHg："和/或"表示，包括 3 种情况，即 ① 收缩压（SBP）≥130 mmHg 且舒张压（DBP）≥80 mmHg、② 收缩压（SBP）≥130 mmHg 且舒张压（DBP）＜80 mmHg、③ 收缩压＜130 mmHg 且舒张压（DBP）≥80 mmHg。）

有关资料显示，超重、肥胖者高血压患病率较体重正常者要高 2～3 倍。高血压病，还易发生脑中风等危险性疾病。高血压致死、致残率高，对人类造成的危害极大，其幸存者超过 50%的人生活往往不能自理。

（2）高血压的预防

① 少吃盐：高钠饮食会令高血压患者的血压升高。

② 减压：冥想、心理治疗及肌肉放松都可以有效降低血压。

③ 限酒：健康人每日饮酒量以女性不超过一杯、男性不超过两杯为宜。

④ 补钾：黄豆、番茄酱、菠菜、比目鱼和小扁豆等富含钾的食物可降低血压。

⑤ 补镁：麦片、糙米、杏仁、榛子、利马豆、菠菜和牛奶等富含镁的食物有利于控制血压，可以降低中风和妊高征的发病率。

图 4－3－2

⑥ 多喝牛奶：含钙高的食物能够有降压的作用，牛奶是含钙较高的食品，且吸收良好。

⑦ 甜菊：甜菊不仅可以降低血压，而且热量低，对糖尿病患者尤为适用。

⑧ 多吃芹菜：芹菜含钾较高，坚持每天吃 4 根芹菜，可以使血压下降 12%～14%。

⑨ 多吃鱼：鲑鱼、金枪鱼、鲱鱼、鲭鱼、比目鱼等含有丰富的蛋白质、富含有助于降低血压的 ω－3 脂肪酸。

⑩ 多吃核桃等食物：核桃、亚麻籽、豆腐、大豆、菜籽油等含有丰富的 α－亚麻酸等必需脂肪酸，有助于降低血压。

⑪ 正确使用调料：茴香、薄荷、黑胡椒等，不仅可以为食物提鲜，还可减少食盐的用量，有助于降低血压。

⑫ 每天一瓣蒜：大蒜中的大蒜素能缓解高血压。

⑬ 多吃豆类、芦笋等富含叶酸的蔬菜：可降低血压。

表 4－3－1 中国人平均正常血压参考值

年龄	男		女	
	收缩压	舒张压	收缩压	舒张压
16～20	115	73	110	70
21～25	115	73	110	71
26～30	115	75	112	73
31～35	117	76	114	74
36～40	120	80	116	77
41～45	124	81	122	78
46～50	128	82	128	79
51～55	134	84	134	80
56～60	137	84	139	82
61～65	148	86	145	83

2. 糖尿病

(1) 糖尿病及其类型

糖尿病

血液中所含的葡萄糖称为血糖。糖尿病是非传染性的流行病，是以慢性高血糖为特征的一组疾病。由于胰岛素不足或细胞对胰岛素的敏感性下降所致的细胞生物效应异常，机体对糖、蛋白质、脂肪、水、电解质等营养物质代谢障碍所致的持续高血糖，以及慢性高血糖所致的多器官功能障碍的临床病理综合性的疾病，称为糖尿病。

人体的胰腺具有内、外分泌功能。外分泌腺体分泌淀粉酶、蛋白酶、脂肪酶等，内分泌腺包括 A 细胞、B 细胞。人体所需的胰岛素，来源于胰腺的 B 细胞，主要起到降低血糖的作用，一旦减少或敏感性下降，就会发展为糖尿病。

图 4－3－3

根据《中国 2 型糖尿病防治指南(2020 年版)》，糖尿病主要分为 4 个类型：

① 1 型糖尿病(T1DM)。包括免疫介导型和特发型。属于胰岛功能完全丧失，临床也称之为胰岛素依赖型糖尿病。

② 2 型糖尿病(T2DM)。属于胰岛功能相对丧失，临床称之为非胰岛素依赖型糖尿病。

③ 妊娠型糖尿病：属于女性妊娠期间引起的暂时性血糖升高，分娩后大部分都可以自行痊愈。

④ 特殊类型糖尿病。一般都是在临床上使用激素类药物所致。

A. 胰岛 β 细胞功能单基因缺陷型

B. 胰岛素作用单基因缺陷

C. 胰源性糖尿病

D. 内分泌疾病

E. 药物或化学品所致糖尿病

F. 感染

G. 不常见的免疫介导性糖尿病

H. 其他与糖尿病相关的遗传综合征

第③、④种类型的糖尿病发病概率很低，几乎不到 1%。现在我国糖尿病患者主要是以第 2 类(2 型糖尿病)为主，大约占糖尿病患者总数的 90%左右。1 型糖尿病多发于青少年，只占总人数的 10%左右。由于 1、2 型占据了糖尿病的绝大多数，因此流行病学的研究中主要以 1、2 型糖尿病为主。我们通常说的糖尿病也是指 1、2 型糖尿病，尤其是指 2 型糖尿病。

(2) 糖尿病诊断标准

糖尿病的临床诊断应依据静脉血浆血糖而不是毛细血管血糖检测结果。若无特殊提示，本书中所提到的血糖均为静脉血浆葡萄糖水平值。

表 4－3－2 糖代谢状态分类

糖代谢	静脉血浆葡萄糖(mmol/L)	
	空腹血糖	糖负荷 2 h 血糖
正常血糖	＜6.1	＜7.8
空腹血糖受损(IFG)	≥6.1,＜7.0	＜7.8
糖耐量异常(IGT)	＜7.0	≥7.8,＜11.1
糖尿病	≥7.0	≥11.1

注:IFG 和 IGT 统称为糖调节受损,也称糖尿病前期,空腹血糖正常参考范围下限通常为 3.9 mmol/L

引自:《中国 2 型糖尿病防治指南(2020 年版)》,中华糖尿病杂志,2021,4,13(4):318.

表 4－3－3 糖尿病的诊断标准

诊断标准	静脉血浆葡萄糖或 糖化血红蛋白(HbA1c)水平
典型糖尿病症状 加上随机血糖	≥11.1(mmol/L)
或加上空腹血糖	≥7.0(mmol/L)
或加上口服葡萄糖耐量试验后 2 h(OGTT2h)血糖	≥11.1(mmol/L)
或加上糖化血红蛋白(HbA1c)	≥6.5%
无典型糖尿病症状者,需改日复查确认	

注:OGTT 为口服葡萄糖耐量试验;HbA1c 为糖化血红蛋白。典型糖尿病症状包括烦渴多饮、多尿、多食、不明原因体重下降;随机血糖指不考虑上次用餐时间,一天中任意时间的血糖,不能用来诊断空腹血糖受损或糖耐量减低;空腹状态指至少 8 h 没有进食热量

引自:《中国 2 型糖尿病防治指南(2020 年版)》,中华糖尿病杂志,2021,4,13(4):318.

(3) 糖尿病的临床表现

典型表现:“三多一少”,即多尿、多饮、多食和消瘦(体重下降)。

① 多尿:糖尿病患者血糖浓度增高,不能被充分利用,特别是肾小球滤出后而不能完全被肾小管重吸收,以致形成渗透性利尿,出现多尿。血糖越高,排出的尿糖越多,尿量也越多。尿中有糖,每昼夜尿量可达 3～5 L,甚至高达 10 L。排尿次数也增多,1～2 小时就可能小便 1 次,有的患者甚至每昼夜可达 30 余次。

② 多饮:由于多尿,水分丢失过多,发生细胞内脱水,刺激口渴中枢,出现口渴多饮,饮水量和饮水次数都增多,以此补充水分。排尿越多,饮水也越多,恶性循环。

图 4－3－4

③ 多食:由于大量糖从尿中丢失,甚至每日失糖 500 g 以上,机体处于半饥饿状态,能量缺乏需要补充,引起食欲亢进,食量增加。同时又因高血糖刺激胰岛素分泌,患者易产生

饥饿感，食欲亢进，有吃不饱的感觉，甚至每天吃五六顿，有的患者主食可多达1～1.5 kg，副食也比正常人明显增多，常常不能满足食欲。

④ 消瘦(体重减少)：由于自身胰岛素分泌不足，机体不能充分利用葡萄糖而加速脂肪和蛋白质的分解来补充能量和热量，其结果使体内碳水化合物、脂肪及蛋白质被大量消耗，严重者体重可下降数十斤，以致疲乏无力、精神不振。同样，病程时间越长，血糖越高，病情越重，消瘦也就越明显。

(4) 糖尿病的预防

生活方式的干预最重要。改变和戒除导致慢性病的不健康的生活习惯，这不仅仅是糖尿病，同时也是肥胖、高血脂等慢性代谢病首要的、基础性的治疗方法。

防"病"于未然，养成健康生活方式远离糖尿病困扰，做到：平衡膳食，适当运动，戒烟、限酒，保持心理平衡。

图 4-3-5

(5) 糖尿病的治疗

得了糖尿病不用怕。糖尿病的种种危害主要发生于治疗不当的患者。相反，经过科学、全面治疗，糖尿病患者完全可以享受几乎和健康人一样的美好生活，完全可以长寿。

① 糖尿病的饮食治疗。糖尿病治疗是饮食、运动、心理、药物、监测等多方面相互配合，其中饮食治疗是最基本的治疗。任何一种类型的糖尿病，任何一位糖尿病患者，在一生中都需要进行饮食治疗。将合理控制饮食作为向糖尿病做斗争的必要手段，终身进行。

② 糖尿病饮食治疗的基本原则：

a. 控制总热量，建立合理饮食结构。

b. 均衡营养，合理控制碳水化合物、脂肪、蛋白质的比例。

c. 少量多餐，有利控制血糖。

d. 高纤维饮食，利于控制血糖，减肥和通便。

e. 饮食清淡，低脂少油，少糖少盐。

f. 适量饮酒，坚决戒烟。

③ 糖尿病"五套马车"综合治疗原则：

a. 饮食治疗。

b. 运动治疗。

c. 药物治疗。

d. 病情监测。

e. 糖尿病的教育与心理治疗。

其中以"饮食治疗"最为重要。

④ 糖尿病患者的食物选择：

a. 食物血糖生成指数(GI)。食物血糖生成指数(GI)是食物的一种生理学参数，衡量食物引起餐后血糖反应的一项有效指标，指 50 g 碳水化合物的食物引起血糖高低程度是与 50 g 葡萄糖(或 50 g 含碳水化合物的面包)在相同定时间内(一般为 2 小时)体内血糖应答水平相比较的百分比值，通常

图 4-3-6

把葡萄糖的血糖生成指数定为100。研究显示，低GI饮食升高血糖慢，有助于降低血糖峰值、减少药物用量、减少低血糖。同一种食物，烹调方法不同时血糖指数并不相同。

表3-2-4 常见食物血糖生成指数

血糖指数	食物举例
高GI≥75	麦芽糖、葡萄糖、白糖、馒头、精制面包、糯米粥、大米粥、烙饼、煮红薯
中55≤GI<75	大米饭、全麦粉面包、玉米片、馒头+黄油、荞麦面馒头、荞麦面条、土豆泥、油条、苏打饼干、南瓜、菜肉拌饭、黑豆汤、胡萝卜
低GI<55	小麦粉面条、煮玉米、黄荞麦、荞麦方便面、玉米面粥、黑麦粉面包、混合谷物面包、甘薯、蒸芋头、魔芋、藕粉、山药、爆玉米花、柚、樱桃

b. 多食富含膳食纤维的食物。膳食纤维有帮助维持正常血糖水平，防治糖尿病的作用。

c. 多吃五谷杂粮。谷物能够缓解人体升高血糖的内驱力，有利于血糖的平稳。

d. 供给充足的蛋白质

e. 适当补充B族维生素。丰富的维生素B_1、维生素B_2、烟酸等B族维生素，可以促进碳水化合物代谢。

多食用含钙、磷、锌、铬、铜、碘等丰富的食物。

f. 运动对于糖尿病患者的益处。适当的运动可以使人体重减轻，改善心血管功能，增进适应性和劳动能力，提高生活质量和健康感，降低胰岛素抵抗，改善血脂水平。运动治疗是治疗糖尿病的一个重要部分。

(6) 低血糖

低血糖，指血糖浓度低于2.8 mmol/L而导致脑细胞缺糖的临床综合征。

低血糖在每个人身上的表现不同，需要及时进行处理，常见的表现包括：可能会感到出虚汗、眩晕、发抖、手脚或嘴唇发麻、饥饿、视力模糊、难以集中精力、心悸、头痛，严重者出现意识蒙眬、言语障碍、狂躁甚至昏迷等。

糖尿病患者在治疗过程中可能发生血糖过低现象。低血糖可导致不适，甚至生命危险，也是血糖达标的主要障碍，糖尿病患者一般很重视血糖过高的情况，对于低血糖常常被忽视，这非常危险，应该引起特别注意。

糖尿病患者一旦出现低血糖，一定要尽早采取措施，现场进行急救。如果已经意识不清，切勿喂食，以免误食，需尽快送往就近医院急救，有条件者设法将葡萄糖粉或精细的食糖逐次、少量放到病人腮部与牙齿之间，这样糖分会在病人唾液溶化下通过口腔黏膜被迅速吸收。神志清醒且可吞咽时(有条件的情况下先测定血糖，然后立即饮用半杯果汁或甜饮料，如100～150 ml可口可乐)也可食用方糖2～6粒，蜂蜜1～2茶匙。症状缓解，进食后休息、观察10～15分钟，如果症状仍未改善可重复吃一次上述食品。

(7) 糖尿病患者如何预防低血糖

① 应坚持自己的营养治疗计划，不能因生活习惯和作息时间的改变而改变。

② 应随身携带糕点、糖果、甚至葡萄糖粉以便在出现低血糖时及时自救。

③ 应注意自己的活动量，不要过于劳累和兴奋。

④ 不管胰岛素注射降糖还是口服药物降糖，都不宜空腹活动。

糖尿病患者出现低血糖一定要尽早采取措施，现场进行急救，如果已经意识不清，切勿喂食，以免误食，需尽快送往就近医院急救，有条件者设法将葡萄糖粉或精细的食糖逐次、少量放到病人腮部与牙齿之间，这样糖分会在病人唾液溶化下通过口腔黏膜被迅速吸收。神志清醒且可吞咽时(有条件的情况下先测定血糖，然后立即饮用半杯果汁或甜饮料，如100～150 ml可口可乐)也可食用方糖2～6粒，蜂蜜1～2茶匙。症状缓解，进食后休息、观察10～15分钟，如果症状仍未改善可重复吃一次上述食品。

⑤ 怎样预防低血糖：a. 应坚持自己的营养治疗计划，不能因生活习惯和作息时间的改变而改变。b. 应随身携带糕点、糖果甚至葡萄糖粉以便在出现低血糖时及时自救。c. 应注意自己的活动量，不要过于劳累和兴奋。d. 不管胰岛素注射降糖还是口服药物降糖，都不宜空腹活动。

学习单元四 抗生素滥用的危害

一 抗生素与人类健康

抗生素(antibiotics)是由微生物(包括细菌、真菌、放线菌属)或高等动植物在生活过程中所产生的具有抗病原体或其他活性的一类次级代谢产物，及其化学半合成或全合成的衍生物，能干扰其他生物细胞发育功能。抗生素能在低浓度下选择性地抑制某些生物生命活动，对病原微生物具有抑制或杀灭作用，是防治感染性疾病的重要药物。

细菌感染曾是人类第一死因。自1928年开始，弗莱明、钱恩、弗洛里等科学家的不懈努力，终于将青霉素应用于临床，从此人类进入了抗生素的黄金时代。青霉素问世以来，抗生素作为抗感染治疗的主要药物，在保证人类健康中发挥着极其重要的作用。可以说，抗生素是20世纪最伟大的医学发现之一，是人类健康的一场巨大革命，从此人类有了可以同死神进行抗争的一大武器，挽救了无数的生命，使人类平均寿命增加了10岁，创造了一个辉煌的时代。

中国是抗生素的生产和使用大国。现实生活中，抗生素被许多人当作是包治百病的妙药，对滥用抗生素产生的危害却知之甚少，造成了目前的抗生素滥用现况。

二 滥用抗生素对人类健康的危害

1. 抗生素对人体的直接危害

抗生素不合理应用，不仅造成药品浪费，增加患者经济负担，而且破坏人体内正常机体免疫系统，更为重要的是促进了耐药菌株的产生，使病原菌耐药性情况的发生越来越普遍。

① 病原菌产生耐药菌株。病原菌耐药菌株的形成是一个全球性的问题，其与抗生素用量的增加呈平行关系，即抗生素疗程越长愈易引起耐药性。

② 产生毒性反应。主要表现在神经系统、肾脏和造血系统三个方面。如：链霉素，对耳前庭损害，表现为头晕、耳鸣、头疼、恶心、呕吐等；引起耳蜗神经损害，耳鸣、耳聋，少数患者可致永久性耳聋。

③ 产生过敏反应。多发生在具有特异性体质的人身上，其表现以过敏性休克最为严重。用药数分钟，就会发生药物热、皮疹、荨麻疹、血压下降等，严重时可引起死亡。青霉素、链霉素都可造成过敏性休克，以青霉素较为严重。

④ 二重感染。指长期使用广谱抗生素，使敏感菌群受到抑制，而一些不敏感菌（如真菌等）乘机生长繁殖，产生新的感染现象。

⑤ 增加患者负担。给不需要使用抗生素也能达到治疗效果的病人使用抗生素，或给不该联合用药的病人实施联合用药，可用价格低廉的抗生素进行治疗的疾病使用高价抗生素等，增加病人精神负担和经济损失。

2. 抗生素导致的环境污染间接危害人类健康

抗生素通常包括人用和兽用两类，兽用抗生素近年来在养殖业中也大量使用，导致环境污染和生态毒害问题日益严重。人和动物服用的抗生素类药物，大多不能被充分吸收利用而随排泄物进入污水或直接排入环境，而各种污水处理过程对抗生素类药物基本不起作用或作用很小，进入水体中的抗生素成为水资源重复利用的一个巨大挑战，对人体健康以及整个生态系统构成长期潜在危害。

3. 长期滥用抗生素对营养素的影响

① 青霉素。长时间使用可引起低血钾。

② 头孢菌素。对肾脏有损，并可引起低血钾及胃黏膜损伤，导致维生素 K 缺乏。

③ 庆大霉素。长期使用，可致低钾血症，钙、镁吸收下降，维生素 K 合成减少。

④ 四环素类抗生素（如四环素、金霉素、多丙环素等）。可以和某些元素（如铜、铁、锌、锰、钴、钙、镁等）结合形成不易被吸收的化合物，降低机体对药物与营养素的吸收。牛奶中含这些元素较多，所以服四环素类药时不宜食用牛奶。

⑤ 氯霉素。使用不当，有导致“再生障碍性贫血”发生的风险。

⑥ 抗菌增效剂——甲氧苄胺嘧啶（TMP）。可导致叶酸缺乏，长期服用可导致巨幼红细胞性贫血、血小板和白细胞下降，应及时查血象。

三 预防抗生素滥用的原则

1. 了解药物药效，药物选用具有针对性

每一种抗生素都会对一种或者几种病原菌具有较强的杀伤性，不同的病原菌应选用对该种病原菌高敏感的药物。

抗生素滥用

2. 根据抗生素药动学和药效学特点制订合理给药方案

由于抗生素的抗菌作用与血药浓度或作用时间存在着相关性，抗菌药物在体内要发挥抑菌作用或杀菌作用，必须在靶组织、靶器官内达到有效的浓度，并维持一定的时间，所以药物的使用剂量以及间隔时间和疗程都应该适当，医师会根据实际的情况制定出合理的给药方案。

3. 根据患者的生理和病理特征进行给药

对于新生儿、老年人、孕妇、哺乳妇女、各类有不同的生理特点的人群，必须考虑到肝、肾、心脏功能的病理基础，进而确定抗感染药物的种类、给药方法、使用剂量、使用疗程。

4. 不良反应要引起足够的重视

药物都具有二重性，在治病的同时也可以诱发其他疾病。任何药物都会存在着不良反应，抗生素也不例外。

5. 用药剂量要合理

在使用抗生素时，可以在允许的范围内适当地使用较大的剂量，从而让血药浓度能够尽快地达到要求，以防止因为剂量的不足而出现耐药性，这就是首剂加倍原则。对于病情较轻者，通常采用口服的方式；对于病情较重者，可以从静脉途径给药。

6. 合理联合用药

如果单一药物就可以有效地对感染进行治疗，则不需联合用药。当有以下情况时可考虑联合用药：病因未明确的严重感染和危及生命的严重感染时可通过联合用药扩大抗菌谱；当单一的抗菌药物不能有效地对严重混合感染进行控制时，可联合用药；因长期用药而产生耐药性后，通过联合用药可以减少耐药菌出现的机会；毒性较大的药物使用剂量减少，应联合用药。

7. 抗生素使用的误区

① 抗生素是退烧药，可以随便使用。不是所有的发热都是由细菌感染引起的，常见的伤风感冒通常由病毒所致，也发热，用抗生素毫无用处。

② 抗生素越多药效越好。抗生素使用的原则是能用低级的不用高级的，用一种能解决问题的就不用两种。

③ 越新、越贵的抗生素疗效越好。每一种抗生素都有各自的适应证，要根据病因选用抗生素，才能取得最佳疗效。

④ 无规律服用抗生素。抗生素的药效有赖于其有效的血药浓度，如达不到有效的血药浓度，不但不能彻底杀灭细菌，反而会使细菌产生耐药性。

⑤ 随意使用抗生素预防细菌感染。滥用抗生素，非但预防不了感染，反而会引起不良反应，甚至延误治疗和抢救时机。

⑥ 大人儿童用药量一样。儿童用药剂量和大人不同。有些抗生素对骨骼发育会产生抑制作用，成人可用，儿童千万吃不得。家庭用药要遵医嘱，不可想当然用药。

学习单元五 健康体检及其项目

一 健康体检及其意义

1. 健康体检

健康体检是指通过医学手段和方法对受检者进行身体检查，了解受检者健康状况、早期发现疾病线索和健康隐患的诊疗行为。

健康是生命的源泉，人最宝贵的是生命，生命最宝贵的是健康。在自我感觉身体健康时，每年进行全面的身体检查，通过专业的医疗仪器的检查和专家的诊断，对自己的健康状况有了一个更详细的了解，做到“未雨绸缪”“防患于未然”，非常必要。

通过定期健康体检，了解自身机体状况，定期得到健康与疾病危险性评估，在健康顾问或临床医师的指导下密切监控危险因素、降低风险，及时采取干预措施，预防疾病的发生，为健康提供超前保障，对于健康生活意义重大。

2. 定期进行健康体检的意义

① 走出亚健康。据统计，目前全世界的人群中，有75%的人群处于疾病的前缘，即亚健康人群。近年来，许多被认为是老年病的高血压、冠心病、糖尿病、脑血管病等的患病年龄都在年轻化。在庞大的亚健康人群中，有70%以上都是年龄在28～45岁的青壮年，定期进行健康体检，是早期发现多种重要疾病的有效措施。

② 防患于未然。人体主观感觉没有疾病并不表明没有疾病，没有明显的不舒服，不等于健康，许多疾病在初期乃至中期，可能没有任何不适，或自觉症状轻微，正因为如此，不要过于相信自己的主观感觉，感觉只是一方面，重要的是通过体检及早发现疾病，发现小毛病后面的大隐患，防患于未然，牢牢把握健康的主动权。

图4-5-1

③ 制定专属体检与保健方案。每个人的身体状况、家族病史都各不相同，甚至同一个人在不同的年龄阶段的身体状况也是有所不同的，因此体检方案不能千篇一律，由体检医师根据既往史、家族病史、年龄、体质等各方面进行综合分析，为个人量身制作个性化的体检方案，再由专业医务工作者根据体检的具体情况制定不同的个性化保健方案。

④ 花小钱，省大钱。人体的健康会随着时间、年龄、生活习惯及工作压力而改变，坚持定期体检，及时发现并预防疾病，花体检的小钱，节省疾病治疗的大钱。

⑤ 为健康全面把关。体检时，不仅有CT、超声波、X线等仪器设备的检查，有分析化

验，还有医生的手诊、问诊，这些有机结合，互为补充，为身体健康全面把关。

⑥ 发现异常进行针对性专项检查。体检是一个初步的筛查过程，一旦发现异常，可以及时咨询医生，判断是否有必要进一步作有针对性的专项检查。

⑦ 建立健康档案。将每次的体检结果妥善保管，建立起专属自己的健康档案。医生可以通过连续的体检报告比较分析，发现身体状况的变化，确定有无某种疾病倾向，为机体健康提供保障。

二 常见健康体检项目及其意义

1. 留取血、尿标本

体检前三日要注意保持平时的生活习惯，正常饮食，不饮酒。体检前一晚进餐后距采血时间至少空腹 8 小时。体检当日等候采血时应避免剧烈活动，最好休息 15 分钟后再进行采血。采血后按压针孔处 5 分钟，不能揉搓以免造成皮下淤血。

尿常规检查，应留取晨尿，最好是早上第一次尿。留尿时应排出前段尿，留取中段尿。女性应避开经期留取尿液，以免造成血尿的假象。留取尿标本的容器须清洁、干燥，尿标本应在 2 小时内送检，以免因时间长造成细胞成分溶解破坏或皱缩变形。

2. 白细胞(WBC)

白细胞计数，参考区间：3.5～9.5(10^9/L)。

白细胞计数增高，一天之中晚上要比早上高，除此之外运动、疼痛、情绪变化、吸烟等也可导致血白细胞一过性轻度增高。明显增高者应排除病理性原因，如有无感染(某些革兰氏阳性细菌或部分病毒感染)、骨髓增生、代谢性和药物性原因等，成倍增高时则应警惕血液系统疾病等可能。

白细胞计数降低，常见原因有革兰氏阴性菌或病毒感染、骨髓功能下降或破坏、物理损伤(如放射性损伤)、某些化学物质(如苯、铅、汞)或药物(如某些磺胺类、抗癌、降糖、抗甲亢、解热镇痛等药)、脾功能亢进、自身免疫性疾病、老年骨髓功能下降等。具体情况要结合症状和其他体检数据综合分析。

3. 红细胞计数(RBC)

红细胞计数，参考区间：4.3～5.8(10^{12}/L)。

红细胞计数增高，常为生理性，多见于高原地区居住的居民、剧烈运动、重体力劳动者。病理性因素可见于慢性缺氧、血液浓缩、真性红细胞增多症等情况。

红细胞计数减少，通常情况下比增高更有意义，常见原因：① 生理性降低：妊娠中后期、老年人骨髓造血功能下降或血液稀释所致。② 病理性降低：急性或慢性失血，如消化道溃疡、严重痔疮出血、经血过多；铁吸收障碍；骨髓造血功能损害，如再生障碍性贫血、多发性骨髓瘤、白血病等；还可见于肿瘤、肾病及其他消耗性疾病。具体原因要依降低程度，结合其他体检资料综合分析。

4. 血红蛋白(HGB)

血红蛋白，参考区间：130～175(g/L)。

血红蛋白升高，多为生理性。

血红蛋白降低，分为：① 生理性降低：如妊娠中后期由于血容量增加使血红蛋白相对不足、老年人骨髓造血功能下降或其他原因所致的血液稀释引起血红蛋白降低。② 病理性降低：常见于急性或慢性失血，如消化道溃疡、严重痔疮出血、经血过多；铁吸收障碍；骨髓造血功能损害，如再生障碍性贫血、多发性骨髓瘤、白血病等情况。出现血红蛋白的异常应结合红细胞数值的变化进行综合分析和判断。

5. 血小板（PLT）

血小板，参考区间：125～350（10^9/L）。

血小板的计数受检测技术和血小板本身日间波动等因素影响，一般计数在正常值的25%之内波动属于正常现象，一次检查结果不能做出疾病诊断，应适时复查。

若血小板计数存在持续明显升高，应考虑存在影响因素，当不超过 500×10^9/L 时，多为继发性增多，如贫血、慢性感染、药物反应、月经后、某些恶性肿瘤等，应以消除病因或治疗原发病为主，并定期复查；若血小板计数大于 500×10^9/L 甚至超过 $1\,000\times10^9$/L 时，则应考虑血液疾病，如白血病、特发性血小板增多症、骨髓纤维化早期等，须到专科进一步诊治，以免延误病情。

血小板计数持续降低，常见病因有药物毒副作用、原发性血小板减少性紫癜、脾功能亢进等；若有紫癜等出血倾向，或计数低于 50×10^9/L 时，则应及时到医院专科进一步检查、诊治。

6. 肝功能的常用指标

肝功能检查是通过各种生化实验方法检测与肝脏功能代谢有关的各项指标，如转氨酶、胆红素、胆汁酸、白蛋白、凝血因子等，从不同的方面对肝脏功能进行评价，其中丙氨酸氨基转移酶（ALT）和天门冬氨酸氨基转移酶（AST）是常用的反映肝细胞有无损伤的指标。

丙氨酸氨基转移酶（ALT），参考区间：9～50（U/L）。

天门冬氨酸氨基转移酶（AST），参考区间：15～40（U/L）。

转氨酶升高常见原因：① 各种肝病：包括病毒性肝炎、脂肪肝、酒精肝、药物性肝损害、重金属及化学物肝损害、肝癌、肝变性等等。② 非肝病：如心肌、骨骼肌及其他器官和组织病变、过劳、剧烈运动、损伤甚至发热感冒等均可引起一时性转氨酶升高。③ 高脂血症、高血糖等可引起转氨酶假性升高。对转氨酶升高者，应结合病史、症状及其他检查结果综合分析，力求找出病因，针对病因做必要防治措施。

7. γ-谷氨酰转肽酶

γ-谷氨酰转肽酶（GGT），参考区间：10～60（U/L）。

γ-谷氨酰转肽酶（GGT），人体的一种正常物质，参与人体氨基酸代谢，广泛分布于人体的组织中，肾最多，其次为肝和胰腺。在肝内主要分布于肝细胞浆和肝内胆管上皮细胞中。人类血清中 GGT 主要来自肝脏。

急性肝炎或者慢性肝炎活动，有肝细胞受损的情况下，肝细胞膜通透性增加，会导致γ-谷氨酰转肽酶升高。胆道系统疾病，如胆管炎、胆石症、胆道肿瘤、原发性胆汁性肝硬化或硬化性胆管炎，γ-谷氨酰转肽酶都会升高。发现γ-谷氨酰转肽酶升高，需要进一步检查肝

脏 B 超，以及肝功能检查，明确病因。

8. 血脂异常

血脂异常通常是指血浆中总胆固醇（TC）和（或）甘油三酯（TG）和（或）低密度脂蛋白胆固醇（LDL-C）升高，高密度脂蛋白胆固醇（HDL-C）降低。

总胆固醇（TC），参考区间：≤5.18（mmol/L）。

甘油三酯（TG），参考区间：≤1.7（mmol/L）。

低密度脂蛋白胆固醇（LDL-C），参考区间：≤3.37（mmol/L）。

高密度脂蛋白胆固醇（HDL-C），参考区间：1.00～3.10（mmol/L）。

血脂异常的诊断主要依靠实验室检查，目前临床上常用以下分类方法：① 高胆固醇血症：血浆 TC 水平增高。② 混合型高脂血症：血浆 TC 与 TG 水平同时增高。③ 高甘油三酯血症：血浆 TG 水平增高。④ 低高密度脂蛋白血症：血浆 HDL-C 水平降低。

如按病因学分类，血脂异常分为：继发性和原发性血脂异常。继发性通常是由于全身系统性疾病所致，如糖尿病、肾病综合征、甲状腺功能减退症等，或者因某些药物，如利尿剂、糖皮质激素、β 受体阻滞剂所引起的继发性血脂异常。若能排除继发性因素，则可诊断为原发性高脂血症，已知原发性高脂血症多由于先天性基因缺陷所致，如低密度脂蛋白（LDL）受体基因缺陷引起家族性高胆固醇血症等。

9. 胆红素

血清胆红素（也称总胆红素，T-BIL）是体内衰老红细胞裂解而释放出的血红蛋白而产生的，包括间接胆红素（I-BIL）和直接胆红素（D-BIL）。间接胆红素通过血液运至肝脏，通过肝细胞的作用，生成直接胆红素。

总胆红素（T-BIL），参考区间：≤26（μmol/L）。

直接胆红素（D-BIL），参考区间：≤8.0（μmol/L）。

间接胆红素（I-BIL），参考区间：3.4～17.0（μmol/L）。

轻度的一过性胆红素增高可因剧烈运动、饮酒、月经、妊娠、服用某些药物、脂肪肝或胆石症等情况引起，一般不超过正常值的两倍，若无症状应积极消除可疑病因，适时复查。

胆红素增高若为正常值 2～5 倍，且总胆红素、直接胆红素基本平行增高，肝细胞性黄疸可能性大（病因有病毒性肝炎、药物或中毒性肝炎、酒精肝、脂肪肝、胆石症、胆囊炎等肝胆系疾病）。

若以总胆红素增高为主，可能为溶血性黄疸。

若胆红素增高达正常值 5 倍以上，且以直接胆红素增高为主，可能为胆石症、胆管内占位病变、肝内小胆管压力升高（门脉周围炎、肝纤维化、肝细胞肿胀）等胆道不全阻塞所致。

以上需结合临床具体分析，针对病因做必要治疗。

10. 胆汁酸（TBA）

胆汁酸（TBA）在肝脏内由胆固醇合成，从胆汁中排出，在肠道内经细菌分解后由小肠重吸收，经门静脉被肝细胞摄取，少量进入血液循环。

胆汁酸（TBA），参考区间：≤6.71（μmol/L）。

胆汁酸测定对肝胆系统疾病诊断有较高的特异性和敏感性，对临床有较大价值。

血胆汁酸增高，主要见于急、慢性活动性肝炎、肝坏死、肝癌、酒精性肝病、中毒性肝病、胆汁淤积性肝硬化、胆结石、胆道蛔虫、胰头癌、胆道癌等，需结合临床分析病因，针对原发病因治疗。

进食后可出现胆汁酸一过性增高，为生理现象，偶尔一次检查发现轻度（正常值两倍以内）升高不一定有临床意义，可复查。

11. 肌酸激酶（CK）

肌酸激酶（CK）主要存在于骨骼、心肌、脑组织和平滑肌中，是一个与细胞内能量运转、肌肉收缩、三磷酸腺苷（ATP）再生有直接关系的重要激酶，正常值参考范围受性别、年龄、种族、生理状态的影响而有所不同。

肌酸激酶（CK），参考区间：50～310（U/L）。

肌酸激酶有四种同工酶形式：肌肉型、脑型、杂化型和线粒体型，不同同工酶升高代表的含义不一样。剧烈运动、体力劳动可致肌肉代谢加快、肌细胞释放大量肌酸激酶至血液中，有时可达正常值的数倍，休息数天后可恢复正常。病理性增高，多见于急性心肌梗死、心肌炎、脑卒中、横纹肌破坏性疾病等，多伴有明显的相关症状。服用某些药物（如降脂药），肌酸激酶也可轻度升高。

12. 肌酐（Cr）

肌酐（Cr）是肌肉细胞内的肌酸在人体内代谢的最终产物，绝大部分由肾脏排出体外，血清肌酐浓度的变化反映了肾小球的滤过能力。一般情况下，体内血肌酐水平比较稳定，其正常值在各个医院的衡量标准不一样。

一般来说血肌酐正常值标准为：44～133（μmol/L）。

当血肌酐超过 133 μmol/L 时意味着肾脏出现损伤，肾功能下降。最常见于糖尿病肾病，其次是慢性肾炎、高血压并发肾病及其他肾脏疾病或中毒，发现肌酐增高时应及时至专科医院诊治，以免延误病情。

13. 同型半胱氨酸（HCY）

同型半胱氨酸（HCY）是人体内含硫氨基酸的一个重要的代谢中间产物，血中同型半胱氨酸含量与遗传因素、营养因素、雌激素水平、年龄因素等有关，另外参与同型半胱氨酸代谢的酶活性下降，也可引起同型半胱氨酸增高。

同型半胱氨酸（HCY），参考区间：5～15（μmol/L）。

血中同型半胱氨酸高于正常范围即被称为高同型半胱氨酸血症。同型半胱氨酸水平愈高，动脉粥样硬化的危险性愈大。因为高浓度同型半胱氨酸对血管内皮细胞有损害，而且它还能促进氧自由基的形成，加速低密度脂蛋白的氧化，并可激活血小板的黏附和聚集，从而增加血栓性疾病的发生率。血清中同型半胱氨酸的水平增高是脑卒中的危险因素之一，是脑卒中筛查中常用的血液学检查项目之一。

14. C 反应蛋白与超敏 C 反应蛋白

C 反应蛋白（CRP）与超敏 C 反应蛋白（hs-CRP）是同一种物质，都是由肝脏合成的一种全身性炎症急性期反应的非特异性标志物，由于检测方法的下限不同，分为 C 反应蛋白（检

测的线性范围一般为 3～200 mg/L）和超敏 C 反应蛋白（检测低限延伸为 0.005～0.10 mg/L）。

C 反应蛋白（CRP），参考区间：≤10（mg/L）。

C 反应蛋白检测主要用于细菌感染、各种炎症过程筛检、监测、病情评估与疗效判断。超敏 C 反应蛋白水平与动脉粥样硬化及急性脑梗死（ACI）的发生、严重程度及预后密切相关，其参与了血栓形成和动脉硬化的病理过程，主要用于诊断和预测心脑血管事件的发生发展，常见于心肌梗死、脑梗死、风湿活动、组织损伤、恶性肿瘤、手术创伤及各种急性或慢性感染等情况。

15. 尿酸

血液生化检查中当血尿酸水平男性＞420 μmol/L，女性＞360 μmol/L 称为高尿酸血症。

尿酸高是由于人体内嘌呤物质代谢发生紊乱，致使血液中尿酸增多而引起的一种代谢性疾病。正常情况下，人体每天尿酸的产生和排泄基本上保持动态平衡，凡是影响血清尿酸生成和排泄的因素均可以导致血清尿酸水平增高。轻微尿酸升高一般不会有什么表现，但高尿酸血症出现急性关节炎、痛风石、慢性关节炎、关节畸形、慢性间质性肾炎或尿酸性尿路结石称为痛风，重者可出现关节残疾甚至肾脏功能不全，高尿酸血症还与心脑血管疾病、糖尿病等密切相关。高尿酸血症人群应该控制体重，调节饮食，限制高嘌呤饮食（动物内脏、海鲜、肉类、豆制品等），戒酒，多饮水以利于尿酸排泄，定期复查尿酸，如尿酸明显升高应在医生指导下治疗。

16. 胆囊结石与胆囊息肉

胆囊结石，一种很常见的胆囊疾病，主要成分是胆固醇或以胆固醇为主的混合性结石以及黑色胆色素结石。胆固醇是胆汁的成分之一，胆汁的正常混合成分发生变化和胆固醇含量增高时可形成结石。分为三个阶段，胆汁饱和、或过饱和，起始核心的形成，逐渐形成结石。胆囊结石与胆囊炎往往同时存在，并互为因果。任何人群均可发病，多发于中年女性以及肥胖、糖尿病、高脂血症等患者。

胆囊息肉，胆囊壁向腔内呈息肉样突起的一类病变的总称，又称“胆囊隆起性病变”，包括由胆囊炎症所引起的黏膜息肉样增生、胆囊黏膜细胞变性所引起的息肉样改变、胆固醇性息肉、胆囊腺瘤样增生以及息肉样胆囊癌等。

17. 肾囊肿

肾囊肿是肾脏内出现与外界不相通的囊性病变的总称，分为单纯性肾囊肿、获得性肾囊肿等。

单纯性肾囊肿是临床上最常见而实际意义最小的肾脏囊肿性疾病，一般不伴有肾功能减退，常在健康体检超声检查中被发现，其发病率可随年龄增长而增高，50 岁以上的人群的发生率为 50％。单纯性肾囊肿可以为单侧或双侧，一个或多个，直径一般 2 cm 左右，也有直径达 10 cm 的囊肿。

获得性肾囊肿主要是因尿毒症或透析治疗后发生的，与年龄无关，而同血液透析的时间有关。

大多数肾囊肿不引起任何症状，对于小的肾囊肿，无症状时不需要做任何治疗，每半年至一年进行一次超声检查；若囊肿明显增大，经外科评估可进行相应的治疗，包括手术治疗或囊内注射硬化剂。

18. 肾结石

肾结石的形成过程是某些因素造成尿中晶体物质浓度升高或溶解度降低，呈过饱和状态，析出结晶并在局部生长、聚集，最终形成结石。多见于20～40岁，男女发病率之比为4～5∶1。肾结石形成时多位于肾盂或肾盏，可排入输尿管和膀胱。肾结石的症状取决于结石的大小、形状、所在部位和有无感染、梗阻等并发症，表面光滑的小结石能自动排出而不引起明显症状。

肾结石的治疗方法较多，包括一般疗法，如：保证充分饮水、调整饮食等，药物治疗及体外碎石、手术取石等应在专科医生指导下进行。

19. 肺部肿块

肺部肿块，指胸部X线影像检查发现的直径在3 cm以上的阴影，一般分为良性肿瘤、恶性肿瘤。

良性肿瘤，包括支气管和肺的错构瘤、软骨瘤、纤维瘤、平滑肌瘤、血管瘤和脂肪瘤等，种类很多，可起源肺和支气管的所有各种不同类型细胞，以错构瘤为最常见，绝大多数无临床症状和体征，常在X线检查时发现，X线表现与周围组织分界清楚，边缘光滑、整齐，呈圆形或椭圆形，多为实体病变。

恶性肿瘤，最常见的是肺癌。其病因与长期抽烟、职业因素、大气污染、肺部慢性疾病（如肺结核、硅肺、尘肺、慢性支气管疾患）和人体内在因素（家族遗传以及免疫机能降低、代谢活动、内分泌功能失调等）有关。肺癌的临床表现比较复杂，症状和体征的有无、轻重以及出现的早晚，取决于肿瘤发生部位、病理类型、有无转移及有无并发症，以及患者的反应程度和耐受性的差异。肺癌早期症状常较轻微，甚至可无任何不适。

肺癌肿块的X线表现多呈分叶状，边缘毛糙不光滑，密度不均匀，可伴胸腔积液，肺门及纵隔淋巴结转移等。

肺部肿块还可见于某些感染性病变，如结核球、炎性假瘤等。

20. 肺内结节影

在X线影像上显示单个圆形或卵圆形病变，且直径小于3 cm者，称为肺部结节。

肺部结节影是常见又较难确诊的疾病，其病因复杂，临床表现缺乏特异性，诊断有一定的难度，易误诊和漏诊。肺部结节影，并非一定意味着肺癌，很多良性病变也可以表现为小结节影。

常见的小结节影有转移瘤、纤维硬结灶、小肺癌、癌前病变、不典型腺瘤样增生、钙化灶，硬化性血管瘤等，有些疾病仅局限于肺部，有些为全身性疾病的肺部表现。CT是筛查和诊断良恶性的重要手段，定期体检、随访复查、动态观察小结节的转归和发展十分重要。

21. 钙化斑点、钙化灶

肺部钙化斑，是组织钙化的表现。

一般来说，形成组织钙化原因：一是代谢后的产物；二是感染后的痕迹；三是肿瘤生长过程中因炎性反应而形成的组织变化。肺部的钙化点、钙化斑，大多数是既往感染结核自愈或治愈后在肺部留下的疤痕。

X线表现为单个或多个斑点状高密度影，即为钙化灶。单纯的钙化点和钙化灶是组织修复的一个手段，意味着疾病的好转，不需要治疗，也无传染性，对身体没有太大影响，可根据钙化点的密度、形态及部位进行鉴别诊断，部分病变内的钙化灶必要时需要临床进一步检查，排除其他疾病的可能。

22. 窦性心律及窦性心律失常

人体右心房上有一个特殊的小结节，叫作窦房结，人体正常的心跳就是从这里发出，这就是“心脏起搏点”。窦房结每发生1次冲动，心脏就跳动1次，称为“窦性心律”。窦性心律就是心脏正常的跳动，即凡是由窦房结发出激动所形成的心律总称为窦性心律。窦房结的频率每分钟60～100次，有25%的青年人心率为50～60次/分。凡是由于窦房结自律性改变而引起的心律失常称为窦性心律失常，常见以下几种：

① 窦性心动过速。成人窦性心律＞100次/分，常见于运动、精神紧张等。病理原因有发热、甲亢、贫血、心肌炎等。窦性心动过速本身无特殊意义，而应针对病因对症处理。

② 窦性心动过缓。成人窦性心律＜60次/分，但一般在40次/分以上。可见于健康成人，尤其是运动员、强体力劳动者、老年人和睡眠时。其他原因有甲状腺功能低下、血钾过高、应用某些药物等。在器质性心脏病中，可见于冠心病、心肌炎、心肌病和病窦综合征等。窦性心动过缓如心率不低于每分钟50次，一般无症状，观察即可。如伴有头晕、胸闷、心绞痛、晕厥等，或心率＜40次/分，应及时到心内科诊治。

③ 窦性心律不齐。多与呼吸周期有关，多见于正常人，不需要治疗。与呼吸周期无关的窦性心律不齐可能为病理表现，如冠心病、应用某些药物等，应到心内科诊治。

④ 病态窦房结综合征。由心脏起搏的窦房结及传导系统障碍所致，心电图主要表现有持续窦性心动过缓、窦性停搏、窦房传导阻滞、室上性快速心律失常等，又称快—慢综合征。可伴有头昏、黑蒙、晕厥等症状，应及时到医院就诊。严重者可能需安装心脏起搏器。

23. 心电图有早搏

早搏是过早搏动的简称，还称为期前收缩，临床上常见的心律失常。

心电图特征是提早出现的P′(P)波或P′(P)-QRS-T波群或QRS-T波群，其后多有较基本周期为长的代偿间隙。分为窦性早搏、房性早搏、房室交界性早搏、室性早搏等，以房性早搏和室性早搏最为多见。早搏可以偶然发生(偶发性)，也可以频繁的一再出现(频发性、二联律、三联律等)。

有些人在健康体检心电图检查时发现有早搏，很紧张，以为得了很严重的心脏病。其实在正常和病理情况下皆可发生早搏。判断早搏的意义，需结合个人的整体情况，才可做出全面评估。一般来说，偶发的或发生多年而无其他不适者，大多无重要意义，可见于健康人，特别是年轻人，多与兴奋、疲劳、饱餐及烟、酒、茶等过度有关。但是如果早搏呈频发性、持续性、多源性、多形性，或早搏伴有其他心电图改变或心脏异常体征，则多属病理性，应及时到心内科诊治。

24. 青光眼

青光眼，一种发病迅速、危害性大、甚至导致失明的常见眼病。以眼底神经损害为特征，表现为视神经纤维缺损，视杯扩大等。多数患者眼压高，严重者可出现眼球胀痛、头痛、甚至恶心、呕吐。少数患者眼压不增高、也无临床表现。青光眼共同的特征是视网膜神经节细胞受损，引起视野缺损，视力下降，如果不积极治疗，最终视神经萎缩，导致患者失明。青光眼包括原发性青光眼、继发性青光眼、先天性青光眼。最常见的是原发性青光眼，它又分为闭角型青光眼和开角型青光眼。开角型青光眼往往发病隐匿，眼压缓慢增高，自觉症状少，而视功能的损害也是缓慢发生的，特别容易耽误病情，许多开角型青光眼的患者直到晚期才去就诊，错过了治疗的最好时期。青光眼日常检查包括眼压、眼底、视野、眼底立体像等，对可疑青光眼的人群应 3 个月至半年复查，一旦确诊青光眼，应及时到眼科治疗。对开角型青光眼应测量 24 小时眼压。

25. 鼻中隔偏曲

鼻中隔位于左右鼻腔中间，由多块软硬骨共同组成，相互间构成复杂的连接，各骨骼生长发育均衡才能保证鼻中隔处于正中位。

鼻中隔偏曲，指鼻中隔偏向一侧或两侧、或局部有突起，可影响鼻腔正常生理功能，引起鼻腔功能障碍和症状，如鼻塞、鼻出血和头痛等。

绝大多数属先天发育畸形，但某些病变也可引起。若其中一块骨发育不正常，可影响其他骨的发育，现实中鼻中隔完全正直者甚少，常有不同程度的偏斜，如无功能障碍，可不做任何处理；如引起鼻腔功能障碍出现如鼻塞、鼻出血和头痛等症状，则应考虑手术治疗。

26. 打呼噜

打呼噜，医学上称为鼾症（睡眠呼吸暂停低通气综合征，OSAHS），一种普遍存在的睡眠现象，打呼噜是健康的大敌。由于患有鼾症的人在睡眠时反复发生呼吸暂停，使血液中氧含量减少，形成低氧血症，导致机体缺氧，诱发高血压、冠心病、心律失常、糖尿病、脑血管病等，夜间睡眠时呼吸暂停时间过长还容易发生猝死。

鼾症，主要见于肥胖者、鼻腔阻塞、扁桃体肥大、舌体肥大、下颌后缩、小颌畸形等，明确诊断需要进行多导睡眠监测。一旦明确诊断，需戒烟酒、减肥、侧卧位睡眠，严重者需要手术矫正或睡眠时佩带小型呼吸机治疗，阻止夜间缺氧的发生。

27. 蛀牙

蛀牙的学名叫龋齿，俗称虫牙。蛀牙是由于一些特定的细菌定植在牙面上，形成牙菌斑，然后利用食物中的一些成分产酸，造成牙齿的脱矿、崩解，形成了缺损。

预防蛀牙，首先要注意口腔卫生，坚持早晚刷牙，饭后漱口，以清除牙面上的牙菌斑，同时也清除细菌产酸的原料——食物残渣。晚上刷牙尤其重要，因为夜间人体分泌的唾液减少，唇舌等肌肉的活动减少，这样口腔的自我清洁功能下降。此外，刷牙并不能清除牙齿相邻两个牙面上的细菌和食物残渣，因此，还需要使用牙线，对于有牙缝形成的中老年人，还需要使用牙缝刷（也叫牙间隙刷），或者冲牙器等，以清除牙齿缝隙中的细菌和食物残渣。

其次，还可以通过使用含氟牙膏等方法增强牙齿的抵抗力，此方法仅适用于低氟区，高氟区和适氟区采用该方法则可能导致氟中毒，造成氟斑牙和氟骨症。最后，应该定期做牙齿检查，发现蛀牙及时治疗。

28. 口腔溃疡

诱发口腔溃疡的因素有很多，与睡眠、情绪、饮食、内分泌变化、免疫情况等都有关系。口腔溃疡的治疗方法也很多，但基本上都是对症治疗。日常生活中要注意保持口腔卫生，生活规律，坚持体育锻炼，多吃蔬菜水果，少食辛辣、刺激性食品。有了口腔溃疡不要一概轻视，如一月以上仍不愈合，应及时到医院检查，以免延误治疗时机。

29. 矫正牙齿

儿童和成人都可以进行正畸治疗。理论上来说，牙齿矫正没有严格的年龄限制，但对于成人，有很多复杂的问题与青少年不一样：成人牙槽骨的反应性较不活跃，一般治疗过程较长；成人牙周炎症普遍存在，未经控制，不能矫正；较严重的骨骼畸形，一般需要手术等等。如有矫正牙齿的需求，年龄并不是最重要的，关键是是否满足矫正的条件，其中包括牙周状况和全身健康状况。所以，成人矫正需要及时进行，以免失去矫正的基本条件。

30. HPV 病毒

人乳头瘤病毒（HPV）。女性生殖道人乳头瘤病毒感染（HPV 感染），特别是高危型 HPV 的持续感染和反复感染是导致宫颈癌的主要病因。但感染 HPV 并不代表一定会患宫颈癌，需要进一步配合宫颈细胞学检查或阴道镜及病理活检才能确定。

HPV 检测是宫颈癌初筛的一种有效方法，HPV 感染是自身免疫力低下的一种表现。HPV 主要是通过性行为传播，吸烟、机体免疫力降低或生殖器官的感染性疾病可增加 HPV 的感染机会。据统计，约有 70%育龄期女性一生中在某一时期感染过一种或一种以上的生殖道 HPV 亚型，然而多数 HPV 感染是“一过性”的（平均为 8～10 个月），常不能持久存在，大约只有 10%～15%的妇女没有及时清除 HPV 的感染而呈持续感染状态，这种 HPV 持续感染会导致子宫颈发生癌前病变，尤其是年龄超过了 30 岁的妇女持续感染 HPV 后患宫颈癌的风险性增加，更应引起注意。

宫颈癌是所有癌症中唯一可以预防的癌症，专家建议女性一旦开始性生活，就应当定期进行 HPV 检测和宫颈细胞学检查，以便及时发现癌前病变，做到早诊早治，有效阻断病情发展，彻底远离宫颈癌。

三 健康体检的注意事项

1. 注意事项

① 体检前 1 天要忌酒，限高脂高蛋白饮食，避免使用对肝肾功能有影响的药物。

② 检查前 3～5 天饮食宜清淡，勿食猪肝、猪血等食物，检查前 1 天晚上 12 点以后，应完全禁食（包括饮水）。

③ 做 X 线检查时，宜穿棉布内衣，勿穿带有金属纽扣的衣服、文胸，要摘去项链、手机、手表、钢笔、钥匙等金属物品。怀孕及有可能怀孕之女性受检者，事先告知体检服务人员，慎做 X 光检查。

④ 抽血及肝、胆 B 超，须空腹进行；做膀胱、前列腺、子宫、腹部 B 超时，请勿排尿；如无尿，需饮水至膀胱充盈。

⑤ 女性生理期，不宜做妇科检查及尿检；做妇科检查前应排空膀胱；乳腺远红外线复查最好选择在生理期后一周内。未婚女性不宜做妇科检查，有特殊需求者需签署相关协议（告知书）方可进行相应检查。

⑥ 内科体检前先测血压、身高、体重。

⑦ 检查当天需抽完血、做完腹部超声波检查后，才可进食。

⑧ 体检有热成像项目时，检前要排空便、尿，还须禁食、水。

⑨ 体检当日穿着要求：穿脱方便的服装、鞋袜，最好不佩戴项链等，女性的文胸不要带钢托，不要穿金属亮片的内衣。

2. 体检五忌

健康体检，是预防疾病的有效手段之一。通过健康体检，可以了解自身健康状况，发现一些不易察觉的早期疾病，以便及时干预、终止疾病的发生发展，收到事半功倍的效果。但有的受检人员由于对体检的一些关键环节重视不够，或认识偏差，出现种种疏漏，使体检的目的难以达到。

① 忌采血时间太晚。体检化验要求早上 7:30～8:30 采空腹血，最迟不宜超过9:00。太晚会因为体内生理性内分泌激素的影响，使血糖值失真（虽仍为空腹）。所以受检者应该尽早采血，不要轻易误时。

② 忌体检前贸然停药。采血要求空腹，但对慢性病患者服药应区别对待。如高血压病患者每日清晨服降压药，是保持血压稳定所必需的，贸然停药或推迟服药会引起血压骤升，发生危险。按常规服药后再测血压，体检医生也可对降压方案进行评价。服少量降压药对化验的影响是轻微的，可以忽略不计。高血压患者应在服完降压药后再来体检。对糖尿病或其他慢性病患者，也应在采血后及时服药，不可因体检而干扰常规治疗。

③ 忌随意舍弃检查项目。体检表内设定的检查项目，有反映身体健康状况的基本项目，有针对恶性疾病和常见疾病的特殊检查项目。这些检查对疾病的早期发现有特殊意义。如肛门指诊检查，对受检者直肠肿物的发现尤为重要。有的受检者因怕麻烦或害羞，自动放弃该项检查，若受检者真有病变，就会失去了治疗的最佳时机，其后果不言而喻。

④ 忌忽略重要病史陈述。病史，尤其是重要疾病病史，是体检医生判定受检者健康现状的重要参考依据，据此制定干预措施，对疾病的转归有极其重要的影响。例如，在对高血压患者进行治疗指导前，必须搞清楚其高血压病的发病时间、治疗过程、用药情况等关键问题，才能有针对性地提出进一步的治疗意见，包括加减用药剂量、调整用药品种等，从而达到最佳治疗效果。病史陈述要力争做到客观、准确，重要疾病不可遗漏。

⑤ 忌轻视体检结论。体检结论，是对受检者健康状况的概括和总结，是医生根据各科体检结果，经过综合分析对受检者开的健康处方，对纠正不良生活习惯、预防和治疗疾病有

重要的指导意义。若忽视体检结论,没有仔细阅读和认真实施,会使健康体检失去了意义。

自己的健康要掌握在自己手中,勿忘定期健康体检,珍重身体健康。

学习单元六 保健与保险

一 保健与健康

保健,保护健康,指为保护和增进人体健康、防治疾病所采取的综合性措施,如合理选用养精神、调饮食、练形体、慎房事、适寒温等保健方法,通过长期的锻炼和修习,达到保养身体、减少疾病、增进健康、延年益寿目的的技术和方法,即养生。

保健在中国有着悠久的历史,早在《黄帝内经》中就全面地总结了先秦时期的养生经验,明确地指出“圣人不治已病治未病,不治已乱治未乱……夫病已成而后药之,乱已成而后治之,譬犹渴而穿井,斗而铸锥,不亦晚乎!”的养生观点,为中国传统预防医学和养生学的发展奠定了基础。

图 4-6-1

数千年来,历代的中医药学家和养生学家不断地积累和总结流传于民间的养生保健经验,并著有大量养生学专著,促进了中国传统养生学的发展。

中国的传统养生学流派较多,各有所长,总体来讲主要分为精神、动形、固精、调气、食养、药饵等六大学派。各学派的养生学说自有体系,各有所长,又兼收并蓄,形成了中国独具特色的养生保健方法。

祖国医学中很多养生保健的观念和现代生命学相似,很多传统养生保健方法也很有效,如推拿按摩、拔罐、食疗、针灸、五禽戏、太极拳、书画、气功(引行导气,腹式呼吸)等,除针灸外,其他方式任何人都可以个人操作,经常使用这些方便操作的方法对养生保健、强身健体、预防疾病有一定的疗效。

二 健康保险

健康是幸福之本。然而,在人的一生中,健康的风险始终挥之不去,影响到人们的正常生活。在人类抵御健康风险,寻求生活保障的过程中,健康保险应运而生,并在人们的生活中扮演着越来越重要的角色。

1. 健康风险

健康风险(health risk factors),指能引起身心疾病的所有因素。

健康风险的特点:① 潜伏期长。机体长期、反复接触风险因素后才可能产生健康问题,乃至疾病,由于潜伏期不易确定,风险到疾病的潜伏期可能很长。② 联合作用明显。机体存在多种健康风险并存的情况,这会明显增强致病风险。③ 特异性弱。风险因素对健康的作用,往往是一种风险因素与多种疾病有联系,也可能是多种风险因素引起一种慢性疾病。④ 广泛存在。健康的风险因素广泛存在于人们的日常生活之中。

健康风险因素的种类:行为风险因素、环境风险因素、生物遗传风险因素、医疗卫生服务风险因素等。

健康风险因素的作用过程:无风险阶段、出现风险因素、致病因素出现、症状出现、体征出现、劳动力丧失。

2. 健康保险

这里所指的健康保险(health insurance),主要是指商业健康保险。是由商业保险机构对健康原因和医疗行为导致的损失给付保险金的保险。主要包括:医疗保险、疾病保险、失能收入损失险、护理保险、医疗意外险、医疗责任险等。

早在2013年国务院就明确指出:"在完善基本医疗保障制度、稳步提高基本医疗保障水平的基础上,鼓励商业保险公司提供多样化、多层次、规范化的产品和服务。鼓励发展与基本医疗保险相衔接的商业健康保险,推进商业保险公司承办城乡居民大病保险,扩大人群覆盖面。积极开发长期护理商业险以及与健康管理、养老等服务相关的商业健康保险产品。推行医疗责任保险、医疗意外保险等多种形式的医疗执业保险。"[《国务院关于促进健康服务业发展的若干意见》(国发〔2013〕40号)]

健康保险对个人和家庭的作用:可以防患于未然;可以拥有更便捷的医疗条件,减少对"看病贵、看病难"的担心;可以有专业人员咨询,专业人员提供全程服务。

3. 健康保险的类型

(1) 按保险责任分

《健康保险管理办法》按照保险责任的不同,将健康保险分为:疾病保险、医疗保险、失能收入损失保险和护理保险。

疾病保险,指以保险合同约定的疾病的发生为给付保险金条件的保险。医疗保险,指以保险合同约定的医疗行为的发生为给付保险金的条件,为被保险人接受治疗期间支出的医疗费用提供保障的保险。失能收入损失保险,指以保险合同约定的疾病导致工作能力丧失为给付保险金的条件,为被保险人在一定时期内收入减少或者中断提供保障的保险。护理保险,指以因保险合同约定的日常生活能力障碍引发护理需要为给付保险金的条件,为被保险人的护理支出提供保障的保险。

(2) 按照保险金给付的性质分类

按照保险金给付性质的不同,健康保险可分为费用补偿型、住院津贴型和定额给付型三种不同性质的健康保险。

费用补偿型健康保险，指保险公司根据被保险人实际支出的各项医疗费用，按照合同约定的比例报销，但总额不能超过该险种的保险金额。如果被保险人的医疗费用已经通过其他途径获得补偿，保险公司仅补偿其差额部分。住院津贴型健康保险，指保险公司针对被保险人实际住院天数，根据合同约定的津贴标准，按次数、天数或项目给付保险金的一类健康保险产品。该保险的保险金给付与被保险人实际发生的医疗费用支出无直接关联。定额给付型健康保险，指保险金额是投保双方在签订合同时就已经确定的，当被保险人初次患保险合同规定的疾病，经保险公司指定的医疗机构确诊，保险公司将按照合同规定向被保险人一次性给付保险金，则保险合同终止或该项保险责任终止。

（3）按照保险期限分类

按照保险期限长短的不同，健康保险可分为长期健康保险和短期健康保险。

长期健康保险，指保险期限超过1年或者保险期限虽不超过1年但含有保证续保条款的健康保险。短期健康保险，指保险期间在1年及1年以内，且不含有保证续保条款的健康保险。

（4）按照投保对象分类

按照投保对象分，健康保险可分为：个人健康保险和团体健康保险。

个人健康保险，指投保人以自然人的身份，向保险公司投保健康保险的一种方式。团体健康保险，指企事业单位以法人身份，为本单位成员投保健康保险并因此与保险公司签订健康保险合同的一种方式。

（5）按照险种性质分类

按照险种性质的不同，健康保险可分为：主险和附加险。

主险，指可以单独投保的险种。附加险是，不能单独投保，只能在投保某主险之后才可以投保的险种。主险因失效、解约或满期等原因效力终止或中止时，附加险效力也随之终止中止。主险的生效、失效、复效是独立的，不依赖于附加险。附加险效力的产生和存续却要以主险效力的存在为前提条件，附加险的效力不能独立存在。

三 保险服务

保险（Insurance或缩写为insure），是指投保人根据合同约定，向保险人支付保险费，保险人对于合同约定的可能发生的事故因其发生所造成的财产损失承担赔偿保险金责任，或者被保险人死亡、伤残、疾病或者达到合同约定的年龄、期限等条件时承担给付保险金责任的商业保险行为。

人类社会从开始就面临着自然灾害和意外事故的侵扰，在与大自然抗争的过程中，古代人们就萌生了对付灾害事故的保险思想和原始形态的保险方法。1384年，比萨出现世界上第一张保险单，现代保险制度从此诞生。1929年11月20日，太平保险有限公司在上海成立。1949年10月20日，中国人民保险公司在北京成立，宣告了新中国第一家全国性大型综合国有保险公司的诞生。1956年，太平保险有限公司停办国内业务，专营境外业务，1958年12月，全国财政会议正式决定全面停办国内保险业务。1979年11月19日，中国人民银行在北京召开了全国保险工作会议，停办 20 多年的国内保险业务开始复业。

随着生活水平的提高，人们的保险意识越来越强，保险已经不单纯是风险保障的需要，更是高品质生活的体现，可以帮助人们理财，促进人的全面发展。

大学生是国家未来发展的一支主力军，但是如今大学生自身的安全问题越来越严峻，因此很有必要加强保险意识。现在社会一个家庭供养出一个大学生不容易，或许等到大学毕业父母都已经斑白了双鬓。然而此时于大学生来说，却仅仅是生活的开始，生活中风险意外无处不在，万一出现什么意外情况，对于自己是一个沉重的打击，对于父母来说更是一个大的灾难。因此大学生也需要有自己的保险规划，做好安全保障，转嫁风险，让自己踏上奋斗之路多一份保障，也是对父母的一份责任。

对于刚步入大学的新同学而言，是第一次真正长期的远离家门，少了父母的保护，为了更好地保障大学生的大学生活，适当购买一些保险，来帮助大学生规避可能出现的风险事故也非常有必要。

许多在成长中的大学生，投保相应的商业保险，可作为完善个人保障的一种有效方式。有针对性地投保商业保险，既可以减少花费，同时又可以得到相应的高额保障，是非常不错的选择。在校大学生，年轻好动，可以适当选择下列保险产品。

1. 意外险

大学生虽然比起中学生成熟许多，但是长期待在学校尚未和社会进行全面接触，往往会忽略自身的安全。因此，大学生在选购保险时应优先选购意外险。

购买时，首先要关注保障范围，最好是附加意外医疗的保险。其次要关注保障期限，意外险的保障期一般为 1 年，短期的也有几天的，大学生买 1 年期的比较实惠。然后是费用支出，一般来说，购买意外身故或残疾责任的费用应当是保障额度的 1%。大学生在购买意外险时要根据自身实际情况，选择适合的保费额度，不宜太高也不能过低。

2. 医疗重疾险

目前许多大学同学普遍缺乏锻炼，营养不良、体重上升、体能下降等健康问题已然成为大学生“职业病”，因此，大学生适当地购买适合的医疗重疾保险显得格外重要。

在购买医疗重疾险时，可以考虑一些短期的重疾险产品，保障期限可以在 10 年以内，保额在 10 万～20 万元。当然，也可以根据自身实际情况，选择适合的保障期限和保费额度。

此外大学生在购买医疗重疾险时，还需关注其保障范围和免责条款，所选购的重疾险，最好包含重疾医疗和身故保障。

3. 寿险产品

对于家庭经济条件较好的大学生来说，可适当选购适合的寿险产品。

按照保障期限来划分，寿险分为定期寿险和终身寿险。建议大学生选择定期寿险，费用低、性价比高。如果希望为自己的未来提前筹划，并且具有一定的经济基础的话，可通过终身寿险来实现。

大学生在购买寿险产品时，要关注投保要求如年龄是否符合等。保费额度的确定要适中，考虑到大学生尚没有经济收入，保费额度不必太高，后期可再增加。

4. 投资理财保险

有的大学生若经济宽裕，可适当购买投资理财保险，从而让未来生活井井有条。

在购买投资理财保险时，保费不必投入太多。购买时不能完全以保险公司的经验统计数据为根据来评价险种收益的多少，要对所购买保险历年收益走势图进行研究。

在购买分红型投资理财保险时，要注意，若短期内有大笔开支不宜购买。经济来源不稳定的学生，不太适合购买分红险。

大学生在购买保险时，首先要考虑意外险，相比较于其他保险，意外险保费并不高，也符合大学生的经济能力。其次是健康保障，大学生的健康危机已经十分严峻，选购一份适合的医疗重疾险很有必要。然后是寿险产品，若家庭经济收入较高，可考虑购买一份寿险产品。最后是投资理财保险，这比较适合有投资理财观念的大学生，在购买时要结合自身实际情况。此外对于在外从事兼职工作和参加户外运动的大学生，应有针对性地购买保险。

思考题

1. 什么是流感？
2. 什么是病毒性肝炎？
3. 七步洗手法的具体步骤？
4. 哪些情况下建议必须洗手？
5. 新冠肺炎个人防护要点有哪些？
6. 新冠肺炎校园防控要点有哪些？
7. 高血压分类及其指标有哪些？
8. 糖尿病有哪些临床表现？
9. 抗生素滥用有哪些危害？
10. 常见的健康体检项目有哪些？其意义是什么？

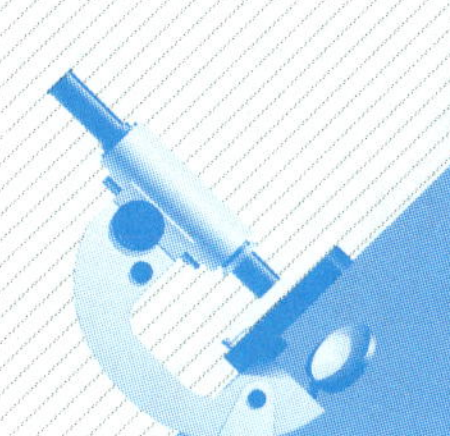

模块五 安全应急与避险

学习单元一 突发事件安全防范

一 突发事件与安全防范意识

突发事件，指突然发生，造成或者可能造成严重社会危害，需要采取应急处理措施予以应对的自然灾害、事故灾难、公共卫生事件和社会安全事件。

自然灾害，指由于自然异常变化造成的人员伤亡、财产损失、社会失稳、资源破坏等现象或一系列事件。

事故灾难，指在人们生产、生活过程中发生的，直接由人的生产、生活活动引发的，违反人们意志的、迫使活动暂时或永久停止，并且造成大量的人员伤亡、经济损失或环境污染的意外事件。

突发性公共卫生事件，指突然发生，造成或者可能造成社会公众健康严重损害的重大传染病疫情、群体性不明原因疾病、重大食物和职业中毒以及其他严重影响公众健康的事件。

社会安全事件，一般是指重大刑事案件、重特大火灾事件、恐怖袭击事件、涉外突发事件、金融安全事件、规模较大的群体性事件、民族宗教突发群体事件、学校安全事件以及其他社会影响严重的突发性社会安全事件的统称。

根据这些事件对社会的危害程度、影响范围、性质、可控性等因素，将自然灾害、事故灾难、公共卫生事件，按照由高到低划分为特别重大（Ⅰ级）、重大（Ⅱ级）、较大（Ⅲ级）、一般（Ⅳ级）四个级别，并依次采用红色、橙色、黄色、蓝色来加以表示。法律、行政法规等另有规定的从其规定。社会安全事件不分等级。

安全防范意识，指在生活生产中面对各种安全隐患本能存在的一种安全防范基础认识，包括对风险的准备、防御、减少损失的策略及建议和引导。

在我国高等院校改革不断深入发展的背景下，高校已由原来的一般教学机构发展为集教学、科研、服务三大职能于一体的多元化社会机构，校园社会化现象日趋明显。大学生除了在学校里进行必要的学习、生活外，还要走出校门去参加各种社会实践活动，在这种情况下，对于缺乏社会经验的大学生来说，如果不具备必要的社会安全知识，很可能会导致许多

安全问题发生的风险加大，因此，除了学校加强安全教育和增强安全措施外，大学生提高自身的安全防范意识、增强自我安全防范能力，也非常重要。

高等院校既是培养高级专业人才的摇篮，也是社会组成的一部分。大学生活是大学生进入社会开始独立人生的第一站，是青年人成长的重要环节，要抵御各种形形色色的骗术诱惑，避免时时存在的隐患，抵抗网络陷阱，时刻保持良好心理状态，需要大学生具有足够的自我保护意识，这是大学生安身立命、立足于人生的考验、正视一切困难的必须。如何做到提高自我防范意识，需要大学生加强自身学习和努力。

下列几点可供参考：

1. 强化自我保护意识，切实加强防范能力

大学生的经历大多是从学校到学校，社会经验不多，思想较为单纯，对社会的阴暗面和复杂性知之甚少，因此，大学生对自身安全关注不够，缺乏必要的自我保护意识，大学生要做一个善于自我保护的有心人。

2. 勿因为一时的好奇心或义气，自我暴露

人际交往是大学生身心发展的需要。对于新入学的大学生来说，大学校园是一个全新的生活环境。远离了父母，远离了昔日的师长同学，来到一个完全陌生的生活环境，这使他们既怀念昔日的亲情、友谊，又渴望新的友谊。这种特殊的生活环境增加了大学生对人际交往的需求。而在人际交往的过程当中，自我保护意识是指一方面对他人要真诚，要自尊、自爱，另一方面要看清所交往对象的真面目。记住好奇和金钱一样是永远得不到满足的。

3. 增强法律意识

当今世界政治风云变幻，国际竞争日趋激烈，科学技术发展迅速，在飞速发展的社会中，良好的法律意识是每个人必须具备的。由于没有足够的法律意识，缺乏法律知识，有的学生在无意中触犯了法律，如同学间的纠纷，可能会有同学采取一些过激的甚至愚昧的方式来解决，有的造成了严重的后果，有的则是当学生的合法权益受到侵害时，却不懂得如何用法律来保护自己。

4. 锻炼应变能力，在关键时刻尽可能避免伤害或将伤害减至最低

如今社会鱼龙混杂，总有一些潜在的危险因素埋伏在身边。大学生毕竟社会经验不够，对这个社会的阴暗面与复杂面知之甚少，在社会上属于弱势群体，即使防范能力再高，也难保不会突然身陷险境。在“敌强我弱”的情况下，若因为害怕慌了手脚，或者一味硬拼，不仅对自己没有任何益处，反而会适得其反。所以最好的方法是在有限的条件下与之周旋，用智慧摆脱坏人，避免遭受伤害。这需要大学生在关键时刻保持清醒与冷静的头脑，牢记各类报警电话，巧妙求助路人，抓住机会随机应变，争取成功逃脱。

5. 养成良好的生活习惯

当代大学生有的思想麻痹，有一些不良习惯，这可能诱发大学生进行犯罪，另一方面也给不法分子犯罪造成了可乘之机。同时，大学生也要从自身做起，养成良好的生活习惯，不做违反学校规章制度的事情，积极主动地学习各类安全知识，掌握各种处理安全事故的技能。通过发生在身边的一些真实案例，引发深层次的思考，进而不断提高自己的安全防范意识。

6. 积极参与社会实践，积累更多的社会经验

许多学生阅历太少，思想单纯，容易动恻隐之心，这些同情心常被不法分子利用，后患无穷。大学生要多多走出家庭与学校为之营造的美好温室，到外面的世界去亲身感受一下社会的复杂和残酷，开拓视野，培养实践能力，努力提高分辨是非能力。

二　自救与互救的基本原则和方法

1. 基本原则

① 遇到意外伤害发生时，不要惊慌失措，为了保障自己、患者和他人的安全，应先确认周边环境是否安全。在周围环境不危及生命条件下，一般不要轻易随便搬动伤员。

如果患者周围存在不安全因素，比如，触电患者尚未脱离电源；患者处于车来车往的马路上、松动的废墟里、山石旁、水池边，或满是煤气的屋子里。这时，可在不威胁自身安全的情况下，排除危险因素或将患者转移到安全地带。如先切断电源；将患者转移离开马路、废墟、山石旁、水池边、满是煤气的屋子，到安全、通风的地方；或利用可以紧急避险的掩体，在做好自我防护的情况下再进行急救。

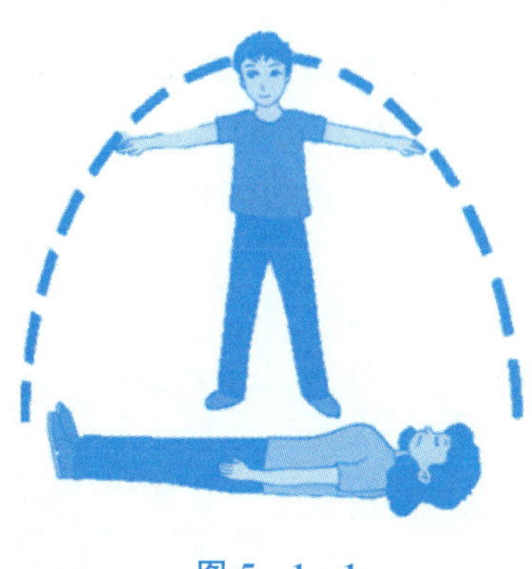

图 5-1-1

② 暂不要给伤员喝任何饮料和进食。

③ 如现场无人时，应向周围大声呼救，请求来人帮助或设法联系有关部门，不要单独留下伤员无人照管。

④ 遇到严重事故、灾害或中毒时，除急救呼叫外，还应立即向有关政府、卫生、防疫、公安、新闻媒介等部门报告，介绍现场在什么地方，病伤员有多少，伤情如何，已做过什么处理等。

⑤ 根据伤情，对伤员边分类边抢救，处理的原则是“三先三后”，即先重后轻、先急后缓、先近后远。

⑥ 对呼吸困难、窒息和心跳停止的伤病员，从速置头于后仰位，托起下颌，使呼吸道畅通，同时施行人工呼吸、胸外心脏按压等复苏操作，原地抢救。

⑦ 对伤情稳定、估计转运途中不会加重伤情的伤病员，迅速组织人力，利用各种交通工具将伤员分别转运到附近的医疗单位急救。

2. 常见意外伤害自救互救基本方法

（1）晒伤　夏天外出时，应做好防护工作，如搽防晒霜、撑遮阳伞等。当皮肤被烈日晒红并出现红肿、疼痛时，可用冷毛巾敷于患处，并适当涂一些滋润霜。若皮肤上已有水疱，千万不要挑破，应请医生处理，以免继发感染。

（2）冻伤

冻伤有局部冻伤、全身冻伤，严重程度可分为四个等级。

Ⅰ度冻伤：皮肤浅层损伤，局部皮肤发白，继而出现红斑，伴有瘙痒、红肿、刺痛。

Ⅱ度冻伤：损伤达皮肤深层，局部红肿明显，可出现水疱，内有血性液体，疼痛剧烈。

Ⅲ度冻伤：损伤达皮肤全层及皮下组织，皮肤呈紫褐色，局部感觉消失，冻伤周围组织可出现水肿、水疱，并有剧烈疼痛。

Ⅳ度冻伤：损伤达深层组织，包括肌肉、甚至骨骼，皮肤呈暗灰色、感觉消失，坏死组织与周围组织有明显分界，有截肢的危险。

局部冻伤的救治：

① 迅速脱离低温环境，将伤者转移到温暖的地方。

② 用毯子盖住冻伤的部位，并给予热饮。

③ 等身体缓解后，尽快复温。具体方法：将冻伤部位浸泡在温水中（37～39℃），并不断添加温水。

④ 复温后，Ⅱ度以上冻伤者，用纱布包扎好伤处，尽快去医院进一步处理。

全身冻伤的救治：

① 迅速脱离低温环境，将伤者转移到温暖的地方，并拨打 120 急救电话。

图 5－1－2　　图 5－1－3

② 解开衣物，盖上毯子或被子，使体温升高，给予热饮。衣服、鞋袜连同肢体冻结者，不要勉强去脱。

③ 不要像影视剧中那样，用雪给伤者擦身体，或直接通过烤火来复温，以防造成更严重的组织损伤。

图 5－1－4　　图 5－1－5

④ 条件允许时，在伤者生命体征平稳后，让其全身浸泡在 37～39℃ 的温水中，并不断添加温水。

⑤ 若条件不允许，就让患者躺在床上、盖好被子，用衣物包裹热水袋，放在患者的腋下、腹股沟等处。

⑥ 紧急处置后，在注意保暖的前提下。也可将伤者送往医院。但若伤者脚部冻伤，不要让其行走。

图 5-1-6

(3) 烧烫伤

① 安抚烧烫伤者，迅速脱离热源。

烫伤烧伤急救

② 用冷水冲淋或浸泡烧烫伤部位，持续 15～30 分钟，以降低温度、缓解疼痛。

③ 在充分冲淋或浸泡后，小心脱下衣服，如果衣服粘住皮肉，可用剪刀剪开。

④ 如果疼痛明显，可持续用冷水浸泡 15～30 分钟，能有效减轻疼痛。

⑤ 用干净纱布或手帕等覆盖住伤口，减少外界污染和刺激（水疱不要挑破）。

⑥ 及时送往医院诊治。

烧烫伤救治注意：

① 不要速脱衣物，在脱衣物的过程中很有可能摩擦到伤口，从而加重损伤，如有必要（如手臂烧烫伤）可用剪刀将衣服轻轻剪开。

② 不要涂抹牙膏、酱油、醋，这样做没有任何作用，还有可能引发感染，也不要在烧烫伤部位涂抹任何药物，以免影响医生的判断。

③ 不要立即送医，不慎烧烫伤，应立即用干净的冷水冲淋或浸泡 15～30 分钟后，再送医，以中和烫伤部位残存的热量，有效减轻痛苦（严重烧烫伤除外）。

严重烧烫伤：

立即用干净被单或衣物简单包扎，避免污染及二次损伤，并第 1 时间拨打 120 急救电话或送往医院，严重烧烫伤会造成休克等严重后果，普通救治效果不佳，必须尽快送医。

(4) 异物入眼　遭遇到异物入眼，要分清异物的类型，然后根据具体情况进行急救。

① 沙尘、飞虫入眼。

a. 不要闭着眼睛，可频繁眨眼，让分泌的眼泪把沙尘、飞虫带走。

b. 可以翻开眼皮查找，将干净手绢等物品用清水浸湿，轻轻粘出沙尘或飞虫。

c. 用干净的清水（冬天用温水）冲洗，这对沙尘、飞虫入眼很有效。

② 危险颗粒入眼。

危险颗粒，指铁屑、瓷器、玻璃等，急救原则是防治二次损伤，立即送医（尤其是眼球上有嵌入物）。

a. 千万不要用手揉眼睛，否则易造成二次损伤。

b. 闭上眼睛，用干净的纱布包住进入异物的眼睛。

c. 立即送医院诊治。

③ 化学物品入眼。

化学物品分为酸性和碱性两大类，无论哪种化学物品不慎溅到眼睛里，都要立即急救，否则会引发角膜损伤、坏死，甚至导致失明。

a. 及时用清水冲洗，是将眼睛损伤程度降到最低的重要措施。冲洗时，要将伤眼一侧朝向下方，冲洗过程中要不断眨眼，至少要冲洗 30 分钟。

切记：不要在没有冲洗的情况下就忙着送往医院，这样做会使眼睛损伤严重。

b. 如果仅有一盆水，要立即将伤眼浸入水中，并不停眨眼。

c. 冲洗完毕后，也不能掉以轻心，要立即到医院诊治。记得带上化学物品，便于医生诊断。

④ 生石灰入眼。

生石灰入眼千万不要用手揉眼，也不能直接用清水洗，因为生石灰遇水会生成碱性的熟石灰，同时释放出大量热量，容易烧伤眼睛。正确的做法是：

a. 用干净的手绢等物品将生石灰轻轻拭去，尽最大的能力清理干净。

b. 如果身边有食用油，可先用食用油冲洗眼睛，尽量去除生石灰。

c. 再用流动的水反复冲洗眼睛，至少 15～20 分钟。

d. 冲洗结束后，第一时间送往医院。

(5) 手指被门夹伤

手指被门夹伤急救方法：

① 手指被门夹伤，常会因淤血而呈紫黑色，可第一时间用冷毛巾或冰袋冷敷，能减轻疼痛和消肿。

② 手指被夹伤后 24 小时内，不要热敷，否则会加重淤血、肿胀。

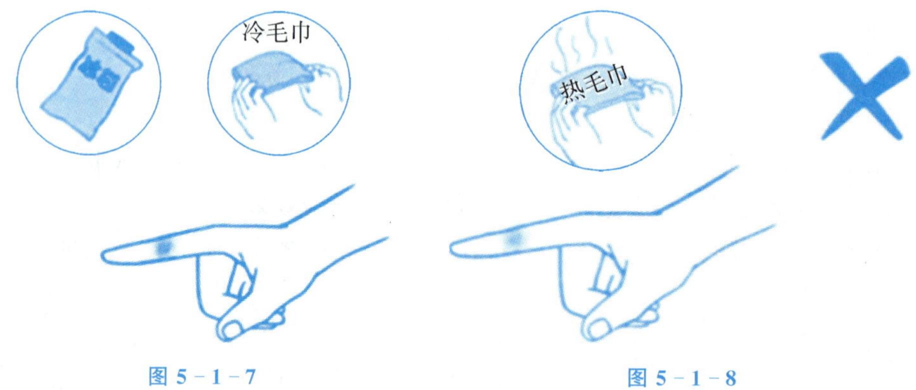

图 5-1-7　　图 5-1-8

③ 如果被夹伤后手指出血，可先用碘伏消毒清创，再止血、包扎。

④ 如果伤势较重，可用两片小木板或硬纸板分别放于伤指两侧(见下图)，再用绷带固定，然后去医院诊治。多根手指受伤，可直接固定手臂。

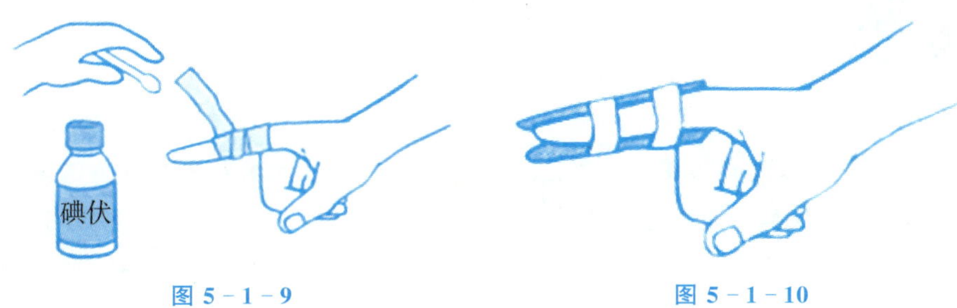

图 5-1-9　　　　图 5-1-10

注意：被夹伤后不要用手揉。如果疼痛剧烈、一时难以判断是软组织挤压伤还是骨折，依旧可以先冷敷减轻疼痛，但不要用手揉或牵拉伤处，然后及时到医院诊治。

冰　敷

冰敷可以使局部毛细血管收缩，抑制血液循环，减少局部软组织出血，还有良好的减轻肿胀和疼痛的作用。适宜冰敷的时间：损伤后 24 小时内。每次冰敷的时间：15～20 分钟。两次冰敷间隔：3 小时。如淤血多、肿胀及疼痛明显，可间隔 2 小时。

冰敷正确方法：

① 直接用水袋敷，需要在冰袋上裹毛巾，时间不能超过 20 分钟，以免冻伤。

② 最好用冰水混合物敷，即将冰块和冷水以 1∶1 的比例混合装入塑料袋内，直接敷于皮肤表面，这样不会冻伤，可以放心使用。

不宜冰敷的情况：大面积组织受损、感染性休克等不宜用冰敷，以防组织坏死。冰敷一定要裹上毛巾，以防冻伤。阴囊处忌用冰敷。冰敷时要注意患者的感受，如果患处冰敷后持续感到不适或疼痛，要立即停止。

（6）擦伤、割伤

① 用生理盐水或清水清洗伤口。

② 用棉签蘸碘伏消毒。

③ 贴上创可贴或用无菌纱布包扎。

④ 隔 1～2 天，用碘伏消毒创面。

如果伤口较深、流血较多。尽量使伤处高过心脏，用无菌纱布紧紧按住伤口，及时到医院清理创伤，视情况看决定否需要缝合。

下列情况需要立即就医：

a. 压住伤口超过 15 分钟，仍无法止血。

b. 自己无法将创面清理干净。

c. 伤口深度超过 6 毫米，或划开了口子。

d. 感觉不到伤口疼，可能伤到了该处神经。

e. 伤口活动受限，可能是肌腱损伤。

f. 伤口红肿热痛、有脓液，出现感染迹象。

碘伏、碘酒

碘伏是以水为溶媒制成的，对皮肤、伤口没有刺激。碘酒是以酒精为溶媒制成的，对伤口的刺激性大，容易使人感到异常疼痛。因此，擦伤或割伤后，推荐使用碘伏而非碘酒。

（7）踩到碎玻璃

踩到碎玻璃，有时不会出血、但有刺痛感，有时有出血、且疼痛明显。踩到碎玻璃后，虽然多是些又浅又小的伤口，但依旧要及时处理，否则不仅走起路来像针扎样刺痛，还容易引发感染。即使没有感染，伤处碎玻璃没有取出，2～3 周后会形成硬结和包裹，再想处置就困难多了。

踩到碎玻璃的处置：

① 冲洗。用流动的水冲洗伤口。

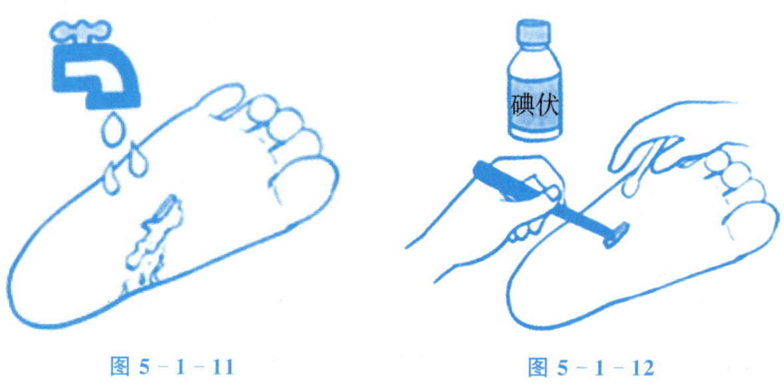

图 5-1-11　　图 5-1-12

② 取出。用碘伏给镊子消毒，然后用镊子小心取出凸在外面的碎玻璃。

③ 用针配合。如果碎玻璃刺入较深，用经碘伏消毒后的针小心拨开伤口，再用镊子取出。

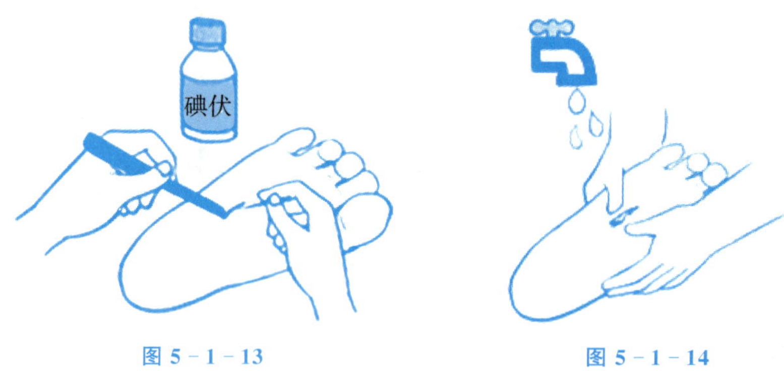

图 5-1-13　　图 5-1-14

④ 再次冲洗。取出碎玻璃后，要再次用清水冲洗，并从两侧挤压伤口，便于污染物排出。

⑤ 消毒、包扎。擦干水，用碘伏消毒，然后用干净纱布包扎。

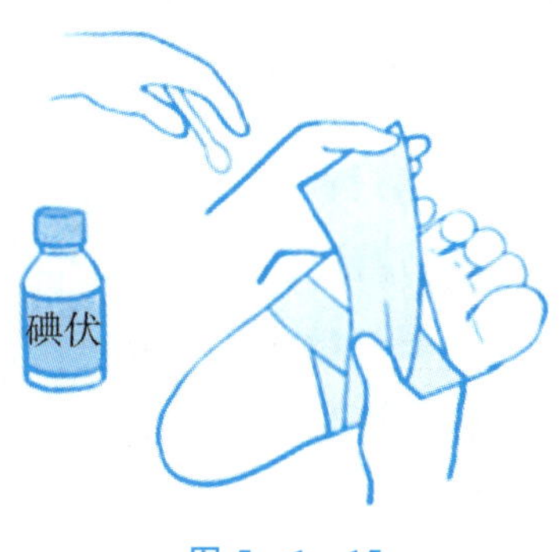

图 5－1－15

图 5－1－16

⑥ 就医。若玻璃陷入太深，自己无法取出，在做好能做的处置后，及时就医。

破伤风针打不打

是否需要打破伤风针，简单的判断标准是：伤口的深度和导致伤口的物品属性。当伤口深到需要缝合或是受到较严重的外伤时，如钉子、木头、玻璃等尖锐物的刺伤、扎伤，这样的伤口又深又细，是破伤风梭菌的温床，必须要打破伤风针。浅表伤口，通常不会出现破伤风感染；被玻璃扎伤，即使进行了清创消毒，通常也建议打破伤风针。

（8）手臂脱臼

① 让伤者坐下休息，尤其不要触碰脱臼部位。

② 不要试图复位，以避免引起血管或神经损伤。

③ 固定脱臼部位，可用杂志、硬纸板固定法，以减少肩关节的活动，减轻疼痛。

图 5－1－17　图 5－1－18　图 5－1－19

④ 立即就医复位。若脱臼时间过长（超过 2 小时），脱臼处往往会产生局部充血、肿胀，再复位就要困难得多，而且可能导致习惯性脱臼。

脱臼的救治还应当注意：如果脱臼部位剧烈疼痛及肿胀，可以冷敷（用自制冰袋效果最佳）。脱臼的手臂复位后，2周内不要频繁或大幅度地活动此处关节。医生帮助固定的绷带不要随意取下，记得定期复查。

（9）蜂蜇伤

外出郊游一旦被蜜蜂蜇伤，应小心地将残留的毒刺拔出，轻轻挤捏伤口，挤出毒液，蜜蜂毒为酸性，可用肥皂水、3%的氨水或5%的碳酸氢钠溶液（苏打水）湿敷伤口。若是被黄蜂蜇伤，黄蜂毒呈碱性，要改用食醋或醋酸溶液湿敷伤口，以中和毒液。局部冷敷可减轻肿痛。还可是伤口处涂抹糠酸莫米松乳膏等激素类软膏或霜。若蜇后出现恶心、头晕等异常反应，应立即去医院就诊。

（10）被锐器刺伤

① 救护者要保持镇定，安抚伤者（不能剧烈挣扎）不要随意搬动或拔出锐器，以免二次伤害（刺入人体的锐器，虽然给身体造成了伤害，但同时对伤口有止血作用，一旦随便拔出，很可能造成大出血，导致严重后果，因此，千万不要随便拔出锐器）。

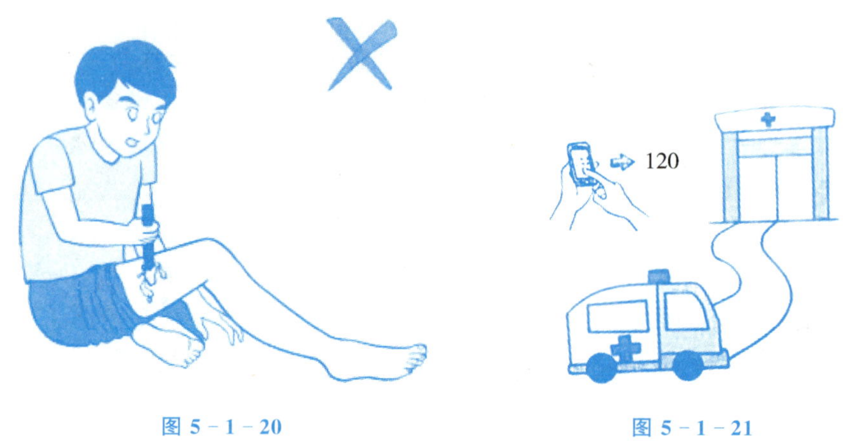

图 5－1－20　　图 5－1－21

② 立即拨打120急救电话，或及时将伤者送往医院治疗。

③ 在等待救援时或自行送往医院前，要先固定住锐器。在锐器两侧各放一卷纱布，或用折叠的毛巾代替。

④ 再用细带或布条将纱布或折叠的毛巾包扎固定好，以确保转运患者的过程中锐器不会脱出伤口。

图 5－1－22

特别注意：如果伤者出血过多，必须立即止血，可用压迫止血法或止血带止血法。如果锐器不慎刺入胸部，伤者休克的要平躺，意识清醒的则要低头含胸，千万不能挺胸，否则会使锐器刺得更深。锐器上会带有铁锈和未知病菌，要咨询医生要不要打破伤风针。

(11) 游泳时，小腿抽筋

在水中发生小腿抽筋时，应立即上岸，伸直腿坐下，用手抓住大足趾向后拉，并按摩小腿肌肉。若不能立即上岸，应保持冷静，屏住气，在水中做上述动作。

(12) 溺水

夏日炎炎，游泳是不少学生喜爱的运动。游泳最好选择去设施齐全的正规游泳池，不要在池塘、河流、湖泊等水域野泳。一旦发生溺水，若抢救不及时，4～6 分钟即可导致溺亡。溺水急救分秒必争。

溺水急救措施：

图 5－1－23

① 如果救援者游泳技术娴熟，请立即脱去衣裤、鞋子，跳入水中救援。要绕到溺水者的身后(不要迎面营救)，可以用一只手环抱住溺水者的胸部或脖颈，另一只手划水。

② 上岸后，如果溺水者意识清醒，呼吸、脉搏正常，不用刻意施救，拨打 120 急救电话即可。注意：即使溺水者看起来没什么不适，也要前往医院检查，以确保呼吸和神经系统没有损伤。

③ 如果溺水者昏迷，有呼吸、脉搏，救护者要立即拨打 120 急救电话。然后及时清理溺水者的口鼻，摆放成稳定侧卧位。在等待救援车到来时，密切观察溺水者的呼吸、脉搏。

④ 如果溺水者昏迷，无呼吸、脉搏，可让身边的人立即拨打 120 急救电话。救护者要立刻对溺水者实施心肺复苏(CPR)急救。直到溺水者呼吸、脉搏恢复或救护车到达。心肺复苏操作流程，详见“心肺复苏院前急救技能”。

民间流传的控水法，随着现代心肺复苏等急救技术的普及，已经不适用了。控水时易导致胃内容物排出，反而会增加误吸的风险。而且对呼吸、心搏骤停的溺水者来说，控水还会延误急救时间，增加危险性。切记不要传播下列错误的急救方式。

腿上控水法

倒立控水法　　肩背倒立控水法　　牛背控水法

图 5-1-24

(13) 鼻子出血

鼻子出血时仰头，非但止不住鼻血，反而会导致鼻血被吸入口腔和呼吸道。正确的做法是用手指捏住两侧鼻翼 4～8 分钟，或用浸了冰水的棉球填塞鼻腔压迫止血。如果这些方法仍不能止血，应立即去医院就诊。

(14) 急性酒精中毒(醉酒)

急性酒精中毒俗称醉酒，是饮酒过量引起的中枢神经系统兴奋及随后的抑制状态，严重者可导致呼吸及循环衰竭。可根据急性酒精中毒者的表现进行施救。

① 兴奋期。血液中酒精浓度为 500～1 500 毫克/升。常表现为：面部潮红或苍白、眼结膜充血、兴奋、言语增多、情绪不稳定、易激动。急救方法：此阶段属于轻度醉酒，但仍需立即停止饮酒；给其多喝水(喝浓茶利尿)，可吃一些梨、西瓜等水果；此时需要人陪伴，勿激惹，否则醉酒者易惹是生非。

② 共济失调期。血液中酒精浓度为 1 500～2 500 毫克/升。常表现为动作笨拙、步履蹒跚、语言含糊不清，且伴有恶心、呕吐、困倦表现。

醉酒后难受怎么办？

急救方法：

a. 可刺激咽喉部位进行催吐，以减少机体对酒精的吸收。

b. 催吐后喝水，催吐、喝水反复进行。

c. 若已呕吐多次，醉酒状况好转，可取侧卧位休息。

d. 若无呕吐，很快进入昏睡期，要及时拨打 120 急救电话。

③ 昏睡期。血液中酒精浓度超过 2 500 毫克/升。常表现为面色苍白、皮肤湿冷、口唇青紫、呼吸慢且有鼾音、体温下降、由躁动进入昏睡或昏迷。少数急性酒精中毒者,会因昏睡呕吐导致窒息死亡。

急救方法:

a. 立即拨打 120 急救电话,送往医院诊治。

b. 昏睡期禁止催吐,也不要给患者喂水。

c. 摆放为稳定侧卧位,并密切观察患者呼吸、脉搏。

d. 要特别留意患者呕吐物,及时清理,保持气道通畅。

(15) 误食洗涤用品

① 误食洗衣液。

洗衣液的主要成分是多种阴离子表面活性剂(如环氧乙烷),还含有多聚磷酸钠等助剂,属于无毒或低毒物质,一般呈弱碱性。误食可出现恶心、呕吐、腹泻、腹痛等不适。

急救措施:

a. 无论误食多少,建议第一时间催吐。

b. 误食量较少,催吐后需要多喝水。

c. 误食量较多,催吐后,立即送往医院。

② 误食洗涤剂。

洗涤剂种类较多,一般主要成分是碳酸钠、多聚磷酸钠及一些表面活性剂,碱性强于洗衣液,因此对食管、胃的刺激性更大。误食后呕吐、腹痛等消化道症状会更明显。

急救措施:

a. 无论误食多少,都不建议催吐。

b. 如果误食量少,用清水漱口,喝 200 毫升牛奶,或蛋清、食用油也常被用来减轻损伤。

c. 如果误食量较多,喝了牛奶、蛋清后,要立即到医院诊治。

③ 误食清洁剂。

清洁剂大多是用盐酸、硫酸配制而成的,易溶于水,属于强酸性。误食,可造成口腔、食管、胃的化学性烧伤,出现口腔、咽喉、胸骨、腹部的剧烈烧灼性疼痛,呕吐物中还会混有黑色血液(有出血),甚至会导致休克。

急救措施:

a. 无论误食多少,都忌自行催吐。

b. 用清水漱口,喝些牛奶、蛋清或食用油,以减轻烧灼伤。

c. 马上拨打 120 急救电话,送往医院紧急处置。

d. 若有液体溅入眼睛,在等待救护车到来前,要用清水冲洗干净。

切记:误食洗衣粉、洗衣液、肥皂等,可以催吐;误食强碱、强酸类洗涤用品,不可催吐。腐蚀性液体如果催吐,从胃部再经过食管,会造成二次损伤。

(16) 踝扭伤

踝关节扭伤后,不要继续行走,也不要揉搓、转动受伤关节,以免进一步加重损伤。

应立即用冷毛巾或冰块敷患处，有利消肿、止痛、缓解肌肉痉挛。24 小时后方可改为热敷。如果怀疑有内出血，最好用弹性绷带加压包扎，但不要过紧，以免妨碍包扎部位以下的血液循环。如果怀疑有骨折，最好用夹板或就近找木棍固定受伤的踝关节，并尽快去医院就诊。

(17) 中暑

轻中度中暑者，将其迅速转移到阴凉通风处静卧休息，脱掉或解开衣服，用冷毛巾擦身，以迅速降低体温。可让中暑者喝一些凉盐水、清凉含盐饮料。若患者出现神志不清、抽搐，应立即送医院。

(18) 煤气中毒

① 由于一氧化碳比空气轻，救护者要低姿进入室内，关闭燃气阀门，打开门窗通风。

② 迅速将中毒者转移到通风良好、空气新鲜的地方，注意保暖。并视情况拨打 120 急救电话。

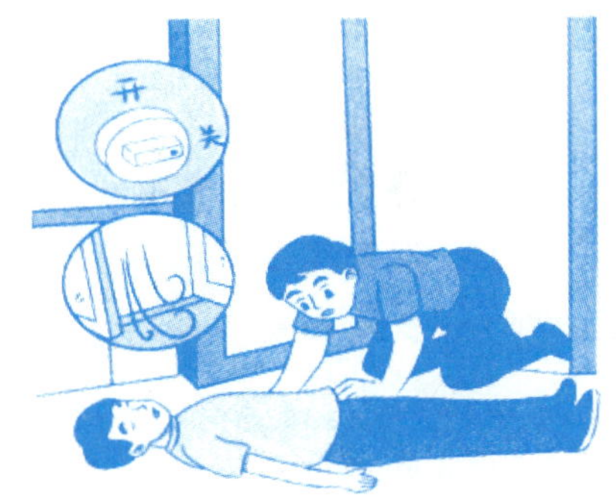

图 5－1－25

煤气中毒急救

图 5－1－26

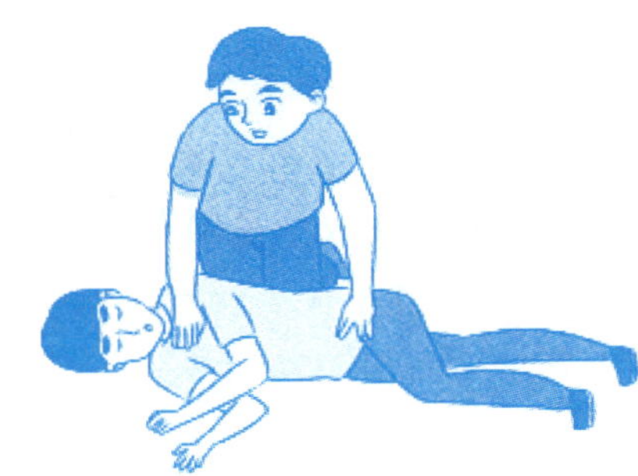
图 5－1－27

③ 如果中毒者昏迷，要将其摆放成稳定侧卧位，及时清理呕吐物，注意观察其呼吸、脉搏。

④ 若中毒者呼吸、心搏骤停，要立即实施心肺复苏(CPR)，直至生命体征恢复或救护车到来。

注意：千万不要在煤气弥漫的室内拨打 120 急救电话，以免引发爆炸。按门铃、开灯、使用明火也是禁止的。轻度煤气中毒者可不必拨打 120 急救电话，将其转移到空气新鲜的地方后，让其安静休息，给予糖水等热饮。中重度煤气中者，经急救(生命体征平稳)后，要及时送入高压氧舱治疗，尽量避免留下后遗症。

(19) 气管异物(手捏喉咙、面容窘迫、恐惧等是气道异物的典型症状)

① 自救：

a. 用力咳嗽法：先吸一口气，然后用足力气咳嗽，有时就可把异物从气管内咳出。

b. 腹部手拳冲击法：将右手拇指关节突出点顶住上腹部，相当于剑突与脐之间腹中线部位，左手紧握右手，然后用力向内作 4～6 次连续快速冲击。

② 互救：抢救者站在患者侧后位，一手放置于患者胸部，另一手掌根部对准患者肩胛区脊柱上，用力给予连续4～6次急促拍击。

③ 婴幼儿急救：让患儿骑跨并俯卧于急救者前臂上，头要低于躯干，并将其胳膊放在自己大腿上，用另一手掌根部用力叩击患儿的肩胛区4～6次。

（20）触电

当发现有人触电时，尽快找到电闸，切断电源是当务之急。如果暂时找不到电源，可就近找一样绝缘的东西，如木棍或塑料管子，挑开触电者与电源的接触，然后检查触电者的反应。如果发现其已经没有了心跳和呼吸，应立即就地对其进行人工呼吸和胸外按压，同时让别人拨打急救电话。

“120”急救电话

我国统一的急救电话号码是“120”，急救中心是24小时开通服务的。电话接通以后，可按以下顺序讲述：

① 伤病者所在的详细地址和地址周围的明显标记。

② 报告需救护的事故、伤病情况。包括事故性质、受伤人数及伤者的具体情况。

③ 可联络的电话号码。

④ 如果有时间，还可以报告已做过什么样的紧急处理，及询问有关急救方法。

电话打完以后，要派人到路口接应救护车，帮助引路，并为伤病者准备入院的必需品。在救护车到来时，参加救护的人员应继续配合医生将伤病员送上车，并陪同送往就近或熟悉的医院抢救。要如实向医生汇报伤病史等情况，以便医生尽早进行相应的治疗。

另外，当意外发生时，如果身边没有医用急救物品，就会错失急救的良机。但只要开动脑筋，就可以因地制宜。下面几招，到时不妨一试。

① 长筒袜：可在应急处理时作绷带用。

② 领带：在骨折时，可固定夹板或当止血带用。

③ 干净浴巾：可作三角巾或厚敷料用。

④ 手帕、手巾：用电熨斗充分熨烫或在湿的情况下用微波炉高火消毒，可作消毒敷料用。

⑤ 杂志、尺、厚包装纸、伞、手杖：在骨折时可作夹板用。

⑥ 保鲜膜：除去表面几圈后，可直接覆盖在破溃的创面上，起暂时的保护作用，保鲜袋也可起类似作用。

学习单元二 无偿献血

无偿献血是指为拯救他人生命，志愿将自身的血液无私奉献给社会公益事业，而献血者不向采血单位和献血者单位领取任何报酬的行为。无偿献血是终身的荣誉，无偿献血者会得到社会的尊重和爱戴。

无偿献血是无私奉献、救死扶伤的崇高行为，是我国血液事业发展的总方向。献血是爱心奉献的体现，使病员解除病痛甚至抢救他们的生命，其价值是无法用金钱来衡量的。近半个世纪以来，世界卫生组织和国际红十字与红新月运动一直向世界各国呼吁“医疗用血采用无偿献血”的原则。我国鼓励无偿献血的年龄是18～55周岁。

1998年10月1日实施的《中华人民共和国献血法》，标志着我国正式迈入了“无偿献血时代”。无偿献血，是每个公民应当自觉履行的社会责任，是无私奉献、救死扶伤的崇高行为，是弘扬“人道、博爱、奉献”红十字精神的具体体现，是社会主义精神文明建设的一项重要内容。

一 无偿献血的要求

1. 献血的类型

献血的类型，主要有捐献全血(间隔6个月)和成分血(间隔14天，各献血点可能要求的间隔时间会有出入，咨询后再前往)两种。

捐献全血可在大部分市、县区各采血点(献血屋、献血车)进行。

捐献成分血，指健康公民通过血细胞分离机采集、分离人体血液中某一种成分的行为，捐献的成分血可以是血小板、粒细胞、血浆或造血干细胞。目前国内以捐献单采血小板较为普遍。一般捐献成分血只可在市级中心血站、血液中心捐献。

2. 无偿献血的要求

(1) 年龄　18～55周岁(献血年限可申请延续)。

(2) 体重　男≥50千克，女≥45千克。

(3) 血压　90 mmHg～140 mmHg/60 mmHg～90 mmHg，脉压≥30 mmHg。

(4) 脉搏　60～100次/分，高度耐力的运动员≥50次/分。

(5) 体温正常。

(6) 无不适合献血的一些系统性疾病，如性传播疾病、血液病等。

二 科学献血无损健康

人体内的血液总量约占体重的8%，成人的血液总量为4 000～5 000毫升，而一次献血200毫升仅占总血量的1/20～1/25，一般不会影响健康。

人体内的血液并不都参与血液循环，有20%～25%的血液贮存在脾、肝、肺、皮肤等“贮血库”内。脾脏是人体中最大的“贮血库”，可以贮存人体总血量20%的血液。当人体血循环需要血液时，脾脏等会连续不断地释放血液进入血管，参与血循环。人体血液成分的吐故纳新活动十分活跃，人体内每天约有1/120的红细胞(即20亿个红细胞)衰老、死亡；白细胞的平均寿命为7～14天；血小板的寿命就更短，为7～9天。人体骨髓有强大的代偿功能，在一定的条件激发下，骨髓造血功能可增加到正常的6～8倍。一个健康人每天生成红细胞约2 000亿个，血小板1 200亿个，即每个健康成人每年新生的血细胞相当于人体血细胞的总量。献血200毫升后人体很快就会得到补充，不会影响健康。

三 献血前后应注意的事项

1. 献血前要注意的事项

为确保血液质量和减少献血者在献血过程中的不必要的反应，献血者在献血前一天和献血的当天，需注意以下一些问题：

① 献血前一天晚上不要饮食过饱，献血的前两餐不要吃肉、鱼、蛋、牛奶、豆制品及油腻食物。要吃一些清淡饮食，以防止血液浑浊，影响血液质量。

② 要保持献血前一晚的良好睡眠，献血前也不要空腹，以免在献血过程中出现头晕、心慌、出汗等一些反应。

③ 献血前两天如有感冒、发烧、咳嗽等应暂缓献血。

④ 准备献血前还可以阅读一些献血宣传资料，以解除和减轻思想负担，减少献血中不必要的反应。

2. 献血进程中须注意的事项

献血者献血时，需要始终保持心情愉快和充满荣誉感。在护士的指导下进行双臂肘部的卫生清洗，入座采血时，需配合采血护士核问回答姓名、年龄、血型。将肘部血管暴露比较好的手臂放好，被采血的手臂放置位置尽量与心脏呈一水平线，以保持血流通畅。在采血进程中，全身放松，避免造成皮肤或肌肉收缩而影响进针所产生的过度痛感，同时可主动向护士咨询有关献血方面的知识，以增进对献血知识的了解。此外，在献血中保持适度的安静，以减少不必要的烦躁感。倘若出现心慌、气闷、出冷汗、口渴或坐不住等感觉时，应立即告诉采血护士或巡回医生，以便采取处理措施。因血管较细或血流不畅时，需按护士要求予以积极配合，在整个采血过程中，手臂不可随便运动。

3. 献血后需注意的问题

① 采血结束后，献血者应在采血位置上或就近稍事休息，不得急起，以防止脑缺血的发生。同时按压住针眼部的消毒棉球，以免针眼处渗血或皮下瘀血。

② 献血后的当日，要注意穿刺针眼处的清洁卫生，最好不要洗澡，如果确实需要洗澡，以淋浴为好，不要让脏水或肥皂水进入或刺激针眼，以防感染。

③ 在献血后的1～2日内，适当增加饮水量，注意增加一点高蛋白质和易消化的食物，

切忌暴饮暴食。适当注意休息，不要进行剧烈的活动。个别出现倦怠感觉者，只要保证充足的睡眠，就会很快消失。

④ 献血者献血后心情应是愉快的，因为自己做了一件无私奉献、有意义的事，献血是不会损害健康的，但是如果在献血后出现一些不良反应，应与采血单位取得联系，以便及时进行访视和处理。

⑤ 适当吃一些营养品。造血的主要原料是蛋白质、铁、维生素 B_{12} 和叶酸等，这些养料在普通饮食里都有，不必特别去多吃。献血后，适当地增加一些营养，吃些瘦肉、鸡蛋、豆制品、新鲜水果和蔬菜等，可促进血液成分恢复更快，但切忌暴饮暴食，亦不要饮酒。

学习单元三　急症现场急救技能

现代救护理念是立足于“第一时间”(4 分钟以内，俗称“黄金 4 分钟”)的紧急抢救，紧急抢救要突出一个“早”字。具备了急救技能的“现场第一目击人”，通过对受害者实施初步急救措施，完全有可能减轻受害者的伤残和痛苦，甚至挽救生命。

院前急救，是急救的第一步，是最重要、最能体现“急”与“救”的阶段，包括现场急救和途中救治。现场急救，指在发生意外损伤、突发性灾害事故、急性疾病的发生地采取迅速有力的抢救措施，以使伤病员的伤残死亡减少到最小程度。途中救治，是指病人发病之初在受伤现场进行有效的初步救治之后，护送到医院急诊室前的抢救，途中救治对于挽救伤病员的生命、阻止疾病和伤情的恶化、减少伤残和病痛有重要的意义，及时得到有效的途中救治处理，将为医院内进一步救治奠定基础。

一　心肺复苏院前急救技能

在日常生活中，可能会遇到身边有人出现心跳骤停的紧急情况，学习掌握心肺复苏术，可以在等待救护车来的这段时间内很好地开展急救行动，为挽救生命争分夺秒。

据有关资料统计，在伤病员心跳、呼吸骤停后 4 分钟内开始进行现场心肺复苏，6 分钟内到达医院继续抢救的，抢救成功率可达 40%以上。如现场心肺复苏在心跳、呼吸骤停后 4 分钟内开始，但 10 分钟以后才送到医院进行高级生命支持，此时抢救成功率仅为 1%。如现场心肺复苏 6～8 分钟才开始，不管何时将病人送到医院，抢救成功率几乎为 0。现场心肺复苏与医院内进行的心肺复苏具有同样的重要性。

急救普及是衡量一个社会综合实力的标准，也是个人综合素质的体现。在国外发达国家，有三分之二的成人掌握基础急救技能，目前在我国心肺复苏急救技能的普及率比较低，大学生掌握心肺复苏急救技能既是社会的需要，也是提高自身素质的要求。

心肺复苏(CPR)操作流程为：

1. 评估现场环境

在急救前需评估现场环境是否安全，自身是否具有急救能力，必须在保证自身安全的情况下进行施救。

2. 判断并快速识别病情

出现意识丧失或心跳、呼吸不正常两种情况之一的伤者为优先救助对象。

将伤者翻成仰卧姿势，放在坚硬的平面上(如硬板床或地上)，使其头、颈、躯干在同一直线上，双手紧贴身体两侧，翻转时注意保护颈部，重点要承托头部，轻轻翻转过来，以免引起或加重颈椎损伤。

(1) 判断患者的意识　用双手轻拍伤者双肩，在伤者耳边大声呼喊“喂，你怎么啦?”，用大拇指掐伤者人中，如不能睁眼即为无意识。

(2) 观察呼吸　解开上衣，用眼睛观察伤者胸部有无起伏，6 秒内(1001、1002、1003、1004、1005、1006……)胸部没有起伏即为无自主呼吸。

(3) 判断有无颈动脉搏动　颈动脉位于气管与颈部胸锁乳突肌之间，将食指和中指并拢，置于伤员气管正中部位(图 5-3-1)，可先触及喉结，然后向一旁滑移 2～3 厘米，至胸锁乳突肌前缘凹陷处，确认有无搏动(数 1001，1002，1003，1004，1005……10 秒)。

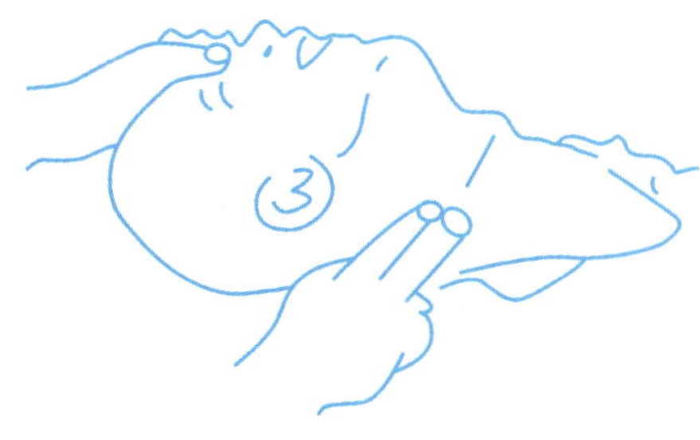

图 5-3-1　判断有无颈动脉搏动

3. 呼救

迅速拨打 120 急救电话。拨打 120 急救电话，要说清楚时间、地点、伤者、事件、原因，最后一定要等 120 工作人员先挂断电话。

4. 施救

单人徒手心肺复苏。

(1) 胸外心脏按压　在做胸外按压前可根据情况松开伤员裤袋、衣扣，并检查胸部有无外伤，如有外伤则实施胸外按压将会对伤口有影响，须放弃急救等待 120 救援。

① 姿势：施救者跪在患者一侧，双膝分开与肩同宽，一腿与患者肩部平行，另一腿靠近患者胸腹部。

② 定位：在胸骨下半部，可快速定位于伤者双乳头连线与胸骨交界处。

③ 手势：双手掌根部重叠，掌心指尖翘起，左手掌根部放在胸骨正中线上，左手中指刚好压在乳头之间的连线上，右手置于左手之上，双手重叠，十指紧扣，五指上翘，手指离开胸壁。

④ 按压方法：腕、肘、肩上下垂直，身体上半身前倾，以身体上半身的力量垂直向下用力快速按压，按压频率为 100 次～120 次/分，中断时间不可超过 10 秒，按压与弹开的时间大致相等，弹开时要使胸廓恢复到正常，定位时手掌根部不离开定位点，按压深度成人 5～6 cm。胸外按压与人工呼吸应交替进行。

说明：按压和放松时间 1∶1，按压频率至少 100～120 次/分，按压深度至少 5～6 cm，对儿

童及婴儿则至少胸部前后径的1/3。

(2) 人工呼吸

① 开放气道：打开气道，并检查口中是否有异物及分泌物，如有呕吐物、假牙之类的东西，应先将患者头部偏向一侧，应急时可用手指清除口腔异物。打开气道，将一只手置于患者前额，另一只手置于下颌下方，用手向下推动，提起下颚使其头部后仰，下颌角与耳垂的连线与地面垂直(图5-3-2)。

② 人工呼吸：捏紧伤者鼻翼，深吸一口气，用双唇紧包住伤者嘴唇吹气，一次持续1秒以上，伤者胸廓隆起，则表明吹气有效，注意吹气不可过强过急，换气时松开鼻翼(图5-3-3)。

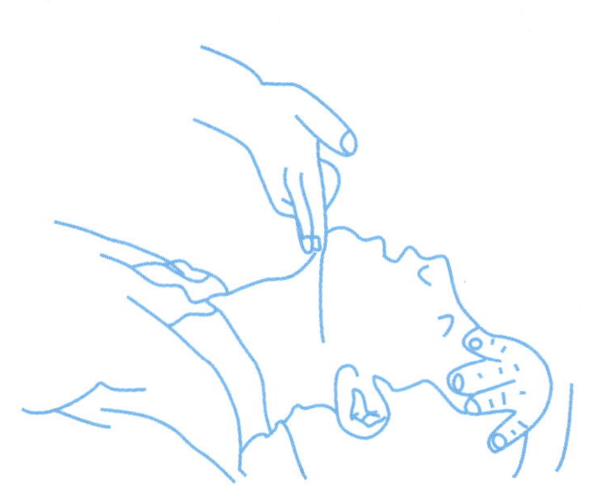

图5-3-2 开放气道

图5-3-3 人工呼吸

③ 胸外按压与人工呼吸比例：按压与通气比例为30∶2，即每按压30次后，进行2次人工呼吸，以此为1个循环，完成5组循环后，评估复苏效果1次，直至医务人员到达现场或恢复自主呼吸(图5-3-4)。

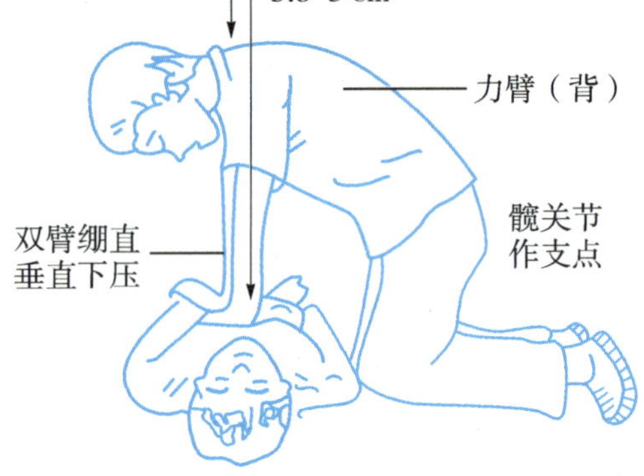

图5-3-4 胸外按压

④ 判断心肺复苏是否有效：面色、口唇由苍白、青紫变为红润，恢复自主呼吸与脉搏搏动恢复，眼球及四肢有所反应，呻吟。

心肺复苏操作要点：按压与人工呼吸比例为30∶2，持续进行5周期2分钟CPR(心脏按压开始、送气结束)，再次判断效果，时间不超过10秒。

心肺复苏1

心肺复苏2

二 快速止血

止血术是最基本、最紧急的急救技术。止血的目的在于控制出血，保存有效的血容量，防止出现低血容量性休克。

止血

出血可分为动脉出血、静脉出血、毛细血管出血。血液是维持生命活动的重要物质，成人全身总血量相当于体重的7%～8%。当出血量达到全身总血量的20%时，则容易发生休克；当出血量超过全身总血量的30%时，就会严重影响人的生命活动，甚至危及生命。因此，当遭遇外伤而流血时，快速、有效止血是急救的重要环节。

现场止血术常用的有压迫伤口止血法、指压动脉止血法、加压包扎止血法、止血带止血法等，使用时要根据具体情况，可选用一种，也可将几种止血法结合在一起应用，以达到最快、最有效、最安全的止血目的。

表5-3-1 外伤出血的种类、危险级别、表现及处置方法

出血种类	危险级别	具体表现	处置方法
动脉出血	高	颜色鲜红，血流猛急，常呈喷射状	一般在受伤动脉的近心端，采用指压止血法或止血带止血法；同时拨打120急救电话
静脉出血	中或高	颜色暗红，血流较慢，常呈均匀不断的泉涌状	一般是将受伤静脉的远心端压住而止血；同时拨打120急救电话
毛细血管出血	低或无	颜色鲜红，血液从创面呈点状和片状渗出	清理伤口后，用消毒纱布包扎；无须送往医院

注：出血分类，按受伤血管不同分。

1. 压迫伤口止血法

适用于：较小伤口的出血情况。

具体方法：如果伤口被脏东西污染，先用生理盐水或凉开水冲洗。然后用纱布、干净的毛巾或手帕等垫在伤口上，按压10～15分钟。血止住后，用绷带轻轻包住，不要包得太紧。

如果条件有限，清洗伤口时也可以用清水，但不能用肥皂。用纱布覆盖伤口时，纱布面积要超过伤口，压迫伤口时不要太用力，否则不利于伤口凝血。

2. 指压动脉止血法

适用于：动脉出血的紧急止血。

具体方法：用手指压住出血的血管上方（近心端），从而使血管闭塞、血流中断。

（1）前额出血

在受伤一侧的耳前，对准耳屏（耳郭的小突起，俗称小耳朵）上方1.5厘米处，用拇指压迫颞浅动脉搏动点。

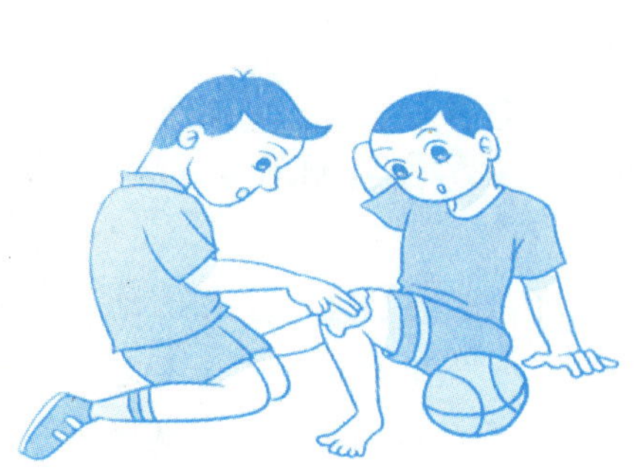

图 5－3－5　压迫伤口止血法

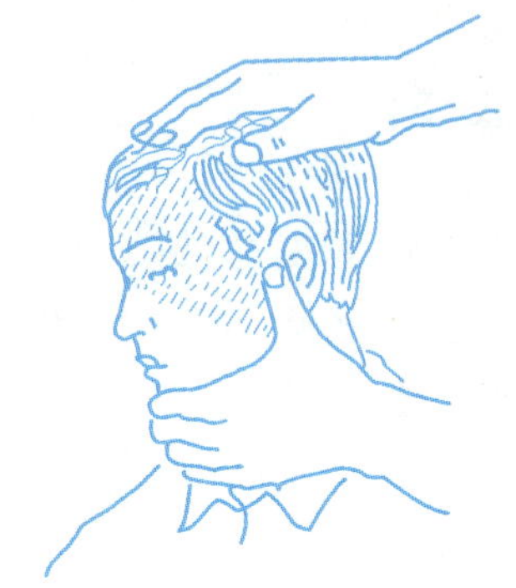

图 5－3－6　指压颞浅动脉（前额出血）

（2）面部出血

一侧面部出血，可用拇指压迫患者同侧面动脉搏动点。面动脉在下颌角前上方1.5 厘米处，即咀嚼肌下缘与下颌骨交接处。

（3）肩、腋部出血

救护者用拇指压迫同侧锁骨窝中部的锁骨下动脉搏动点，其余四指放在患者的颈后。

图 5－3－7　指压侧面动脉（面部出血）

图 5－3－8　按压锁骨下动脉（肩、腋部出血）

（4）前臂出血

用一只手抬高患者手臂（超过心脏位置），另一只手的拇指或其余四指压迫上臂中段内侧的肱动脉搏动点。

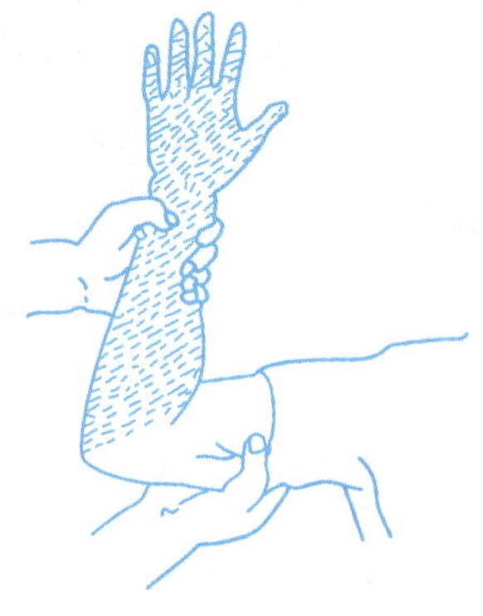

图 5－3－9　指压肱动脉（前臂出血）

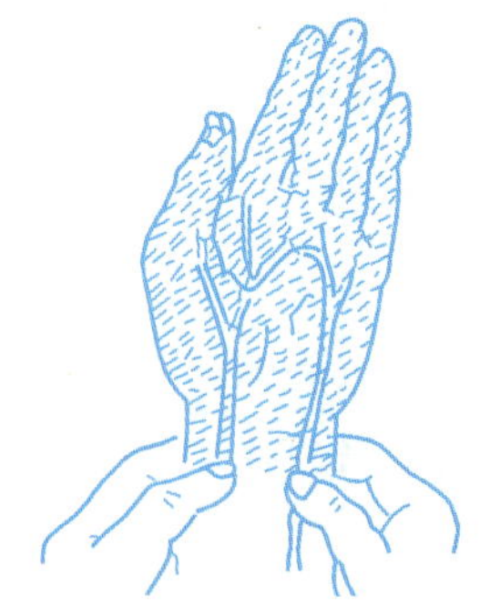

图 5－3－10　指压桡、尺动脉（手部出血）

(5) 手部出血

用双手拇指分别压迫患者腕横纹稍上方两侧的桡动脉(大拇指侧)和尺动脉(小拇指侧)搏动点。

(6) 手指出血

用拇指和食指压迫患者手指指根两侧的指动脉搏动点。

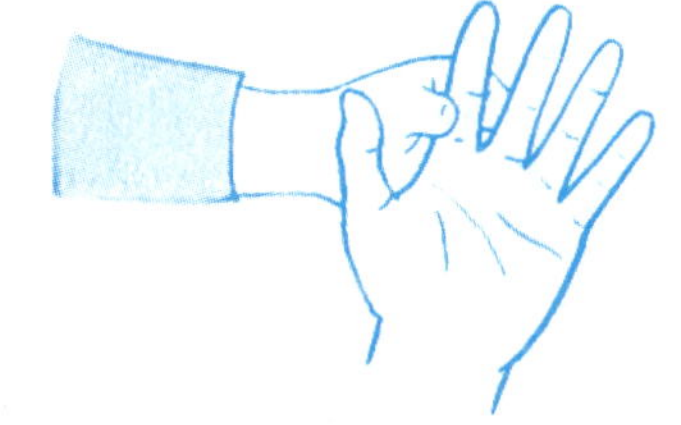

图 5-3-11 按压指动脉(手指出血)

(7) 大腿以下出血

在患者大腿根部中间稍下方(腹股沟韧带中点稍下方),用双手拇指用力压迫患者股动脉搏动点。

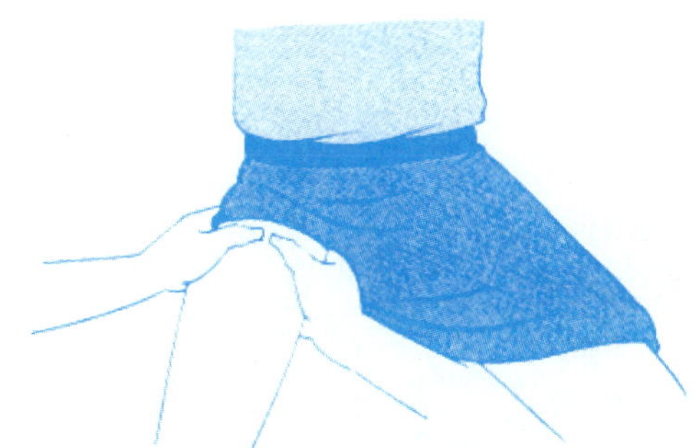

图 5-3-12 按压股动脉(大腿以下出血)

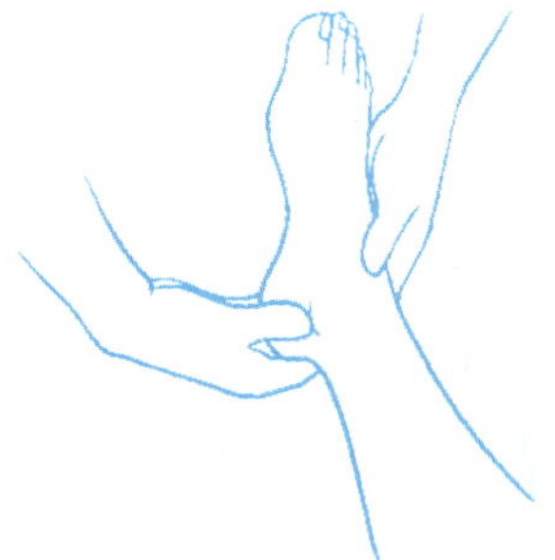

图 5-3-13 按压足背、胫后动脉(足部出血)

(8) 足部出血

用双手拇指分别压迫足背动脉(足背中部近踝关节处)和胫后动脉(足跟内侧与内踝之间)。

特别提示:指压止血法,仅适用于紧急情况下止血,不能长时间使用,否则易导致肢体出现损伤甚至坏死。当控制住出血后,应立即根据具体情况实施加压包扎、止血带止血等其他止血方法。

3. 加压包扎止血法

适用于:小动脉、静脉,毛细血管出血。

具体方法:用纱布、干净的毛巾或布块等,折叠成比伤口稍大的垫子覆盖住伤口。用绷带或折成条状的布带、三角巾,适当增加压力包扎即可。

包扎的力度要适合,以既能达到止血目的,又不影响肢体远端血液流动为宜。包扎后可留意观察,如果发现包扎肢体的远端出现青紫、肿胀,说明包扎过紧,要重新调整包扎力度。

4. 止血带止血法

适用于:四肢大动脉出血,常在采用加压包扎无法有效止血的情况下选用。

具体方法:将止血带绕扎在肢体合适的位置上(靠近伤口的近心端)。如果没有止血带,可用橡皮条(橡皮止血带)或绷带、毛巾、围巾、布条(布性止血带)等代替。

(1) 橡皮止血带

先在准备绕扎的部位垫一些软布,如纱布、毛巾等,用左手拇指、食指和中指拿着橡皮

管的一端，右手将橡皮管拉紧绕肢体一圈后压住另一端，再绕肢体一圈后，将右手拿着的一端放入左手食指、中指之间，由食指、中指夹着橡皮管末端，向下拉并固定即可。

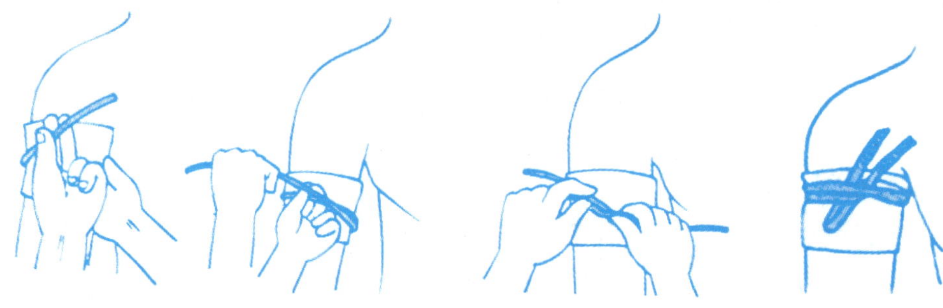

图 5-3-14　橡皮止血带止血

(2) 布性止血带

用绷带、毛巾、布条等代替止血带。以布条为例，先在准备绕扎的部位缠绕 1 圈，在下面交叉作为衬垫，再缠绕 1 圈，在上方交叉，并打个结，用一个小木棒(笔)插入结中，顺时针方向旋转、绞紧，边绞边看出血的情况，动脉出血刚刚停止即为松紧适宜。最后，将小木棒固定好即可。

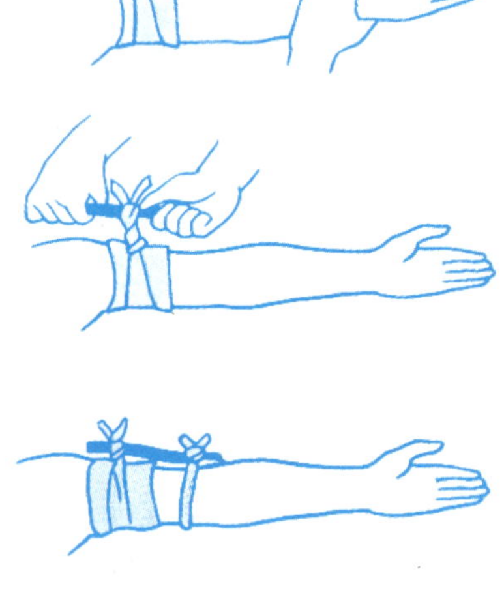

图 5-3-15

绕扎止血带的标准位置在上肢为，上臂上 1/3 处，下肢为靠近大腿根部的大腿 1/3 处。

不要直接将止血带绕扎在皮肤上，应在相应的部位有衬垫。不要用绳子、铁丝或电线等代替止血带使用。

压力是使用止血带的关键之一。止血带的松紧，应该以出血停止、远端不能摸到脉搏为度。

原则上应尽量缩短使用止血带的时间，患者要尽快送往医院。建议绕扎接近 45 分钟的时候松解一次(2～3 分钟，具体视出血的情况而定)。接着，在上次绕扎稍高的位置再次绕扎止血。

止血带的解除，要在输液、输血和准备好有效的止血手段后进行。

三　包扎伤口

如果不慎遭遇意外伤害，除要快速止血外，及时包扎伤口是救护中的重要一环，包扎伤口不仅有助于止血和固定伤处，而且能保护伤口，减少感染，减轻疼痛，有利于搬运和转送。

进行包扎时动作要轻巧、迅速、准确，不要碰撞伤口，以免增加出血和疼痛。接触伤口面的敷料必须保持无菌，以免感染。敷料要包住伤口，同时严密牢固，松紧适宜，打结避开伤口和不宜压迫的部位。包扎完毕应检查远端肢体血运是否正常，若完全阻断，应予以放松，重新包扎。

常用的材料有三角巾、多头带、绷带，亦可用毛巾、手绢、布单、衣物等替代。

1. 头部包扎

① 将三角巾的底边放在前额齐眉处，使整个三角巾包裹住患者头部。

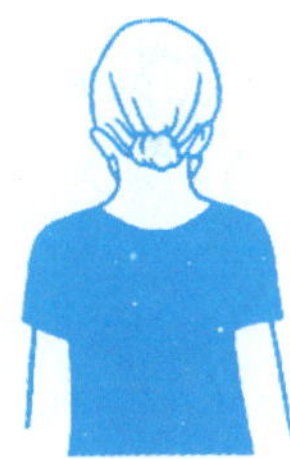

图 5－3－16

② 将两个顶角拉向脑后，在颈后交叉。

③ 再将两个顶角拉回前额，并拉紧打结。

④ 将脑后三角巾的顶角塞入打结处，并固定好。

2. 眼部包扎

（1）单眼包扎法

① 取一根绷带，如下图倾斜 45 度，盖住受伤的眼睛。

② 绷带下端从耳下经过，绕向脑后，再拉至前额处，压住绷带上端，然后再次绕向脑后。

③ 绷带上端覆盖住另一头绷带，从耳朵上方经过，同样绕向脑后。

④ 绷带两端在脑后相遇，打结固定即可。

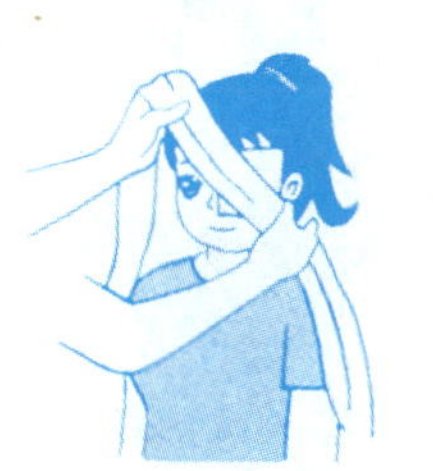

图 5－3－17

（2）双眼包扎法

① 将绷带像戴围巾一样，从领后绕向身体正前方。

② 分别将绷带两端如图在鼻梁，上交叉使其正好覆盖住双眼。

③ 再将绷带两端绕向脑后，打结固定即可。

图 5－3－18

3. 肩部包扎

① 将三角巾折成燕尾状，燕尾夹角约 90 度。

② 将折好的三角巾放在肩上，使夹角正对着颈部，燕尾大片压着小片，大片在背后，小片在胸前。

③ 两个燕尾的底边缠绕上臂，并打结固定。

④ 拉紧两个燕尾角，分别经胸、背部至对侧腋下打结固定。

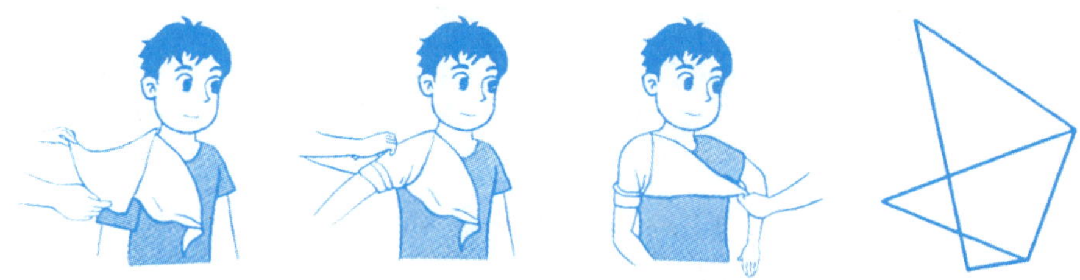

图 5－3－19

4. 腋下包扎

① 将折叠好的纱布放在腋下伤口处，用绷带的中间覆盖住纱布。

② 拉起绷带两端，如下图在同侧肩上交叉。

③ 再将绷带的一端绕过对侧腋下，使绷带的两端能在背后打结固定。

图 5－3－20

5. 肘关节包扎

① 用三角巾的中段包住肘关节。

② 将三角巾两端交叉，在肘关节处缠绕 1～2 圈。

③ 再将三角巾两顶角在肘外侧打结固定。

图 5－3－21

6. 手部包扎

(1) 手掌包扎法

① 用纱布从手指下方开始，先环绕两圈固定好，再一圈向上、一圈向下地进行缠绕。

② 每一圈都在正面和上一圈相交，并压在上一圈的 1/3 或 2/3 处，像编麻花辫子一样。

③ 将伤口处完全覆盖后，在手腕处缠绕两圈，固定好即可。

图 5-3-22

(2) 手臂包扎法

① 在手腕部先用纱布环形包扎两圈。

② 由下到上、由内到外地开始缠绕，每一圈盖住前一圈的 2/3。

③ 直至伤处被完全覆盖住，最后再缠绕两圈，并固定好。

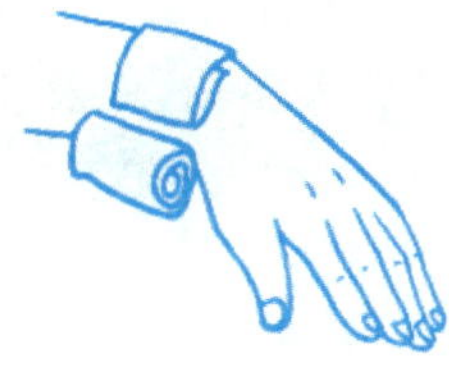
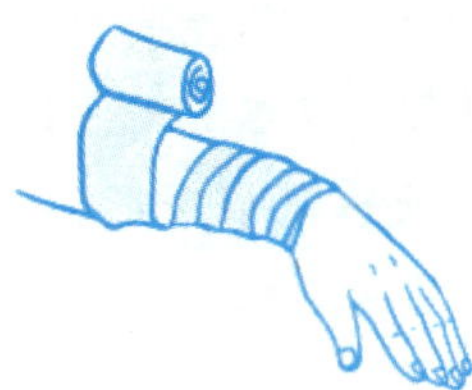
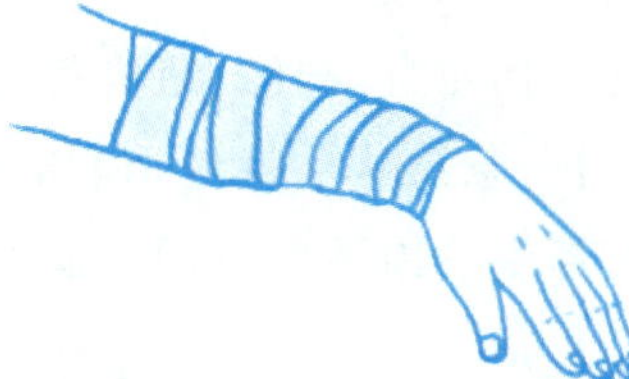

图 5-3-23

7. 胸部包扎

① 将三角巾的底边横放在胸前，顶角挂在受伤一侧的肩上。

② 两底角分别从两腋穿过，至背后打结固定。

③ 再将三角巾的顶角在背后与底角结系在一起。

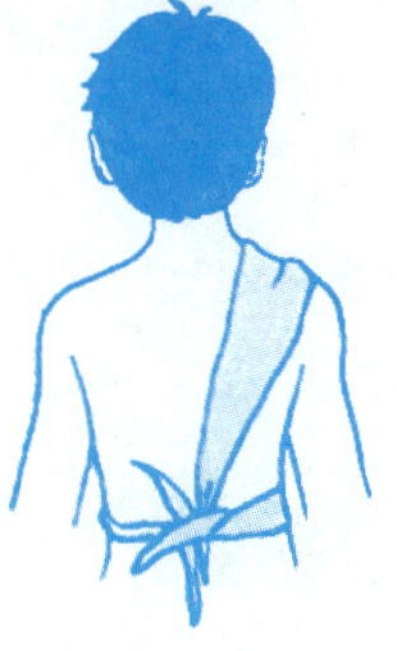
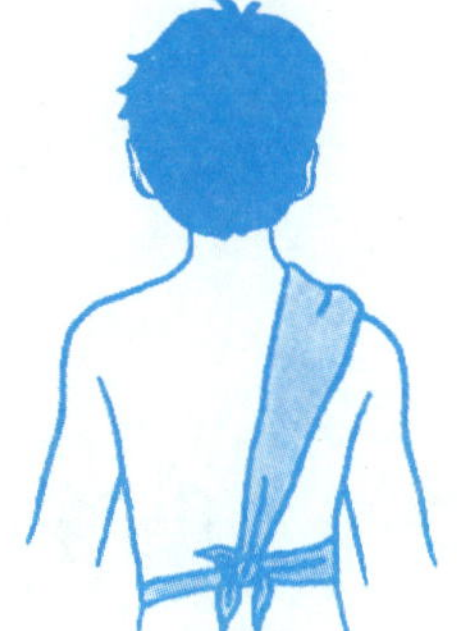

图 5-3-24

8. 腹部包扎

① 将三角巾横放在腹部，顶角朝下，底边置于脐部上方。

② 两底角绕过腰部，在背后打结固定。

③ 顶角经过裆部，绕到臀部上方，与底角结系在一起。

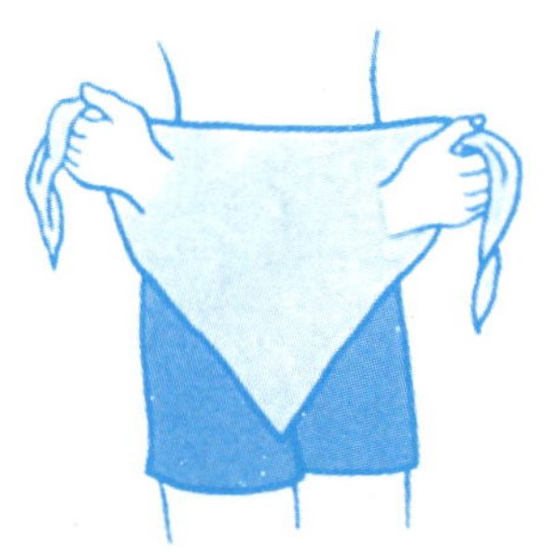

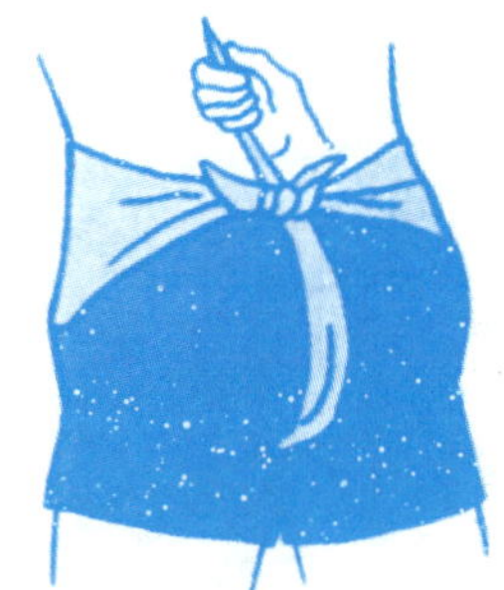

图 5-3-25

四 固定

固定是对骨折和受伤的肢体进行临时固定，其主要目的不是让骨折复位，而是为了防止骨折端活动刺伤血管、神经、肌肉等组织而造成二次损伤，减轻患者疼痛，以及便于搬运。

固定的材料，急救时常就地取材，选用长短宽窄合适的木板、木棍、竹竿、杂志、硬纸板等，毛巾、毛毯等生活用品也可用来固定。

1. 木板、木棍固定法(以大腿骨折为例)

① 将木板放在伤肢外侧或两侧，并在关节处加上衬垫(可用手帕、毛巾、衣物等)。

② 用绷带或布条，先把伤处的远心端和近心端分别绑扎固定。

③ 再依次固定踝关节、膝关节、大腿和腰部、胸部等位置。

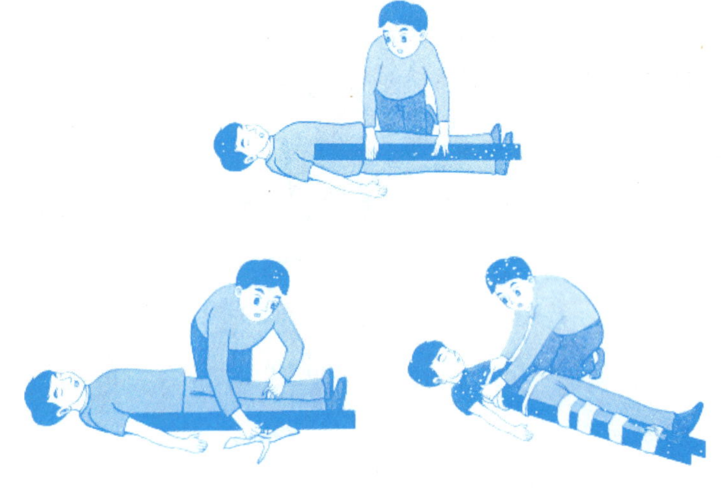

图 5-3-26

2. 杂志、硬纸板固定法(以前臂骨折为例)

① 将杂志或硬纸板的中央放在伤肢下面,绕着伤肢卷成筒状。
② 杂志、硬纸板的上下两端分别用绷带或布条绑扎、固定好。
③ 最后,用三角巾悬吊固定即可。

图 5-3-27

3. 毛巾、毛毯固定法(以腿部骨折为例)

① 将毛毯叠成适当的大小与厚度,夹在两腿之间。
② 先用绷带或布条在踝关节处将两腿绑扎在一起。
③ 再依次从伤处的两端、膝关节处,大腿根部,将两腿一起绑扎固定。

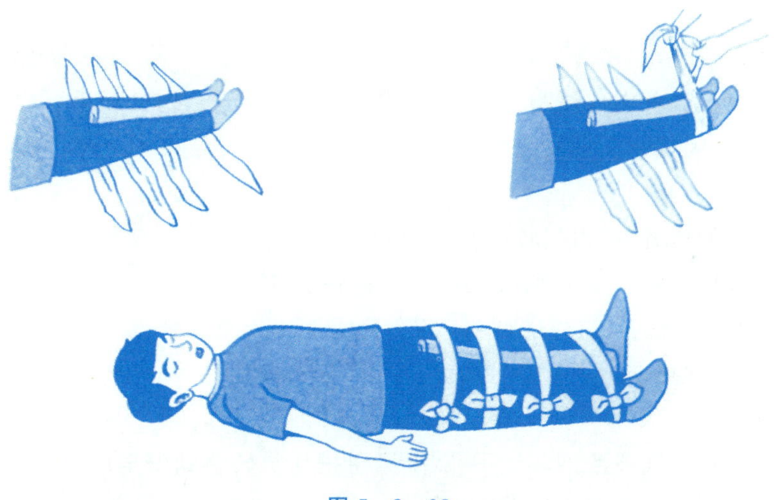

图 5-3-28

五 搬运

搬运是急救医疗不可分割的重要组成部分。

1. 搬运原则

了解伤病员的体重和搬运器械(工具)的大致重量。了解自己的体力限制,若估计两人能抬起,即可提抬;若不能则应召唤别人帮忙。一般来说两人成对地工作,以保持平衡。救

护人员在搬运时，应清楚地、经常地交谈，以保持协调一致。

2. 注意事项

① 呼吸、心跳骤停伤员，先复苏、后搬运。

② 创面出血的伤员先止血，后搬运。

③ 骨折伤员先固定，后搬运。

④ 搬运过程中如发生呼吸心跳停止或出血等，应停下来进行复苏或止血。

3. 搬运的方法

(1) 单人搬运

① 扶行法。

适用于：伤情较轻，尚能站立、行走的伤者。

具体方法：救护者站在伤员身旁，将伤员一侧上肢绕过自己的颈部，并用一只手抓住伤员绕过颈部的手，另一只手绕到伤员背后、扶着其腰部搀扶行走。

② 抱持法。

适用于：年幼及体轻的伤者，是短距离搬运的好方法。

具体方法：救护者蹲在伤员侧，面向伤员，一只手放在伤员的大腿下，另一只手绕到伤员的背后、扶着其腋下，然后将其轻轻抱起。

③ 背负法。

适用于：体轻、清醒的伤者。

具体方法：救护者背向伤员蹲下，让伤员趴在自己的背上（伤员双手可以在救护者胸前紧握），然后用双手固定住伤员的大腿，慢慢站起来。

④ 拖行法。

适用于：体重的伤者，或力气较小的救护者。

具体方法：救护者将双手分别放在伤员的两侧腋下，将其拖走。也可以先将伤员放在毯子、被褥上，再拉着毯子、被褥的两角，将伤员拖走。非紧急情况下，尽量不要使用此法，以免对伤员造成二次损伤。

⑤ 爬行法。

适用于：在狭窄空间或浓烟环境下，需要紧急把伤员转移到安全地带。

具体方法：将伤员摆放为仰卧位，用布条或绷带将其双手捆扎在一起。救护者骑跨在伤员身上，将伤员系牢的双手套在自己的颈部，然后救护者用双手支撑地面爬行前进。

(2) 双人搬运

① 椅托法。

适用于：伤势不重、意识清醒者。

具体方法：两个救护者面对面站在伤员两侧，各自伸出一只手在伤员背后交叉，扶住伤员背部（也可抓紧伤员腰带），让伤员的两只手分别绕过两个救护者的颈部，搭在救护者肩膀上，两个救护者的另一只手，穿过伤员的大腿下方，并相互握紧，让伤员坐在上面，然后两个救护者同时站起，并保持步调一致。

② 抬轿法。

适用于：伤势不重、意识清醒者。

具体方法：两个救护者面对面站立，分别用左手握住自己的右手腕，再用右手握住对方的左手腕，然后蹲下，让伤员将双手分别绕过两个救护者的颈部、搭在救护者肩膀上，再坐在救护者相互握紧的手上，救护者同时站起，并保持步调一致。

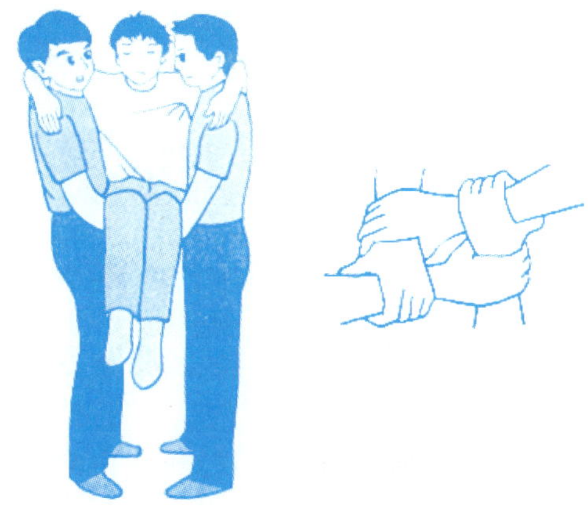

图 5-3-29

③ 拉车法。

适用于：意识不清者。此方法对下肢、脊柱骨折者禁用。

具体方法：一个救护者站在伤员背后，双手从伤员腋下绕过，紧紧环抱住其胸腹部（救护者可双手紧握），另一个救护者背对着伤员，蹲在其两腿之间，抬起伤员的两腿，两人一起抬起患者，行走时要保持步调一致。

④ 抬椅搬运。

适用于：昏迷、呼吸困难和无法配合的伤者。

具体方法：找一把轻而结实的椅子，将伤员扶坐在椅子上，一个救护者站在椅背后，双手扶住椅背下方，另一个救护者背对着椅子，双手从背后扶住前椅腿上方，两人一前一后地抬起椅子，保持步调一致。

图 5-3-30

（3）多人搬运

① 平托法。

适用于：怀疑脊柱有损伤的患者，救护者 3 人或 4 人均可。

具体方法：如果救护者为 3 人，则一侧 1 人、另一侧 2 人。3 人做好分工，分别将伤员颈部、背部、臀部、膝关节、踝关节水平托起，保持步调一致。

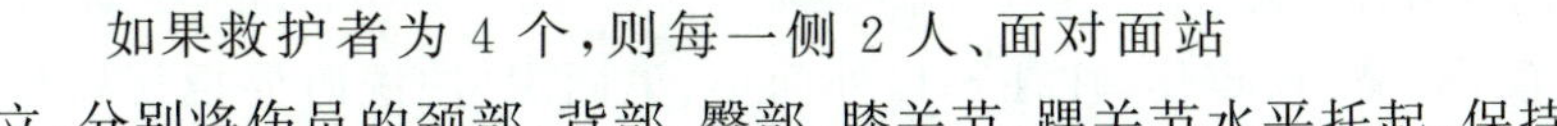

如果救护者为 4 个，则每一侧 2 人、面对面站立，分别将伤员的颈部、背部、臀部、膝关节、踝关节水平托起，保持步调一致。

② 平托上担架。

适用于：怀疑脊柱有损伤的患者，救护者 3 人或 4 人均可。

具体方法：以 4 个救护者为例。1 人托住伤员的头部，站在伤员头顶处，1 人托住胸背部、1 人托住腰臀部、1 人托住并拢的下肢，3 人站在伤员的同一侧，4 人合力，一起将患者抬到担架上，并轻轻放下。

学习单元四 抓伤咬伤应急处理

一 被狗、猫抓伤、咬伤后的应急处置

无论是狗或猫，它们的唾液中常常带有狂犬病毒，即使健康的狗、猫，也难免带有这种致命的病毒。

1. 急救措施

① 冲洗伤口。立即用流动的清水冲洗伤口，并用肥皂清洗。流水冲洗＋肥皂清洗反复进行，不少于 20 分钟。

② 局部消毒。用碘伏或酒精消毒伤口，但注意要先冲洗、后消毒。

③ 不要包扎。这是因为狂犬病毒是厌氧的，在缺乏氧气的环境下，狂犬病毒会大量滋生。

图 5－4－1

图 5－4－2

④ 尽早注射狂犬病疫苗。去疾控中心或指定的医院注射狂犬病疫苗，一共 5 针（被咬当天、第 3 天、第 7 天、第 14 天、第 28 天）。

猫、狗咬伤急救注意事项：被猫、狗咬伤，往往伤口外面小、里面深，冲洗时要把伤口稍微扩大，让其充分暴露，并用力挤压出污血。在冲洗伤口时，不要用嘴吮吸，以防造成伤口或口腔感染。

2. 狂犬病和狂犬病疫苗认识误区

① 只有猫和狗会携带狂犬病毒。家畜和野生动物都可能携带狂犬病毒。

② 狂犬病能潜伏 20 年。潜伏期通常 1～3 个月，但也有小于 1 周，多于 1 年的情况。

狂犬病—动画

③ 只有被咬出血，才需要打狂犬病疫苗。被没有打过疫苗的动物咬伤、抓伤，或是裸露的伤口被舔，都可能被感染，均需要注射狂犬病疫苗。

④ 只有在被咬 24 小时内注射疫苗才有效。不存在 24 小时、48 小时的说法。注射狂犬病疫苗越早越好，只要没发病，就被认为注射疫苗依旧有效。

3. 预防措施

① 春季是动物的发情期，也是宠物伤人的高峰期，主人与宠物不要过于亲昵，比如亲吻宠物、将手指伸入宠物的口中或用食物挑逗宠物等，以免遭到宠物的意外伤害。应及时给宠物注射狂犬疫苗，这不但能使其健康成长，对于主人也是自我保护的措施。

② 不要靠近你不熟悉的狗，更不要抚摸和逗玩。遇见陌生的狗，不要与其对视，也不要试图逃跑，平静地站立即可。不要打搅正在睡觉、吃食的狗、猫，避免被狗、猫咬伤。

③ 被宠物撕咬污染的衣物，应及时换洗并煮沸消毒、日光暴晒或使用消毒剂清洗。

④ 被宠物咬伤或抓伤后，绝不要抱任何侥幸心理，不管宠物是否打过疫苗，不管是咬伤还是抓伤，只要有皮下渗血或出血点，就应及时注射狂犬疫苗。

二　被毒蛇咬伤后的应急处置

我国已发现的毒蛇有 40 多种，其中常见的有 10 多种，根据所分泌的蛇毒性质，大致可分为三类：神经毒、血液毒和混合毒，病情的严重程度与进入身体毒素的毒力与剂量有关。

夏秋季气温升高，土地湿润，是毒蛇频繁活动的时期。田间劳作、野外游玩，都有可能被毒蛇咬伤。除了引起局部疼痛、肿胀、出血外，蛇毒在 3～5 分钟内即被吸收，毒液迅速扩散至全身，引起全身中毒反应。若蛇大，咬得很深，咬住不放，注入毒汁量大，蛇毒可以直接进入血循环，在短时间内引起死亡。

特别提醒：当被毒蛇咬伤后，不要惊慌，要保持冷静；不要奔跑着呼救，所有的剧烈运动都应停止，否则血液循环加速，蛇毒进入人体的速度也会随之加快。

神经性蛇毒：

金环蛇、银环蛇等分泌的毒素。被这类毒蛇咬伤后，起初症状不明显，仅见伤口局部有麻木感，伤后 1～3 小时，会出现急剧的全身症状，如头晕、恶心、呕吐、四肢乏力、声音嘶哑、言语不清、吞咽困难、流涎、眼睑下垂、视物模糊，最后可出现呼吸困难、昏迷、休克、呼吸衰竭等严重症状。

图 5－4－3

被此类毒蛇咬伤后，初始症状轻微，容易被忽视，因此具有很大的迷惑性。

血液性毒素：

蝰蛇、竹叶青、五步蛇等分泌的毒素。被这类毒蛇咬伤后，伤口局部迅速肿胀、疼痛，伤

口周围皮肤常出现水疱、皮下瘀斑、组织坏死，严重时可出现全身广泛性出血，伤者可伴有恶心、呕吐、发热、烦躁不安、心律失常、抽搐、休克等表现。

混合性毒素：

蝮蛇、眼镜蛇等分泌的毒素。被这类毒蛇咬伤后，伤口局部的表现类似血液性毒素的损伤，而全身的表现类似神经性蛇毒的损伤，患者易出现呼吸衰竭、循环衰竭等严重症状。

1. 急救措施

(1) 迅速绑扎

尽快用布带、绳子、毛巾或手帕(也可将衣服撕成布条)在伤口的近心端处绑紧(一般距伤口 3～5 厘米)，以控制毒素蔓延。但绑扎不可过紧，且每隔 1 小时要松开约 1 分钟，以防肢体缺血坏死。

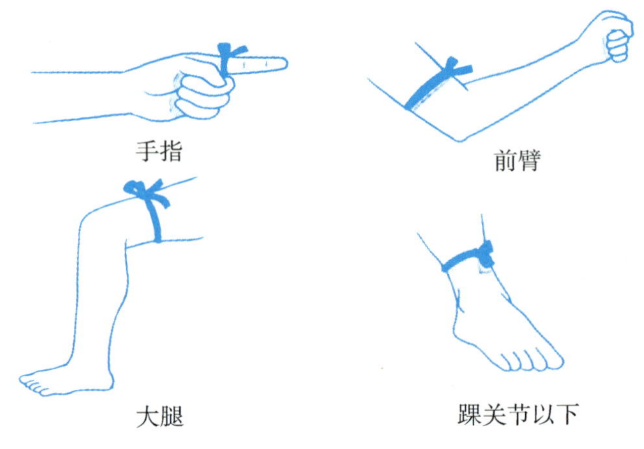

图 5-4-4

(2) 立即拨打 120

绑扎好以后，立即拨打 120 急救电话，说清具体地址、呼救原因等。尤其是尽可能拍下毒蛇的照片或记住其主要特征，以方便医生到来后的救治。

或将患者迅速送医，但必须送往有抗蛇毒血清的医院救治。

(3) 清洗—切开—清洗

在等待救护车到来的时候，可用清水或肥皂水冲洗伤口，以清除黏附在皮肤上的毒液。再用小刀在伤口上以“一”字形或“十”字形划开约 1 厘米，让毒血自动流出，继续用清水或肥皂水冲洗干净。如果身边有蛇药，可涂抹一些。

(4) 不要用口吸毒液

用口吸毒液虽对患者的救治虽有一定帮助，但如果救护者的口腔内有破溃，就可能使蛇毒进入血液，从而导致救护者中毒。因此，不主张用口吸毒液。

(5) 不要用酒精消毒

被毒蛇咬伤后，不要用酒精消毒，因为涂抹酒精可促进血液循环，加速毒液进入人体的速度，用流动的清水即可。

表 5－4－1 无毒蛇与毒蛇的简单辨别

辨别部位	无毒蛇	毒蛇
斑纹	大多颜色和斑纹不明显	大多颜色鲜艳，身带斑纹
斑纹	大多颜色和斑纹不明显	大多颜色鲜艳，身带斑纹
头、颈	大多头较小，多为椭圆形，颈粗	大多头较大，多为三角形，颈细、吻尖
毒牙	没有毒牙，伤处常留下 1～2 行均匀、细小的牙痕	上颚有一对毒牙，伤处常留有一对较深的毒牙痕

2. 注意事项

遇到毒蛇时，可用木棍或石块将其赶走或打死。遇眼镜蛇高昂头部“呼呼”作响时，不要惊慌，不可直线跑动或向下坡逃走，应作“之”字形跑动，或者站立原地，根据它的来势左右避开。

三 蚊虫叮咬

蚊子，属于昆虫纲双翅目蚊科，全球约有 3 000 种，是一种具有刺吸式口器的纤小飞虫。通常雌性以血液作为食物，而雄性则吸食植物的汁液。由于公蚊子不吸血，只吸食植物的汁液，所以它们一般不进屋，只有秋后天冷时才会飞进室内避寒。吸血的都是母蚊子，吸血是为了增加营养繁殖后代，因为人的血液里含有使得蚊卵成熟的物质(胆固醇或某些 B 族维生素)，雌蚊吸饱就在有水的地方产卵。吸血的雌蚊是登革热、疟疾、黄热病、丝虫病、日本脑炎等其他病原体的中间寄主。除南极洲外各大陆皆有蚊子的分布。

图 5－4－5

蚊子一般 5 月开始出动，至 8 月中下旬达到活动高峰。秋天气候变冷温度降到 10 ℃ 以下时，就会停止繁殖，不食不动进入冬眠，直到第二年春天后又出来。蚊子最喜欢的温度是 30 ℃ 左右，太高了也受不了。它们的生存繁殖环境必须有水，因此地面积水、臭水沟、下水道等处常会有蚊子繁殖。蚊子凭气味选择叮咬对象。

科学研究表明，蚊子叮人是有选择性的，能为蚊子带来丰富胆固醇和某些 B 族维生素的人最受蚊子青睐。蚊子利用气味从人群中发现最适合它们“胃口”的对象。胆固醇和某些 B 族维生素这两类物质是蚊子等令人讨厌的昆虫生存所必需，而它们又不能产生的营养素。

蚊子具有很强的嗅觉能力。当人类呼出二氧化碳和其他气味时，这些气味会在空气中扩散，蚊子跟踪它的目标时，总是随着人呼出的气味曲折前进直到接触到目标为止，然后就落到皮肤上耐心寻找“突破口”，最后把“针管”直接插入人的皮肤里吸血。

1. 容易被蚊虫叮咬的人群

人身体上的某些气息是吸引蚊子的主要缘故。一般来说，下面几种人蚊子会对其“情有独钟”：

① 汗腺发达、体温较高的人。易流汗的人，血液中的酸性增强，所排出的汗液使得体表乳酸值较高，对蚊子产生吸引力。此外，蚊子的触角里有一个受热体，它对温度十分敏感，只要有一点温差变化，便能立即察觉得到，流汗的人肌体散热快，也会对蚊子产生吸引力。

图 5－4－6

② 劳累或呼吸频率较快的人。人在从事运动或体力劳动后呼吸会加快，有些人肺活量较大，或呼吸节奏本身较快，这样呼出的二氧化碳相对较多，二氧化碳气体会在头上 1 米左右的地方形成一股潮湿温暖的气流，蚊子对此比较敏感，会闻味而至。

③ 喜欢穿深色衣服的人。蚊子之所以昼伏夜出，主要是因其具有趋暗的习性，如果穿着深色衣服，在夜间便会呈现一团黑影，蚊子会向着更暗的地方追逐而去。衣服颜色如黑色是蚊子进攻的首选对象，其次是蓝、红、绿等，蚊子不爱叮白色。同理，蚊子爱叮肤色较黑或肤色发红的人。

④ 新陈代谢快的人。因此小孩易遭蚊叮，老人正好相反。

⑤ 化过妆的人。许多种类的发胶、护手霜、洗面奶等化妆品对蚊子的诱惑力都非同寻常。大多数化妆品都含有硬脂酸（脂肪酸的一种），所以化妆的人比不化妆的人更受蚊子“青睐”。

有一些气味如月桂叶、柠檬草油、香茅、大蒜和香叶醇的气味是蚊子讨厌的，会使蚊子退避三舍。

⑥ 孕妇。美国的一项医学研究显示，孕妇遭蚊子叮咬的机会比其他女性高一倍。

⑦ 饮酒的人。人们在饮酒、吃了牛羊肉或服用了降压药之后，也会变得易受蚊子的叮咬。

2. 怎样尽量避免被蚊虫叮咬

① 运动后应尽快洗澡，保持皮肤清爽。天热流汗多，要及时用纸巾、手绢擦去汗液。

① 如果日常活动场所内的蚊子较多，应身着长袖衣服。衣服的功能主要是用来遮掩汗液等皮肤分泌物的气味，让蚊子无法追踪。

③ 户外运动最好穿着白色衣服。因为白色衣服反光能力强，有驱赶蚊子的效果。

④ 夏天切莫因嫌热而不穿袜子。夏天不穿袜子，会使汗水气味快速挥发，把蚊子引来对人体其他部位发起攻击。穿上吸汗效果好的袜子不仅能有效降低皮肤湿度，还可遮掩气味。

⑤ 到蚊子多的地方去不宜使用香水等气味浓郁的化妆品。

3. 被蚊虫叮咬后止痒方法

① 用碱性物质进行缓解。一般人被蚊子叮咬后，都会出现红肿、痒、痛等症状，这时可用碱性物质进行缓解，比如，可用氨水止痒，也可将香皂蘸水在红肿处涂抹，这样能在数分钟内止痒。

② 涂抹花露水、风油精。如果叮咬处很痒，可先用手指弹一弹，再涂上花露水、风油精等。

③ 用盐水涂抹或冲泡止痒。用盐水涂抹或冲泡痒处，这样能使肿块软化，还可以有效止痒。

④ 芦荟叶汁液止痒。可用芦荟叶中的汁液止痒。被蚊子叮咬后红肿奇痒时，可切一小片芦荟叶，洗干净后掰开，在红肿处涂擦几下，就能消肿止痒。

⑤ 大蒜止痒。把一颗蒜瓣掰开，用断面涂抹蚊子咬的包，一会就好，且止痒(此法尤其适用于孕妇被蚊子咬后)。

⑥ 牙膏、热毛巾等。如果不小心被蚊虫叮咬，不要急着用手抓。用一点牙膏，涂在患处可以迅速帮你止痒。

⑦ 用西瓜皮反复擦拭蚊虫叮咬处，也可止痒。

⑧ 取少量藿香正气水，涂抹于被叮咬处，半小时左右，瘙痒即可减轻或消除。

⑨ 取一两片阿司匹林，碾成粉末，用凉水调成糊状，涂抹于患处，也可减轻或消除瘙痒。

⑩ 喝粥的时候，不妨等上几分钟，等粥的表面凝成了一层薄膜后，将其涂在蚊虫叮咬处，亦可止痒。

⑪ 洗衣粉去痒。用清水冲洗被咬处，不要擦干，然后用一个湿手指头蘸一点洗衣粉涂于被咬处，可立即止痒且红肿很快消失，待红肿消失后可用清水将洗衣粉冲掉。

⑫ 被叮咬后不能抓。被蚊子叮咬后，马上去抓，抓挠后皮肤里的组织液、淋巴液等渗出，肿成一个包，就会越抓越痒，而且还不易消退，长满红包的“赤豆腿”就是这样被抓出来的。如果坚持不抓，一般 10～15 分钟后，痒感就能明显消退。

此外，只要多吃碱性蔬菜之饮食，体质及血液呈微碱性的，不但蚊子不爱叮咬，就是被叮咬之后，也不至于会太痒。

4. 避蚊驱蚊方法

① 勤洗澡可以去除体表分泌物的味道，减少被蚊子袭击的可能。用调味品中的八角、茴香各两枚，泡于温水中，用其水洗澡，蚊子不敢近身。

② 尽量穿袜子。许多人喜欢夏天光脚穿鞋，殊不知穿袜子后，蚊子感觉人的皮肤湿度降低、皮表挥发物减少，会减少叮咬。

③ 维生素 B_1 经人体新陈代谢，从汗液中排出会产生一种特殊的气味，可以驱蚊。蚊虫虽然喜欢某些 B 族维生素，但不能够忍受维生素 B_1 的气味，因此可以多吃糙米、豆类、干果、硬果、花生仁、水果、绿色蔬菜、奶类、河鲜、海鲜等富含维生素 B_1 的食物。如果去野外，可提前 3～4 天吃一些维生素 B_1。人感觉不出来，蚊子可受不了维生素 B_1 的气味，会远远

离去，用维生素 B_1 泡水擦身也会让蚊子不敢近身。维生素 B_1 是水溶性维生素，较易从尿中排出，一般不会在人体内蓄积。

④ 穿白色等浅色衣服可以降低被蚊子叮咬的概率。蚊子（花斑蚊）最喜欢停在黑色衣服上，所以尽量避免在炎热的夏天穿一些颜色比较深的衣服。

⑤ 针对蚊子趋光、喜高温阴暗潮湿环境和昼伏夜出的习性，可在傍晚关闭室内灯光，打开门窗，待蚊虫飞到室外，再紧闭纱窗纱门，避免蚊子飞入。

⑥ 在卧室内放置几盒揭盖的清凉油、风油精，或将樟脑丸磨碎，撒在屋内墙脚也可以驱蚊。

⑦ 摆放一两盆驱蚊鲜花，可驱逐蚊虫。在室内的花盆里栽一两株西红柿，西红柿枝叶发出的气味会把蚊子赶走。在身上抹一些西红柿叶的汁液也可以起到防蚊的效果。在室内摆一两盆盛开的茉莉花、米兰或玫瑰，最好是夜来香，蚊子不能忍受这些花的香气而逃避。如果使用驱蚊草驱蚊，在 15 平方米左右的空间，放置一株高约 30 厘米、叶片数在 40 片上下的驱蚊草，效果较好。

⑧ 室内安装橘红色灯泡，或用透光的橘红色玻璃纸套在灯泡上，可以部分驱逐蚊子，蚊子最怕橘红色光。

⑨ 燃烧晒干后的残茶叶和橘子皮等可以熏跑蚊子。在室内点燃干橘皮，既能驱蚊，又可消除屋内异味。将阴干的艾叶等搓成绳索，点燃后放在室内，其烟味可驱蚊。

⑩ 用适量薄荷、紫苏或西红柿的叶，揉出汁涂于人体裸露的皮肤上，可以防止蚊子叮咬。

⑪ 在灯下挂一把香葱，或用纱袋装几根葱段有助于驱蚊。

⑫ 吃大蒜可有效驱蚊，因为蚊子不喜欢人体分泌出来的大蒜味。

⑬ 家庭水生植物要定期换水。

学习单元五　网络安全风险防范

随着互联网和手机终端的发展，高校大学生的学习和生活已经离不开网络、手机，通过网络，学生可以获取丰富的信息和知识。但是，网络是一把“双刃剑”，在为学生的学习和生活带来巨大便利的同时，很多不良的信息和新的违法行为也在随着网络的发展而产生，成瘾性网络游戏、邪恶动漫、不良小说、互联网赌博等不断出现，造成一些学生沉迷游戏、行为失范、价值观混乱等问题，严重影响了学生的学习进步和身心健康，甚至出现人身伤亡、违法犯罪等恶性事件。面对这一新情况，对大学生要有网络安全意识，正确使用网络、手机。

一 网络与大学生生活

网络是一个无穷无尽的信息源，具有信息量大、传播速度快、交流互动性强和影响范围广的显著特点。

在互联网普及前，大学生的生活空间基本固定在寝室、教室、图书馆、食堂。当网络在世界的每个角落都建立起自己的根据地，大学生的生活发生了巨大的变化。

网络化多媒体教学已融入大学教学的方方面面，现代化、网络化的教学手段大大丰富和提高了教学质量与效果，深受广大师生的欢迎。

当今网络的发展，突破了地域时间限制，以先进的电子技术手段向学生适时地传播人类优秀文化遗产及价值观，使大学生在一个比以往更加广泛的社会环境中积累社会知识，发展形成自己的个性，顺利参与社会生活，使学生可以独立地参与讨论，自由地访问所需站点，主动了解各种信息资源，接受不同角度的建议，经过自身的判断整合形成自己的观点，促进学生开放精神的树立，促进大学生创新精神的培养。网络上丰富的信息资源使大学生从中获得养料，完善知识结构，学习发达国家的科学技术和先进经验，并借助世界各地的专家、学者、技术人员甚至普通人的力量发现并解决问题。日常生活中从网购物品，到外卖小吃，无处不见网络技术的身影。

如今随着互联网的快速发展和普及，网络已成为生活中不可缺少的一部分，通信、学习、办公、娱乐、购物等都可以通过网络进行，网络信息技术已完全融入大学生生活的方方面面。2020 年中国互联网络信息中心(CNNIC)统计显示，目前中国网民中，学生群体高达 21%，在各类网民人群中高居榜首，如何规范网络行为，预防网络成瘾，成为高校需要重点关注的问题。

二 网络安全缺失的危害

网络具有内容丰富、信息传播迅速、环境开放和难以控制等特点。它在为高校开展各项工作提供便利的同时，由于以上特点，也为高校的安全教育工作提出了严峻的挑战。大学生网络安全教育的缺失，对大学生的健康成长带来巨大的危害。对当代大学生而言，增强网络安全意识，择其善者而从之，才是正确的态度。

目前大学生网络安全问题，已由早期的被伤害(如网瘾、网恋、网上被骗等)，发展到越来越多的大学生网络行为失范甚至犯罪。

1. 大学生利用网络进行违法犯罪行为

网络色情行为，利用淫秽网页、论坛、直播等平台，传播、观看色情照片、视频，进行色情交易等违反法律法规的犯罪活动。电子资源盗版行为，在网络上传播、下载侵犯著作权的盗版电子资源，其内容可能是各类计算机软件、图片、文档、音视频等。网络诈骗行为，与传统犯罪一样，网络诈骗是造成损失较多、表现形式最为丰富的一种网络犯罪类型，常见的有

网络中奖诈骗、网上兼职诈骗、电子商务诈骗、网上游戏诈骗等。网络暴力行为，在互联网上发表具有诽谤性、诬蔑性、侵犯名誉、损害权益和煽动性的言论、文字、图片、视频等，造成对他人名誉、权益、精神等的损害。

2. “网瘾”对大学生健康成长的危害性极大

网瘾是网络成瘾症的简称，指上网者由于长时间和习惯性地沉浸在网络时空当中，对互联网产生强烈的依赖，以至于达到了痴迷的程度而难以自我解脱的行为状态和心理状态。网络是一把双刃剑，可以给大学生的学习和生活带来便利，同时也可能产生许多负面影响。如果长期网络成瘾，与现实世界缺乏积极有效的互动，不仅危害大学生的身心健康，不利于大学生世界观、人生观和价值观的形成。还会给学校、家庭和社会带来危害。例如学生过度沉迷于网络中虚拟角色，容易迷失真实的自我，导致角色混乱、道德弱化、性格异化，不仅学习受挫、健康受损，而且还易形成潜在的社会问题。

3. 大学生网络上当受骗

随着互联网的发展网络聊天应运而生并蓬勃发展，几乎成为现代生活的一部分。大学生是一个思想活跃的群体，容易接受新生事物，而且喜欢研究和探索，追求时尚。网络聊天给大学生带来很大的乐趣，为大学生提供了一个可以和任何陌生人交流、沟通，甚或是交朋友的平台。由于网络的虚拟性，上网族通过它获取到的信息都是华丽的，而信息是否真实，却缺乏考证。因此，在聊天中对于分辨能力还不是很强的大学生来说，很容易相信网络上的人或信息，使得大学生上当受骗的概率大大增加，人身和财产安全受到威胁。大学生对于网络上不法分子所设置的“网络陷阱”辨别力较差。

江苏某高校学生小王的一个案例，微信里的“同学”原来是骗子。一次小王收到微信好友添加信息，对方称是其同学，小王没考虑太多就同意了。假期快结束时，小王收到该“同学”发来微信消息，说要买他们当地特产带来学校给同学们尝尝，但是钱不够，想借一点钱，小王未经核实，就通过支微信向对方转了 500 元。后来，小王感觉事情有点奇怪，立即和同学联系，才发现微信里的“同学”原来是骗子，遂报警。

4. 网络对大学生思想的不良影响

网络带来方便的同时，也掺杂着负面的效应，网上信息量大，鱼龙混杂，难免有不良的垃圾信息，这不利于大学生正确思想的形成、完善和巩固。不正确的网络使用，会诱导大学生生活方式的改变，导致大学生价值观念偏移、道德法律观念淡化、思维方式的改变。

网络对大学生思想观念的影响有积极的一面，更有消极的一面。这与大学生接收网络信息的特点有关。大学生在接收网络信息方面表现出以下特点：一是好奇心强。青年人喜爱感受新事物、新思想，并对此产生浓厚的兴趣，对一些标新立异的学说往往怀着好奇的心情去追求。二是感觉敏锐。大学生密切关注社会的变化和科技的发展，对社会的政治动态、经济形势好坏都非常敏感，并表现出极大的兴趣。三是鉴别力不强。大学生经过学校的教育，受到了一定的思想政治教育，但还不能很好客观地观察、判断和分析问题，识别网络上信息的真假、善恶、是非。四是可塑性大。由于大学生的思想正处于形成和完善时期，因此，来自各方面的思想很容易产生影响。

三　大学生的网络安全

网络在给我们的生活带来了很大的方便的同时如果不能合理使用，就会反被其伤害。对于正确的价值观还未完全形成、意识还比较薄弱的大学生来说，要加强自身的网络安全学习，掌握甄别不科学、不健康信息的技能和方法，避免误入歧途，要学会保护自己的身心健康。

1. 增强大学生自身的网络法制知识

互联网的开放、自由给人们的生活带来了极大的好处。但是互联网的这种自由也不是绝对的，也是有度有边界的，这个度就是国家的相关法律法规。大学生要认识到哪些行为在网上是非法的，是法律严令禁止的。

网络安全法

《中华人民共和国网络安全法》2016 年 11 月 7 日正式颁布，成为我国第一部网络安全的专门性综合性法律，大学生的网络行为必须遵守国家相关法律法规的规定。

① 维护网络空间主权和国家安全、社会公共利益。

② 不得危害网络安全，不得利用网络从事危害国家安全、荣誉和利益，煽动颠覆国家政权、推翻社会主义制度，煽动分裂国家、破坏国家统一，宣扬恐怖主义、极端主义，宣扬民族仇恨、民族歧视，传播暴力、淫秽色情信息，编造、传播虚假信息扰乱经济秩序和社会秩序，以及侵害他人名誉、隐私、知识产权和其他合法权益等活动。

③ 不得窃取或者以其他非法方式获取个人信息，不得非法出售或者非法向他人提供个人信息。

④ 对使用网络的行为负责，不得设立用于实施诈骗，传授犯罪方法，制作或者销售违禁物品、管制物品等违法犯罪活动的网站、通信群组，不得利用网络发布涉及实施诈骗，制作或者销售违禁物品、管制物品以及其他违法犯罪活动的信息。

⑤ 发送的电子信息、提供的应用软件，不得设置恶意程序，不得含有法律、行政法规禁止发布或者传输的信息。

2. 提高大学生自身网络道德水平

网络道德，是大学生素质中的一项重要内容。大学生是社会的娇子，要带头树立良好的网上风气，不仅要在现实中需要尊重他人、遵守伦理道德，更要在虚拟的网络里做到对他人的尊重。2001 年团中央、教育部、文化和旅游部等部门联合发布了《全国青少年网络文明公约》，作为广大青少年的网络行为道德规范，中共中央、国务院 2019 年 10 月印发了《新时代公民道德建设实施纲要》。大学生要发挥自身主体作用，提高道德意识，加强道德实践，培育良好的网络道德行为习惯。加强自我教育、自我修养的主动性，激发自我提高网络道德素质的内在动力。做到明善恶，常学习，恪守“慎独”，真正自觉做到保持良好的道德

行为。

3. 提升自身的网络安全意识

大学生要加强网络安全学习，懂得如何在网络中保护自己，不要轻信他人，更不能随意地接受他人的邀请，或将个人信息告知他人，避免上网受骗。

做到网购要谨防钓鱼网站，妥善处置各类单据，身份证复印件上要写明用途，简历只提供必要信息，不在微博、微信群聊天中透露个人信息，微信不要添加不明身份的好友，谨慎分享个人照片，谨慎参加网上调查活动，尽量减少连接公共场所的 Wifi 信号。

4. 加强大学生自身网络阵地建设

加强网络阵地的建设，打造大学生自己的健康文明网络环境，在传播先进文化知识的同时，正确引导舆论，营造大学生美好的心灵，使广大的大学生在先进文化氛围中去思考和反思、净化灵魂、完善自己。

四 预防网络成瘾

网络作为一种全新媒体和信息获得途径，已经在人们的日常生活、学习和工作中占据越来越重要的位置，但是，网络所带来的负面影响也非常明显。青年学生沉湎于网络游戏，甚至患上网络成瘾症已成为日益突出的社会难题，这些现象在希望通过网络游戏来舒缓学习压力、摆脱孤独、满足成就感、缺乏自我控制力的青年学生中相当严重。

随着智能手机的发展，我国手机网民规模相当庞大，有 90.1%的网民是通过手机上网，其中 20～29 岁年龄段的网民占比最高，达到约 30%。网民中学生群体的占比最高，智能手机凭其强大的即时通信、搜索、娱乐、网络购物和支付等功能，在给大学生的生活带来了便捷和乐趣的同时，也产生了一些负面影响，如手机成瘾、抑郁、睡眠障碍、学习成绩下降等。

大学生要相信，养成良好的上网习惯，培养出健康的心理品质，网络成瘾是可以预防的。

如何养成良好的上网习惯，可以尝试做到以下几点：

① 心理品质很关键。青年学生发生网络成瘾与个人的心理品质有关，一些在现实中应付困难的能力差、自我认同度低的学生容易上网成瘾。

② 控制上网地点。未成年人不去网吧上网。同伴之间往往存在相互“学习”的作用，如果遇到一些成天泡在网上的“榜样”，就会加速网络成瘾的形成。

③ 控制网络的使用内容。学习网络的使用技巧，学习网上获取资料的技能，保护自己的电脑不会受到病毒或“不良网站”的进攻。

④ 控制上网时间。控制好每周上网的时间要比控制好每天的时间更有效。给自己一个限定“我每周上网的时间不能超过×小时”，自行调节避免过于死板。

⑤ 正确使用手机，切勿沉迷于手机上网。预防和控制网络成瘾，最重要和最关键的是大学生要有自控能力，并且将是否有自控能力看成自己走向成熟和取得成功的重要标准之

一，戒除网瘾，才能恢复大学生的健康生活。

五 维护网络信息安全

信息网络安全，指防止信息网络本身及其采集、加工、存储、传输的信息数据被故意或偶然的非授权泄露、更改、破坏，或使信息被非法辨认、控制，即保障信息的可用性、机密性、完整性、可控性、不可抵赖性。维护网络信息安全是每位大学生的职责。

1. 养成良好的网络安全习惯

2021 年 11 月，网络安全和信息化委员会印发《提升全民数字素养与技能行动纲要》，对提升全民数字素养与技能作出了全面部署，明确提出提升全民数字素养与技能的发展目标、主要任务和重点工程，为未来一段时期我国提升全民数字素养与技能提供了有力指导。大学生要做维护网络安全的践行者。

① 确认要求提供敏感信息的网站，网址是以“https”开头的，并且显示了绿色的挂锁图标。

② 点击链接或打开附件之前要三思，避免使用公用电脑和 Wifi 来登录账户和访问敏感信息。

③ 离开设备时，按下“Ctrl－Alt－Del”或者“Win＋L”键，及时锁屏，及时登出账户、关闭电脑或移动设备。

2. 做好个人信息保护

（1）定义

① 个人敏感信息，指一旦泄露、非法提供或滥用可能危害人身和财产安全，极易导致个人名誉、身心健康受到损害或歧视性待遇的个人信息。

② 个人验证信息，指有关个人的任何数据，这些数据能够帮助识别这个人，如姓名、指纹或其他生物特征资料、电子邮件地址、电话号码或社会安全号码等。

③ 个人信息四件套，一般是指银行卡、身份证、网盾、绑定的手机号码，这些是网络诈骗活动中对个人敏感信息的代称。

（2）常见泄露途径

① 非法买卖，一些无良公司、机构员工主动倒卖信息。

② 手机泄露，下载不明来源的 App、随意链接公共 Wifi、使用来路不明的充电宝、随意点击网址链接等。

③ 攻击网站，利用网站漏洞实施入侵，窃取保存信息的数据库，俗称“拖库”。

（3）个人数据保护

① 利用计算机的任务功能，定期自动备份。

② 对备份进行加密，并存储在安全、干燥、隔离的物理空间。

③ 经常测试备份，确保可以在需要的时候成功恢复数据。

④ 通过设置社交媒体信息访问权限保护个人信息。

⑤ 不通过邮件或电话提供个人信息，尤其是医疗、金融类的敏感信息。

(4) 设备安全

① 不将个人 U 盘插入到工作计算机，也不要将工作 U 盘插入到个人计算机。

② 不要将来路不明的 U 盘插入到自己或他人的计算机。

③ 从正规渠道、正规厂商处购买 U 盘等设备。

④ 不要使用同一设备存储个人文件和工作文件。

⑤ 禁用计算机的自动运行功能，阻止 U 盘插入时自动运行。

学习单元六 校园安全防护技能

一 校园安全

我国高校在校学生每年非正常死亡以及各类涉及人身安全事故频频发生，一些社会矛盾和利益冲突不同程度地影响到学校，危及学校和学生安全。校园安全危机中大学生普遍缺乏安全防范意识和自我保护能力，是一个不容忽视的重要原因。大学生的人身安全是完成学业最基本的保障。

1. 防火自救常识

防止火灾发生的关键，是做好火灾的预防工作。大学生只要认真贯彻消防法规，自觉遵守消防安全管理规定，就能有效预防火灾的发生。

① 学生宿舍防火。在宿舍，同学应自觉遵守宿舍安全管理规定，做到不乱拉乱接电线；不使用电炉、电热杯、电饭煲等电器；使用台灯、充电器、电脑等电器要注意发热部位的散热；室内无人时，应关掉电器的电源开关；不点蜡烛，不在宿舍使用明火和焚烧物品等。

② 教室、实验室、教研室的防火。在实验室、教研室实习或工作室实习，一定要严格遵守各项安全管理规定、安全操作规程和有关制度。使用仪器设备前，应认真检查电源、管线、火源、辅助仪器设备等情况，使用完毕应认真进行清理，关闭电源、火源、气源、水源等，还应清除杂物和垃圾。尤其是使用易燃易爆危险品时，更要认真执行防火安全规定。中途离开实验室时，应切断电源。

③ 体育馆报告厅、食堂的防火。要遵守消防安全制度，做到不携带易燃易爆品。禁烟区不准吸烟，不随地丢弃烟头、火种。还应保持安全通道的畅通。

④ 山林草坪防火。严禁到山林、草坪吸烟、玩火，一旦发现火苗要及时扑救并向学校及消防部门报告。

2. 宿舍安全

① 提高自我防护意识，提高警惕性，以防坏人有机可乘。

② 不要让不太熟悉的人随意进宿舍，以防不测。锁好贵重物品。

③ 晚上睡觉前要关好门窗，并检查门是否反锁。

④ 夜晚有人来敲门不要轻易开门，绝不给陌生人开门。

⑤ 假期不能回家的大学生应集中就寝，如宿舍只剩下一人时，应向老师说明情况，让其妥善解决。

⑥ 夜晚到室外上厕所，一定要穿好外衣并结伴而行。

⑦ 宿舍内一旦遇到坏人来袭击，不要害怕，要鼓起勇气与坏人搏斗，并且大声呼救，以便来人救援。

⑧ 学生应按时就寝。

⑨ 学生不得在宿舍内点蜡烛，不得在床上打闹。

3. 校园拥挤突发事件防范

发现拥挤的人群向自己行走的方向来时，应立即避到一旁，不要慌乱，不要奔跑，避免摔倒。

假如陷入拥挤的人流时，一定要先站稳，身体不要倾斜失去重心，即使鞋子被踩掉，也不要弯腰系鞋带。有可能的话，要先尽快抓住坚固可靠的东西慢慢走动或停住，待人群过去后再迅速离开现场。

顺着人流走，切不可逆着人流前进，否则，很容易被人流推倒。

若自己不幸被人群推倒后，要设法靠近墙角，侧卧，身体蜷成球状，双手在颈后紧扣以保护身体最脆弱的部位。

在人群中走动，遇到台阶或楼梯时，尽量抓住扶手，防止摔倒。

当发现自己前面有人突然摔倒了，马上要停下脚步，同时大声呼救，告知后面的人不要向前靠近。

4. 防范踩踏事件

踩踏事件，指人员在较小的空间过于集中，特别是在人群拥挤并流动时，有人意外跌倒或蹲下，后面不明真相的人群依然在前行，加剧拥挤程度，导致更多人跌倒，人群出现紧张、恐慌情绪，因拥挤、窒息、踩踏导致伤亡。

预防踩踏

(1) 常见特点

① 多发时间。如大型活动、下课、下晚自习、课间操、就餐、上厕所、应急演练等时段。

② 多发地点。重点是楼梯间拐角处以及操场、礼堂、食堂、厕所等人员密集场所。

(2) 诱因分析

① 心情急切。在大型活动或下课、放学等时候，学生处于兴奋状态，心情急切、归心似箭，想尽快离开或到达某一地点。

② 建筑缺陷。学校一些建筑物过于老旧，如教学楼、宿舍、厕所等，通道狭窄，楼梯出口

少，或偶尔处于关闭状态，或存在设计缺陷，短时间难以分流。

③ 设备破损。部分楼房通道照明损坏、应急灯不足或不亮、安全疏散标志不完善、楼梯护栏扶手损坏等，存在安全隐患。

④ 管理不细。个别岗位责任落实不到位，重大活动秩序维护、指挥疏散不力，楼梯间或通道堵塞。

⑤ 应急不足。平时安全教育不到位，大型活动或异常情况没有制定应急预案，演练不经常应对无序。例如，遇上晚自习时突然断电，雷电大雨或其他极端恶劣天气时恐慌无序。

（3）预防措施

① 加强安全教育。组织师生员工开展防踩踏安全教育，提高全员安全意识，熟练掌握应急应对常识。错时就餐、下楼，有序组织集体活动，明确往返路线，保持安全距离、礼貌让行，防止拥挤堵塞。

② 加强隐患排查。及时清理出口通道障碍物、堆积物，保持畅通。在醒目位置张贴警示标语，定期检查电路照明、楼梯过道、护栏扶手等，及时消除潜在隐患。

③ 加强应急演练。开展学生跌倒、拥挤踩踏应急演练，师生掌握自救互救逃生技能，提高自我保护能力。

（4）遇到拥挤踩踏如何保护自己

牢记逃生常识：三要：要逃、要躲、要稳住；四不：不呼喊、不逆行、不下蹲、不窒息。

请牢记踩踏自救的二十四字诀

紧急侧卧 双手扣颈
护住头部 蜷缩成团
并腿收拢 全身紧绷

图 5－6－1

① 发现有大批人群朝自己过来，尽量避开，躲在一旁，或抓住电线杆等牢固物体，等人群离开。

② 一旦进入人群，不要在人流中停下，不要逆人流行进，否则容易被推倒，不要贸然提鞋、弯腰捡东西、系鞋带。弯腰时身体最易失去平衡，摔倒在地。

③ 保持镇定并稳住重心，防止摔倒。

④ 人群异常拥挤时，左手握拳，右手握住左手手腕，双肘撑开平放胸前，以形成一定空间保证呼吸。

⑤ 看到别人摔倒时，不再前行，告诉后面的人不要靠近。

⑥ 一旦摔倒，双膝尽量前屈，护住胸腔和腹腔的重要脏器，侧躺在地。两手十指相扣、护住后脑和颈部，两肘向前护住太阳穴，还要设法靠近墙角。

⑦ 逃生时不要紧贴栏杆、墙壁或墙壁的死角，不要从高处往下乱跳。

（5）五点建议

① 任何时候去人流密集的地方，先观察周围，记住出口的位置，提前在大脑中规划撤离方案。

② 进入人流时，尽量选择靠边位置。

③ 人流出现拥挤时，尽量迅速选择就近障碍物躲避人流高峰。

④ 困在人流中时，采用前后脚步伐和三角手部姿势，给身体足够空间，顺应人流前进。

⑤ 不幸摔倒时，务必蜷身侧躺护头，避免脏器损伤。

5. 防范寻衅滋事

高校师生受到来自校内外的无端挑衅、侵犯、伤害，严重扰乱了校园正常秩序，影响师生人身安全。大学生在遇到无理的寻衅滋事时，要加强自身的修养，冷静处置，不可因小事而招惹是非。

① 谨慎交友。不随意在网吧、街头等公共场所结识陌生人，更不要把自己的联系方式或家庭住址、学校名称及宿舍告知对方。

② 提高警惕，慎重处置。面对违法青少年挑起的恶意滋扰，不要惊慌。问清缘由、弄清是非，既不畏惧退缩、避而远之，也不随便动手、一味蛮干，要晓之以理、妥善处置。

③ 充分依靠组织和集体的力量。发现恶意滋扰事件，要及时向老师、同学或学校有关部门报告，一旦出现公开侮辱、殴打自己同学等恶性事件，要敢于见义勇为、挺身而出，积极加以揭露和制止。要尽快将真实情况传递给周围的群众，争取他们的支持，以对滋事者形成压力，迫使其终止违法犯罪行为，重视依靠集体的力量制止违法行为。

④ 注意策略，防止事态扩大。在许多场合，滋事者往往愚昧和盲目、无赖又固执，有时仅有挑逗性的言语和动作，叫人可气可恼，但又抓不到有效证据。遇到这种情况，一定要冷静，注意讲究策略和方法，一方面及时报告争取有关部门尽早进行处理，另方面要正面进行劝告，减少纠缠，避免事态扩大。

⑤ 自觉地用法律保护他人和自己。面对恶意滋扰，坚持以说理为主，不轻易动手，同时留心观察、掌握证据。如，有谁在场，谁先动手，持何凶器，滋事者的重要特征，案件大致的经过，现场状况，毁坏的衣物和设施，地面留有什么痕迹等等。这些证据对查处恶意滋事很有帮助。

⑥ 千万不可“私了”。如果对方想要私下解决，千万不可接受。

⑦ 加强有关法律知识的学习。

18岁的小杨，是江苏某高校的大一学生，某日中午，小杨的表妹鲁某，在市区人民公园被崔某、陈某等人殴打。鲁某于是邀约表哥小杨为其“报仇”。3天后，小杨邀约了另外3名同学连同小杨一起，寻找殴打鲁某的崔某。中午时分，4人在学校旁找到了参与打架的催某和陈某，对其二人进行殴打，造成二人头部受轻微伤。案发当日，公安机

关对4人进行了传唤,并将此案移送检察机关,检察机关以涉嫌寻衅滋事罪向法院提起公诉。事后小杨等4名学生主动赔偿了催某、陈某的经济损失,也取得了两人的谅解。

法院在审理中认为,被告人小杨等4人在公共场所共同随意殴打他人,破坏社会秩序,情节恶劣,其行为构成寻衅滋事罪。4名被告人自愿认罪,并积极赔偿被害人损失,取得了受害人的谅解,可从轻处罚。故判处小杨有期徒刑十个月,缓刑一年零六个月,其他3人各判处有期徒刑六个月,缓刑一年。听到判决后,小杨等4人为自己的一时冲动流下了悔恨的泪水。

6. 预防绑架

① 如果有人突然来找,无论出于何种原因、理由,无论认识与否都要设法与家人取得联系,并尽可能将此事告诉老师、同学、邻居或父母的熟人、同事,不能轻易离开家或学校。

② 如果有陌生人搭讪,要有警惕防备之心,不要轻信,更不能跟陌生人走,以免落入圈套。

③ 要准时回家或学校,如果晚归要打电话给老师、同学或家长讲明原因。

④ 离开学校或出门在外,要结伴而行,要告诉老师或家人自己的行踪,并约定回来的时间。

⑤ 不要在公共场合炫耀自己家里有钱,以免被不法分子惦记。

⑥ 如果怀疑有人跟踪,应该迅速向人多的地方、商店或者警察走去,尽量打电话通知家人来接,或者跟身边的陌生人装作很熟悉的样子。

浙江杭州警方破获一起女学生被绑架性虐案。20岁某高校女学生陆某于晚上7点左右独自一人乘火车到杭州站转车,要到杭州东站。当晚,石某骑着电动车在火车站想拉客赚钱。看到陆某从火车站出来,一个人还拿着些行李,于是上前搭讪。石某得知陆某想去东站转车,提出低价带她过去,两人讨价还价,最后以30元的价格协商好,石某便带着陆某出发了。陆某本想能以低价到达东站,没想到天上掉"陷阱"。石某并不知道东站怎么走,便带着陆某在市区转悠。错过火车时间,陆某便要求石某将自己送回火车站,于是石某提出换辆三轮摩托车送陆某。

天色渐渐黑了下来,石某起了歹心。当车停在偏僻的地方时,陆某已经意识到了处境的危险。这时,石某企图对其实施强奸,陆某反抗,但石某威胁说:"再动就掐死你。"并在三轮车上对陆某实施了强奸。

随后,石某将陆某带回住所,并对陆某拳打脚踢,陆某的眼睛被打红肿,身上多处受伤。据警方介绍:"晚上睡觉的时候,石某将陆某捆绑好,上厕所时也看得很紧,大约4天的时间里对陆某实施了捆绑、堵嘴、殴打、恐吓、强奸,并利用性药品和性工具对陆某实施多次性虐待。"虽然石某受到了法律的严惩,但陆某因防范意识淡薄陷入困境,留下巨大的身心创伤,代价惨重。

7. 防范性侵

① 沉着冷静。当发生性侵害时，一定要保持冷静，沉着应对。可采用转移话题、寻找新的关注点，改变所处的环境、淡化双方情绪、有意抬高对方公众形象等措施，以防止加害者性侵害行为的实施。

② 坚决制止。遭到性侵害时，一定要明确而坚定地用口头或身体语言予以制止，切不可怯懦、退缩，甚至屈就。

③ 设计逃脱。大多数性侵害是在双方独处时发生的，被害人往往孤立无援，此时不宜急于反抗或激怒对方，可采用回避暗示和编造借口等方法，不露痕迹地令对方尴尬，想办法制造脱身机会。

④ 保留证据。若被害人无法逃脱，遭到性侵害后，要保留相关证据，记清加害者的相貌、口音、衣着打扮、携带物品、交通工具、受伤情况以及生理特征等，为公安机关提供破案线索。要设法保留证据，不要将沾有精液、血迹或撕破损坏的衣物清洗或扔掉，也暂时不要洗澡，以便法医检查鉴定，为司法解决提供必要的条件。

⑤ 积极报案。部分大学生受到性侵害后，由于年纪小，出现害怕、恐惧，往往不能及时举报，缺乏与加害者斗争的勇气，被害人应打消顾虑，积极主动地报案，协助公安机关将加害者绳之以法。

⑥ 防身自卫。当遭到强奸等性侵害时，被害人可利用机会防身自卫。一般女性的体力弱于男性，防身时要把握时机，出奇制胜，"狠、准、快"地出击其要害部位，即使不能制服对方，也可制造逃离险境的机会。人的身体各部位都可以用来进行自卫反击。头的前部可用来顶撞，用膝盖对脸和腹股沟猛击相当有效果，用脚前掌飞快踢对方胫骨、膝盖和阴部也非常有效。被害人还可以使用随身携带的小刀、发夹、雨伞、提包和钢笔等物品，猛刺加害者，使其失去加害能力。同时，要注意设法在加害者身上留下印记或痕迹，以备追查、辨认时作为证据。

案例

某高校毕业班女生小黄外出实习，上完夜班后路遇歹徒，歹徒挟抱她往公路旁的工地窜去，小黄便急中生智："大哥，就在这儿吧！你带避孕套了吗？我有性病。"并对那色狼说："不信你看看，我兜里还有治性病的药。"歹徒闻此，自言自语道："真倒霉。"便放下小黄消失在夜色中，小黄因此免遭伤害。

7. 学习场所安全

进入学习场所，要注意观察学习地点的安全性。

① 不在教学楼外墙下行走，预防墙面脱落物坠落。

② 不在电扇下面站或坐，既预防电扇坠落，也能预防直接吹风引起伤风感冒。

③ 寻找牢固桌椅，预防地震突发，便于藏身。

④ 远离高压电源。

⑤ 远离危险品储藏地点。

⑥ 远离转动性设备，特别是女生更要预防发髻被缠绕。

⑦ 户外活动和实习要做好防护，更要注意外在的危险因素，远离没有保护装置的设备，不做危险动作。

二 实验实训安全

高校实验实训教学是培养大学生职业能力的重要环节。但是实验实训教学有可能引发火灾、中毒、爆炸触电烫伤灼伤等安全问题，必须加强实验实训各个环节的管理，消除事故隐患，营造安全的实验实训环境。

① 防爆炸。实验操作不当，是造成爆炸的主要原因。实验操作中，学生要对仪器的操作，药品的取用，物体加热时应注意的问题等，记牢在心，严格按照操作规程进行操作。

② 防中毒。对于有些实验过程中，可能会使用到有毒有害的化学物品，有时实验中还会产生有毒有害物质。在实验过程中学生要做好人身防护，遵守实验相关操作流程和规范。

③ 防电伤害。实验室违章用电或线路老化、漏电等，可能会造成仪器设备损坏或引起火灾、触电等事故，甚至造成严重的人员伤亡事故。因此，实验室要特别注意用电安全，实验过程中防止触电和电伤害。

触电急救

④ 防病菌、病毒感染。做病菌、病毒动物等实验时，学生一定要了解病菌、病毒动物所携带病菌的防护知识，做好个人防护，避免被病菌、病毒感染。

⑤ 防泄密。大学生在进行涉及国家机密的保密项目实验时，要提高政治觉悟，增强保密意识，严格按照保密要求和规定操作，严防泄密。

实验室安全事故应急处理注意事项：

实验室一旦发生安全事故，要保持镇定，确定发生事故的类型，及时拨打相应的报警电话。

电话求助时应说明：① 事故地点；② 事故性质和严重程度；③ 本人姓名及联系电话。

发生紧急事故时，应以下列优先次序处置：① 保护人身安全；② 保护公共财产；③ 保护学术资料。

重要电话号码要牢记：火警电话 119，匪警电话 110，医疗急救电话 120。

三 实习安全

大学生进企业开展毕业实习、跟岗实习、顶岗实习等实践性锻炼，大学生从封闭的校园进入企业、社会等实习单位，生活、学习地点、场所、环境以及学习方式的变化，会遇见许多在学校未经历过的、可能引起人身伤害的危险因素。

① 提高自我安全意识。加强自我安全管理,激发自我约束的积极性,对自己的安全目标、思想、心理和行为表现进行有效管理。自觉接受安全教育,提升安全意识和牢固掌握安全操作和安全防护技能。

② 做好现场自我安全保护。穿好防护用品,保持良好精神状态,集中精力,情绪稳定,掌握作业安全要点,养成良好操作习惯,杜绝违章作业,加强技能训练,熟练操作规程。

学习单元七 旅行卫生保健与安全

一 行程规划

出发前要对旅行的路线、时间、体力负荷等进行估计与安排,要根据自己体力的实际情况出发,量力而行。旅行中要注意安排休息时间,不要使体力负荷过大。晚上住宿要充分休息好,及时消除疲劳。要做到量力而行,劳逸结合。

二 饮食卫生

旅行中切忌食用不洁食物、不洁饮料和生水。出发前可带一些饮料、水果及干净食品,为预防路途万一感染疾病,可带一些抗菌和消炎的药物。

三 随身物品

旅行随身的衣服鞋袜要舒适,并配备必要的生活用品。

鞋袜必须合脚、柔软舒适,切忌穿新鞋和有补丁的袜子。夏天可戴上遮阳帽和墨镜,减轻阳光的爆晒,预防中暑。衣服要轻便易穿脱,走热时可脱去部分衣服,避免出汗过多,休息时要及时穿上,以防感冒。出门时带雨伞,特别是在山区,气候变化大,防淋雨感冒。

适当准备一些药物备用,如晕车的药物;天气热时可准备一些清凉油、人丹;长时间的旅行,可预备一些感冒药;为预防饮食不习惯或消化不良,可准备一些酵母片;为预防扭伤,可准备一些伤湿止痛膏类药物;为预防各种感染,可准备一些抗菌药物。另外还可根据自身的情况,准备一些适合自己健康状况的常用药物,以备路途中急用。

四 旅途安全

出发前要对旅行路线进行了解，尽量掌握道路的情况，提高警惕，在路经危险路段时，要结伴而行，相互帮助。路途中要集中精力、细心观察，若发生意外，要相互关心、帮助，体力较弱者可备一根拐杖，既可防滑又可帮助爬山行走。

旅行安全提示：

① 出行前请摘掉您身上的首饰。

② 避免身上带大量现金，随身携带的现金分几处保存。

③ 票据与现金分开保管，现金与贵重物品切勿外露。

④ 旅行中，随身行李请勿离开自己的视线，包括行走、乘车、等车、过安检门时。

⑤ 乘坐车况较好的正规公交车，避免乘坐超载车辆。

⑥ 单人旅行时，勿在乘车、等车中途睡觉。

⑦ 不要理会陌生人的搭讪，远离那些陌生但却非常热情的人，如主动带路、主动帮忙买/看管东西等。

⑧ 避免在火车站和汽车站里随意向人问路。

⑨ 避免在火车站或汽车站里打公用电话。

⑩ 不要接受陌生人赠送的物品，尤其是香烟或饮料和食物，小心迷药。

⑪ 不要为陌生人携带物品、包厢等物品。

学习单元八 日常安全提示

一 遇见匪徒坏人怎么办

① 如与坏人格斗，记住胳膊肘是身上最强壮的地方，能够用时一定要用。

② 如果劫匪问你要钱包，不要递给他，拿起钱包向远处丢，一般情况下，他对你的钱包比对你更有兴趣，等他往那个方向转的时候，向相反的方向拼命地跑。

③ 劫匪抢包的时候，不要舍不得，包里再贵的东西都可以再买，但生命只有一次。

④ 遇到劫匪入室抢劫，不要废话啰嗦，要保持清醒，不要想和他说话分散他的注意力，劫匪知道你想干什么，往往这样会让他更反感，也不要言语刺激，不要过多眼神接触。一般来说，匪徒入室抢劫，只是求财，而且越快越好，如果用言语刺激他或者不合作，他就会用“他的方式”告诉你现在谁有主动权。但是，如果你能够到阳台或者一切可以和外界联系的地方，或者听见门口有人等，请拿上能够发出声音的东西大声呼救，一般劫匪发现有别人知道了他的行为，会匆忙离去。

⑤ 如果被丢进了后车厢，请使劲踢后车灯的地方，等后车灯被踢掉以后，将胳膊从洞中伸出去挥舞，这样，开车的司机看不到，但别的车和路人都能够看到。

⑥ 一个人开车外出时，上车后就立即锁上车门离开，不要坐在驾驶位置上磨蹭较长时间。

⑦ 如果劫匪已经跳上你的车子拿凶器对着你，不要开车去他叫你去的地方。你应当发动你的车子，然后以最快的速度开向距离你最近的任何墙、树等物体，你的安全气囊会救你，如果罪犯是在后排，那他会伤得很惨。如果可以，车撞以后离开你的车子大声呼救，如果不能够离开，相信已经引来了足够的视线。记住，宁愿被撞伤也不要在多天后赤身裸体地被发现在某处荒无人烟的地方。

⑧ 门口听见婴儿哭声，不要随便开门，有可能是录音和劫匪。

⑨ 如果有人拿枪指着你，请拔腿就跑，奔跑中被击中的可能性是4%，就算是被击中也不会是重要内脏，如果可能最好用“S”形左右跑。但是如果匪徒追你，那就什么也别管，撒开腿往人多的地方跑。

⑩ 上下楼梯时，楼道在早上和晚上，特别是晚上，都应注意安全。

二　停车场注意人身安全

① 上车前观察车子的周围、副驾驶座、后座。

② 如果车是停在一辆大面包车边上，而且面包车是停在驾驶座这边，那就从副驾驶这边上车。

③ 小心停在车两边的车，如果有男性一人坐在靠你的车这一面，请务必小心。

三　电梯突然下坠时不要惊慌

乘坐电梯时，电梯突然下坠，可立刻将下面的楼层按钮全部迅速按一遍（前提是按键没有失灵），一般情况下突然下坠是电路问题，这样，如果到哪层电路工作正常了，电梯会停下来。如果电梯持续下坠，请背靠电梯紧贴着电梯内壁站立作为脊柱支撑，手扶紧扶手，半弯膝盖，这样电梯突然着地时，可以稍微缓冲一下惯性。

四　女同学独自出门遇见坏人

① 当女同学在楼道里遇到坏人，不要喊“救命啊、抢劫啊”，大声呼叫“着火啦，着火啦”，这样整栋楼里的人都会出来。

② 当女同学在路上遇见小偷，不要喊“抓小偷，抓小偷”，大声喊“打人啦，打人啦”，整条街的群众都能够将路堵死。

③ 如果女同学在路上遇到冒充家人或老公，要强行将你拉走，请不要惊慌，要尽可能地

去毁坏周围他人的财物，如：狠狠踹有司机的汽车的车门，或掀翻路边的小摊，或毁坏路人的手机，等等，这样，那些财物损失者是绝对不会放你走的。

思考题

1. 什么是突发事件？分为几个等级？
2. 什么是突发公共卫生事件？
3. 常见的意外伤害自救互救基本方法有哪些？
4. 献血前后的注意事项有哪些？
5. 心肺复苏操作步骤是什么？
6. 快速止血的方法有哪些？
7. 怎样包扎伤口？
8. 被狗、猫抓咬后都有哪些应急处置措施？
9. 避蚊驱蚊有哪些方法？
10. 网络安全缺失对大学生有哪些危害？
11. 如何维护网络信息安全？
12. 如何防范踩踏事件及踩踏事件发生后的应对方法？

主要参考文献

[1] 李浴峰，马海燕. 健康教育与健康促进[M]. 北京：人民卫生出版社，2020.5. 第1版.

[2] 梁万年. 卫生事业管理学[M]. 北京：人民卫生出版社，2008.

[3] 孙长颢. 营养与食品卫生学[M]. 8版. 北京：人民卫生出版社，2017.

[4] 周芸. 临床营养学[M]. 4版. 北京：人民卫生出版社，2017.

[5] 中国营养学会. 中国居民膳食指南(2022)[M]. 北京：人民卫生出版社，2022.4.

[6] 中国营养学会. 中国居民膳食指南(2016)[M]. 北京：人民卫生出版社，2016.

[7] 北京公众健康饮水研究所. 中国居民饮水指南(第2版)[M]. 北京：中国医药科技出版社，2019.6.

[8] 中华人民共和国卫生部. 预包装食品营养标签通则(GB 28050—2011)[S]. 北京：中国标准出版社，2011.

[9] 中华人民共和国卫生部. 预包装食品标签通则(GB 7718—2011)[S]. 北京：中国标准出版社，2011.

[10] 姜乾会. 医学心理学[M]. 北京：人民卫生出版社，2004.

[11] 顾瑜琦. 健康心理学[M]. 北京：科学技术出版社，2004.

[12] 国家心血管病中心. 国家基层高血压防治管理指南2020版. [M]. 北京：国家心血管病中心，2020.12.

[13]《中国高血压防治指南》修订委员会. 中国高血压防治指南2018年修订版[M]. 北京：人民卫生出版社，2018.

[14] 叶任高，陆再英. 内科学[M]. 北京：人民卫生出版社，2011.

[15] 梁万年，李宁. 全科医学概论[M]. 2版. 北京：人民卫生出版社，2011.

[16] 张静波，钱问红. 健康体检100问[M]. 北京：科学出版社，2017.1. 第1版.

[17] 鲍勇，周尚成. 健康保险学[M]. 北京：科学出版社，2015.6. 第1版.

[18] 不列颠百科全书国际中文版(修订版)(第八卷)[M]. 北京：中国大百科全书出版社，2007：119.

[19] 马烈光，章德林. 中医养生学[M]. 北京：中国中医药出版社，2021.6. 第4版.

[20] 李济生.《黄帝内经》十二时辰养生法大全集[M]. 北京：华龄出版社，2011.8. 第1版.

[21] 曲黎敏. 黄帝内经·养生智慧(第二版)[M]. 武汉：长江文艺出版社，2010.5. 第2班.

[22] 阴岭山，鹿存玲. 神奇的二十四节气[M]. 南京：南京出版社，2017.10. 第1版.

[23] 钱焕琦，刘启珍. 中国大学生心理健康教育[M]. 南京：南京师范大学出版社，2007.

[24] 王金凤，柴义江. 大学生心理健康教育教程[M]. 北京：人民邮电出版社，2019，12. 第1版.

[25] 李阳模. 大学生心理健康问题及教育对策研究[D]. 重庆：西南大学硕士学位论文，2004.

[26] 张玉杰. 心理健康教育在大学生思想政治教育中的功能及实现[D]. 石家庄：河北师范大学博士论文，2018.

[27] 孙晟文. 高校心理健康教育问题与对策的研究[D]. 西安：西安工业大学硕士论文，2017.

[28] 邱美玲，何晓扬. 大学生心理健康教育[M]. 南京：江苏教育出版社，2012.

[29] 杨奕凡. 大学生网络成瘾的影响因素及预防对策研究[D]. 上海：上海师范大学，2012.

[30] 李晶才.大学生网络成瘾的预防及救助对策研究[D].哈尔滨:东北林业大学,2011.
[31] 周梅.大学生网络成瘾与学业不良的相关研究及教育对策[D].苏州:苏州大学,2009.
[32] 罗小霞.大学生网络成瘾的影响因素研究[D].武汉:武汉体育学院,2007.
[33] 王长海,管清华.大学生网络成瘾的心理干预研究[J].教育与职业,2011(9):98-99.
[34] 张卓颖.大学生网络成瘾的心理干预实证研究[D].雅安:四川农业大学,2011.
[35] 王倩.大学生网络成瘾的现状及其干预研究[D].上海:上海师范大学,2012.
[36] 彭双.大学生网络成瘾与社交焦虑、社会支持的相关研究[D].荆州:长江大学,2014.
[37] 赵婧.大学生网络成瘾的社会心理因素探索及团体心理干预研究[D].太原:山西医科大学,2010.
[38] 张祥龙,邹丽伟.灾难事件避险与自救[M].南京:江苏教育出版社,2014.
[39] 孙长明,邢姗姗.生活方式与常见病预防[M].南京:江苏教育出版社,2014.
[40] 杨晓华,许曙青.职业健康与职业安全[M].南京:江苏教育出版社,2012.